編集復刻版／編・解題＝河原　功

資料集　終戦直後の台湾

第3巻

不二出版

復刻にあたって

一、復刻にあたっては、斎藤毅氏にご理解とご協力をいただきました。記して深く感謝いたします。

一、原本を適宜縮小・拡大して収録しました。

一、原本の破損や汚れ、印刷不良により、判読できない箇所があります。

一、原本において、人権の視点からみて不適切な語句・表現・論がある場合でも、歴史的資料の復刻という性質上、そのまま収録しました。

一、解題（河原 功）は第1巻巻頭に収録しました。

（不二出版）

『資料集　終戦直後の台湾』第3巻目次

7　名簿

臺灣總督府内地出先機關

一、終戰當時

イ、臺灣總督府東京出張所

(イ)臺灣總督府東京出張所設置規程　昭和十八年三月訓令第十三號(抄)

第一條　臺灣總督府ト中央各省トノ事務連絡ノ爲東京都ニ東京出張所ヲ置ク

東京出張所長ハ臺灣總督府部内高等官ヲ以テ之ニ充ツ

第二條　臺灣總督府部内職員ニシテ東京ニ於テ中央各省ト所管事務ニ付交衝シタル者ハ其ノ經過及結果ヲ東京出張所長ニ報告スベシ

第三條　臺灣總督ハ必要アリト認ムルトキハ滞京中ノ部局長ニ命ジテ東京出張所ノ事務ヲ統轄セシムルコトヲ得

第四條　東京出張所ノ事務分掌ハ出張所長總督ノ認可ヲ得[illegible]得

テ之ヲ定ムルコトヲ得

(ロ) 組織

別ニ事務分掌ナシ

(ハ) 職員

所長 書記官 安井常義
事務官 北原三男
税務官 荻原省吾
主事 島田一郎
屬 十六名
囑託 十四名
雇 十七名
傭 一名
小使 三名

2、臺灣總督府農商局食糧部食糧事務所

(1) 臺灣總督府農商局食糧部食糧事務所及同出張所規程 昭和十四年八月 訓令第六十九號(抄)

第一條　臺灣總督府農商局食糧事務所及同出張所ニ於テハ左ノ事務ヲ掌ル

一　米穀及米穀以外ノ主要食糧ノ検査、買入、輸送、貯藏、加工又ハ賣渡ノ現業ニ關スル事項

二　前號ノ事務ニ屬スル庶務及會計ニ關スル事項

三　主要食糧關係法規違反ノ取締ニ關スル事項

第二條　食糧事務所ニ所長ヲ置キ高等官又ハ判任官ヲ以テ之ニ充ツ

所長ハ上司ノ命ヲ承ケ所務ヲ掌ル

第三條　食糧事務所出張所ニ所長ヲ置キ高等官又ハ判任官ヲ以テ之ニ充ツ所長ハ上司ノ命ヲ承ケ所務ヲ掌ル

第四條　食糧事務所及同出張所ニ米穀検査員ヲ置キ臺灣總督府職員ヲ以テ之ニ充ツ

右訓令ニ基キ昭和十六年廿月一日告示ヲ以テ東京食糧事務所及同事務所大阪門司出張所ヲ置ク

(ロ)組織

別ニ事務分掌ナシ

(ハ)職員

A.東京食糧事務所

所長　理事官　野坂眞三

屬　二名

雇　三名

B.全事務所大阪出張所

所長　技手兼屬　杉町孫作

屬　一名

囑託　一名

雇　二名

傭　二名

c、仝事務所門司出張所

所長　技手　富岡温

屬　一名

雇　一名

3. 臺灣總督府經濟事務所

(イ)農商局附屬臺灣物産紹介所設置規定（昭和十六年十二月訓令第百三十四號）（抄）

臺灣總督府農商局所屬經濟事務所ヲ東京都及大阪市ニ、貿易事務所ヲ大連市ニ置キ經濟事情ノ調査、取引ノ指導斡旋及臺灣經濟事情ノ紹介ニ關スル事務ヲ掌ラシム

(ロ) 組織

別ニ事務分掌ナシ

(ハ) 職員

A、東京經濟事務所

所長　囑託　加藤　實

囑託　三名

雇　三名

B、大阪經濟事務所

所長　囑託　小山仲夫

雇　三名

4、臺灣總督府專賣局神戸出張所

(イ) 臺灣總督府專賣局官制　明治三十四年五月勅令第百十六號（抄）

第一條　臺灣總督府專賣局ハ臺灣總督ノ管理ニ屬シ左ノ

事務ヲ掌理ス
一　塩、粗製樟脳、樟脳油、煙草、酒類、酒精及燐寸ノ専売ニ関スル事項
二　阿片ノ購買、保管、製造及検査ニ関スル事項
三　塩田ニ関スル事項
四　度量衡器及計量器ノ製造、修理、販売及取締其ノ他ノ度量衡及計量ニ関スル事項
第十三条　台湾総督ハ必要ト認ムル地ニ専売局ノ支局、出張所、工場、試験場又ハ度量衡所ヲ置クコトヲ得
支局、出張所、工場、試験場及度量衡所ノ名称及位置ハ台湾総督之ヲ定ム
本官制ニ因リ神戸市ニ台湾総督府専売局神戸出張所ヲ置ク

小使　一名
援護課長 交通司事務官 佐藤武雄
属　一二名
技手　二名
嘱託　五名
雇　八名
経済課長 嘱託 加藤實
属　七名

以上

台湾関係事業会社在京事務所所在地名録

事業会社名	所在地
一、台湾製糖株式会社	澁谷区代々木西原町九二
二、塩水港製糖株式会社	日本橋区本町一ノ二 (124) 1293
三、日糖興業株式会社	神田区富山町二 (67) 5960-9
四、明治製糖株式会社	京橋区京橋二ノ八
五、日本糖業聯合会	
六、台湾電力株式会社	東京都豊島区雑司ヶ谷七ノ六一二
七、台湾銀行	麹町区丸ノ内一ノ二
八、高砂化学工業株式会社	蒲田区蒲田町四ノ二
九、南邦工業株式会社	日本橋区本町二ノ七ノ七太平炭鉱東京事務所内 (日本橋) 3548 〃49
一〇、南邦加工株式会社	右仝
一一、南海興業株式会社	四谷区信濃町二七
一二、日本樟脳株式会社	神戸市葺合区小野柄通三ノ一一二八

一三、大建産業株式会社	麹町区丸ノ内二ノ八岸本ビル内
一四、台湾窒素工業株式会社	麹町区内幸町大阪ビル内
一五、三井農林株式会社	日本橋区室町二ノ一 三井物産内
一六、台湾船渠株式会社	麹町区丸ノ内二ノ四 三菱重工業内 (23) 2130 2169
一七、日本農薬株式会社	大阪市西区江戸堀北通一ノ六
一八、日窒産業株式会社	大阪市北区宗是町一 東京ー大阪ビル内
一九、株式会社神木洋行	麹町区丸ノ内二ノ八岸本ビル内
二〇、台湾紡績株式会社	麹町区丸ノ内二ノ八岸本ビル内大建産業内 伊藤信助
二一、興亜製鋼株式会社	麹町区丸ノ内二ノ八岸本ビル大建産業東京支社内
二二、台湾繊維工業株式会社	日本橋区室町四 近三ビル六階敷島紡績東京出張所内
二三、台拓化学工業株式会社	麹町区内幸町二ノ二 (57) 5985 6789 59〃〃
二四、塩水港パルプ工業株式会社	日本橋区本町一ノ二 (24) 1293
二五、南方殖産株式会社	大阪市東区北浜一ノ三五
二六、台湾電化株式会社	京橋区新富町一ノ三 帝国興信所ビル内（都電新富町下車） 築地 3181 / 3187

大日本帝國政府

（折上リ國定規格B5 一八二×二五七粍）（東京一四九）

二七、	株式会社賀田組	神田区神保町三ノ八 (33)3522 田中千城
二八、	台湾カタン糸株式会社	愛知県一ノ宮市本町通七ノ一六
二九、	森林帯麻株式会社	右仝
三〇、	株式会社武智鉄工所	麹町区内幸町二ノ三 東洋製缶K.K.内
三一、	台湾殖果株式会社	麹町区丸の内三ノ二
三二、	株式会社福大公司	日本橋区小網町二ノ六
三三、	台湾聯合紙器株式会社	大阪市福島区大開町四ノ四三 聯合紙器株式会社内
三四、	台湾スカウト製薬株式会社	大阪市城東区蒲生町五ノ一九
三五、	東洋電化工業株式会社	大森区北千束町六二五 小野義夫方
三六、	日本製菓株式会社	神田区富山町 日糖興業内
三七、	小川産業株式会社	大阪市東区平野町三ノ三 日本橋区本町四ノ一五
三八、	台湾織布株式会社	奈良県北葛城郡五位堂村二八七
三九、	台湾学習ノート製造K.K.	
四〇、	南日本化学工業株式会社	京橋区室町一ノ七 味之素ビル七階

四一、東亜食糧化学株式会社	大阪市南区安堂寺橋通二ノ一二 日本砂糖統制大阪支店内
四二、南洋産業株式会社	神戸市須磨区須磨本町四四
四三、台湾運輸株式会社	大阪市北区宗是町一 大阪ビル 高石組内
四四、基隆炭鉱株式会社	日本橋区室町二ノ一ノ一 三井鉱山株式会社内
四五、台湾有機合成株式会社	神奈川縣大船町五六〇
四六、松下製品配給株式会社	大阪府北河内郡門真町字門真一〇六
四七、南栄産業株式会社	豊島区雑司谷七ノ一一〇 大宮要武方
四八、台湾興業株式会社	丸ノ内大川田中ビル (23) 3245 3448
四九、東邦金属製錬株式会社	銀座西七ノ一ノ一 日本軽金属内 (57) 8170
五〇、大鳳興業株式会社	内幸町一ノ三 幸ビル内 (57) 8791~3
五一、昭和繊維工業株式会社	澁谷区猿楽町二八
五二、高雄食糧商業株式会社	大阪市南区安堂寺橋通二ノ一二 日本砂糖統制大阪支店内
五三、台湾繊維株式会社	本郷区 駒込西片町一〇ノ一五
五四、大成火災海上保険株式会社	麹町区大手町二ノ一二

大日本帝國政府

（折上リ國定規格B5 一八二×二五七粍）（東京一四九）

五五、株式会社台湾鉄工所	麹町区丸ノ内幸町二ノ三幸ビル内 (57)2068 専用 森田虎郎
五六、東台湾アセチ産業株式会社	横浜市港北区南綱島八五四 柴田又雄方
五七、台湾セメント株式会社	麹町区丸ノ内一ノ一日本鋼管大手町分室内 (23)6885
五八、台湾武田薬品工業株式会社	日本橋区呉服橋一ノ一 国分ノ才三ビル内
五九、南日本塩業株式会社	麹町区丸ノ内二ノ六大日本塩業内
六〇、台湾塩務役株式会社	麹町区丸ノ内二ノ六 大日本塩業内
六一、台湾生薬株式会社	日本橋区室町一ノ二塩原合名会社気付
六二、東亜製紙株式会社	王子区王子一ノ一 王子製紙内
六三、台湾被服株式会社	大阪市東区安土町四ノ五五田村駒株式会社内
六四、大東化学工業株式会社	大阪市南区勘上通一ノ六、日本橋区横山町五ノ五 (67)1597
六五、南方産業株式会社	大阪市南区西賑町二三ノ二
六六、台湾鋼鉄需要株式会社	京橋区木挽町五ノ二 (56)7831 2 3 4 5 小宮山
六七、台王洋紙株式会社	大阪市東区瓦町二ノ五五 三和ビル内
六八、台湾金属統制株式会社	芝区田村町一ノ三 鳥羽ビル内

大日本帝国政府

大日本帝國政府

六九、台湾化成株式会社	麹町区丸ノ内二ノ二 丸ビル内
七〇、台湾花王有機株式会社	日本橋区馬喰町二ノ一五
七一、台湾花王有限会社	右仝
七二、台湾パルプ工業株式会社	麹町区有楽町一ノ二 日比谷帝国生命館内
七三、東亜造船株式会社	京橋区銀座西六ノ一 (57)175- 実川社長
七四、台湾洋品雑貨株式会社	浅草区鳥越一ノ七 松本産業株式会社内
七五、有限会社 鳩屋	右仝
七六、台湾青果株式会社	築地中央市場
七七、台湾合板工業株式会社	豊中市二三九ノ三 熊沢覚郎
七八、出光興産株式会社	京橋区木挽町四丁目三ノ二(出光館)
七九、高雄製鉄株式会社	杉並区天沼一ノ二九六
八〇、台湾畜産興業株式会社	麹町区丸ノ内二ノ八
八一、日東ペイント株式会社	大阪市大淀区浦江北四丁目一〇番地
八二、高砂ビル株式会社	目黒区三田二四七、大日本ビル会社

(折上リ國定規格B5 一八二×二五七粍) (東京一四九)

（三、塩野義製薬株式会社、	大阪市東区道修町三丁目
（四、台湾拓殖株式会社、	麹町区丸内二ノ八
（五、東洋製鉄株式会社	麹町区内幸町二ノ三幸ビル

二一、七、一二（築地本願寺）

台湾引揚民会　本部支部連合会全体会議（清郎法博）

決議

本大会ハ政府ニ対シ左記ノ事項ノ即時断行ヲ要求ス

一、国家賠償ノ要求トシテ中国政府ニ接収セラレタル我等ハ全私有財産ニ対シ即時求償ノ履行

二、引揚民ノ住宅、完全就職斡旋、授産、及未墾地並林施設ノ開放並資材ノ優先配給

三、無産引揚者ノ最底生活保証

四、引揚孤児、老病者、廃疾者等ノ保護徹底

五、生業資金ノ貸付ニ対スル国庫補償

六、引揚民子弟教育援護ニ対スル特別措置

七、在台邦人ノ生命並ニ帰還ニ対スル保証

右決議ス　昭二一、七、一二　台湾引揚民会全国大会

外務省

理由書

本会ハ全日大会ニ於テ別紙ノ通決議ヲナシ之ガ即時実行ヲ政府ニ要求スルコトニナリマシタノデ右要求ガ日氏ニ許サルル当然ノ権利デアリ正当ナル主張デアル点ニ付深キ御理解ヲ得且ツ尊キ御同情ニヨリ速カニ目的ヲ達シタイト存ジ茲ニ理由書ヲ作成添付スルコトニ致シマシタ

(一)日本ノ戦争降伏ニ依リテ全私有財産ヲ中国ガ接収

敗戦ノ結果ポツダム宣言ニ基キ台湾ハ中華民国ニ還付サレルコトトナリマシタノデ墳墓ノ地ト定メ生活ノ本拠ヲ此ノ地ニ移シテカラ十数年乃至数十年間善良ナル国民トシテ産業開発ニ文化ノ向上ニ尽シテ全生命ヲ打込ンデ働イテ来マシタ在台邦人三十五万余人ハ遂ニ日本本土ニ引揚ゲネバナラナクナツタノデス、之等邦人ノ大部分ハ終戦ト共ニ各職域ヲ追ハレ家族ト共ニ窮乏生活ニ入リ引揚ニ至ル迄肉体労働ハ勿論、衣料家財道具ヲ売払ヒ辛フジテ露命ヲ繋イデ参リマシタ、而シテ引揚ニ当リマシテハ私有ノ土地家屋、工場、事業場等ノ不動産並ニ銀行ヘノ預貯金、有価証券其他一切ノ動産等ハ凡テ低廉ニ見積ラレ一方的ナ接収評価ニテ中国

(四)ニ接収セラレ約貳百億円（日本通貨換算）台湾省政府カラ私人財産清冊ト称スル領收証ヲ貰ヒ僅カノ所持品其他ヲ所持シテ帰還セシメテアリマス

(三)引揚民ノ深刻[illegible]セル生活実相

斯様ニ帰還者ハ五十年ニ亘ル苦心努力モ一朝ニシテ水泡ニ帰シ老イサラバヘタ一介ノ引揚民トシテ祖国ノ本土ノ土ヲ踏ンダノデアリマスガ上陸ト共ニ銀行等金融機関ノ発行ニ係ル預貯金証明書返還機関ニ取上ゲラレ一枚ノ保管証トナリ果テマシタ。而モ之ガ何時如何様ニ支払サレルヤラ全然見当サヘツカヌニ至ツテハ夫々茫然唯天ヲ仰グノミデアリマス

成程表面一人金千円ノ金ヲ持ッテ帰リマシタガ此ノ命ノ綱トモ頼ムヘキ千円モ生活地盤ノ無キ者落着クヤ消エテナク職業モ見出シ難イマデ祖国ノ急迫セル環境ノ中ニ投リ出サレ患者ノ内ニ帰還シテ参リ而カモ(1)長途ノ疲労ヨリ起ッタ病気ノ治療費(2)売食ノ食糧費(3)住所探シ就職ノタメノ奔走費(4)子弟ノ入学就学費等々ニ追ハレ[illegible]唯僅カニ親族知人アル者ガ其ノ援助ニヨリ漸ク最低生活ヲ続ケ居ルモ其ノ他ノ者ハ明日ノ生活ニモ窮シテ居ル有様デス、況シヤ着ノミ着ノママデ定額ノ金サヘ持帰ラヌ多数ノ者ニ於テハ餓

死ヌ外ナイトネフ、否死ヌ者ヨリ死亡者が續出セルトニツアル現状デアリマス（老幼者が首ヲ多イ）、其ノ深刻ナル惨状ニ至リテハ茲ニ記述スル勇気ヲ持チマセヌ。將ニ引揚民地獄ヲ作ツテ居ルノデアリマス

(四)其ノ窮状戦災者ノ比ニアラズ

政府並ニ国民ノ一部ニハ引揚民ト戦災者ヲ同一視スル傾向がアリ従テ之が対策ヲ誤マル原因ナルトセナイデ茲ニ蛇足ナカラ両者ノ相違スル諸点ヲ挙ゲテ御認識ヲ深メ善処方ヲ切望イタス次第デアリマス

(イ)戦災者ハ生活ノ本據が郷土ニアル点

(ロ)従来ヨリ職業ヲ持ツテ居タ点（多数ノ者）

(ハ)人的並ニ物的ニ因縁関係が深イ点

(ニ)預貯金ヲ持ツテ居ル点（多数ノ者）

(ホ)衣類寝具等ヲ疎開シタ者モアル点

(ヘ)政治経済社会其他郷土ノ諸事情ニ通曉シ居ル点

此ニ反シ諸点ハ全部引揚民ニハ（全然アリマセヌ）特ニ封鎖預金ハ一文モ持タズ戦

(ト)争開始以来交通通信関係ニテ郷土ノ縁故者知人等トモ疎遠ニナツテ居タ

関係上勢ヒ十幹従者トシテ無ク附ニ引揚者ヲ厄介者、邪魔者扱ニサレル実情デス、従テ生活窮迫ノ程ハ戦災者等トノ比デハアリマセン、将ニ生キル術ヲ失ッタ者ト云ハ此等ノモノヽ事デス、尚生シテ始メテ祖国ノ土ヲ踏ム多数ノ中ニ在リ、中ニ在ノ支ヘテ居ル者ニ附テ同意ヲ願ヒマス

(四)台湾引揚民ハ侵略ノ意図ヲ絶無ナリ

台湾ハ過去五十有余年間日本領土ノ完全ナル一部トシテ国際法上デモ将又各国上モ公認シタ地デアリ我等又其ノ統治ノ下ニ此ノ地ニ生活ノ根拠ヲ移シ墳墓ノ地トシテ十年二十年甚シキハ四十年五十年間ニ亘リ公正且善良ナル勤勉ニヨリ平和ナル国民トシテ平和産業開発並文化ノ向上ニ努力シテ来タノデアリマス、特ニ米ノ増産、糖業ノ発達ハ勿論樟脳生産ニ依ル世界産業ヘノ寄与等ハ見逃カシ難キトコロデアリマス、従テ侵略的意図ノ絶無デアッタ事ハ、尚此ノ点台湾ニ軍需工業ガ無カッタ事実ニヨッテモ裏書キサレルト信ジマス

更ニ極東国際裁判ガ戦犯範囲ヲ満州事件以後ニ限定シテ居ル事実カラ見テモ台湾ニ於ケル平和産業ハ侵略的ノモノデナイト云フコトハ自ラ明カデアリマス

(五)我等ハ日本政府ニ対スル求償ヲ求ムルモノニシテ日本政府ノ慈愛的援護ヲ仰グモノニ

排ス

我等引揚民ハ茲ニ日本ノ無事再建ヲ仰グモノデアルナラ率ニ前述ノ如ク日本国家ガ当然ニ賠償ニ支払フベキ賠償金ガ当トシテ中国側ニ接収サレタ全私有財産約貳億円ノ補償履行ヲ請求シ独立独歩シテ生活ヲ更生シ以テ新日本建設ニ精進セントスルコトヲ念願シテ居ルモノデアリマス

今次賠償金ノ賠償ハ日本国家ガ当然負担スベキモノデアツテ国民個々人ノ損害ニ皈セシムベキモノデナイコトハ何人モ首肯スル所デアリマス 故ニ我等ノ要求ハ当然日本国民ニ許サレタ権利デアリ主張デアルト確信スルモノデアリマス

果シテ然ラバ政府ハ本補償ニ応ズルタメ最善ノ方途ヲ講ジ速カニ之ガ履行スベキ義務ヲ有スルモノデアリマス 更ニ左ノ如キ新聞記事ニ接スルトキ我等ノ求償要求ノ正シキヲ実証シ政府ハ実感的ナ感覚ヲ以テ直截的ナ処断ニ出テ之ガ履行ヲ即時断行スベキデアリマス

去ル六月二十六日毎日新聞関西版ハ左ノ如キ要旨ノ記事ヲ掲載セリ 即チ

「カナダ引揚民ハ引揚ニ際シ一切ノ財産ヲ処分シ預金トシ仍金千円也ヲ日本ニ持帰リ残余ハカナダ政府ヲ通ジ米国ニ於テ接収シ全政府ニ於テ保管中ナルガ、マデ

令部ハ今回日本政府ニ在外引揚民ニ対シ在留資金ヲ日本政府ヨリ封鎖預金ヲ以テ支払フコトヲ許可シタ、尚米国ニ於テハ日本ニ輸出スル品代金ニ在留資金ヲ充ツル旨ヲ云ハ当ヘル由　云々

然ルニ政府ハ屡々ニ亘ル請求ヲナスモ何等施ス術ヲ知ラズ茫然現在ニ及ンデ居リマス、斯クテハ日本ノ一部在外者ニ善良ナル国民トシテ永年居住シタトノ事実ニヨリ他ノ国民トハ別ニ私有財産ノ全部ヲ国家賠償ニ充当セラレ而モ国家ガ之ニ対シテ何等求償セズトスルナラバ国民負担ノ衡平ハ期セラレズ又社会正義ノ常道ニモ反スルモノト云ハネバナリマセン、而モ前陳ノ如ク毎月餓死者ヲ続出シ其他ノ多数モ明日ノ生活ニ追ハレ餓死ハ時間ノ問題ナリトマデ極言セラルルニ至ッテ居リマス

斯ル惨状ヲ政府ガ引揚民ナルガ故ニ云々トノ口術ヲ設ケ更ニ此ノ儘放任スルガ如キコトアリテハ人道上由々シキ問題ニシテ我等ハ国民与論ニ訴ヘ政府ノ無責任ヲ断々乎トシテ糺弾セネバナラヌコトニ立チ至ルト存ジマス、而カモ問題ノ解決ハ目前ノ急ニ迫ッテ居リマス、

何卒我等引揚民ノ窮状ニ対シテ今ヤ同情ト深キ理解トヲ以テ高塾

6

ヲ掛シタ最低生活保持ニ必要ナル範囲ノ兌換ヲ即時履行セラレンコト

アルコトヲ真ニテ要求スル次第デアリマス

追テ(一)(二)(三)(四)(五)(六)ハ詳細ナル理由ヲ要シナイト存シ略シマス

(以上)

外務省

参考

台湾引揚民会規約

第一条　本会ハ台湾引揚民会ト称ス

第二条　本会ハ台湾引揚民ノ生活確立ヲ期スルヲ以テ目的トス

第三条　本会ハ東京都ニ本部ヲ必要ノ地ニ支部ヲ置ク

第四条　本会ニ執行委員若干名ヲ選ヒ第二条ノ目的達成ニ必要ナル行動ヲナス

第五条　本会ハ台湾引揚民ヲ以テ之ヲ組織ス

第六条　本会ノ経費ハ会員並有志ノ寄附ニ依ル

執行委員（順序不同）〔◎印ハ常任執行委員〕

◎阿村徹　○北越幸一　◎中村誠司　○大伏喜吉　◎桝山保一

○貝山好美　○古屋貞雄　筧千城夫　岩田敏夫　山崎千助

三巻俊夫　河田烈　松本昊吉　別所孝二

相談役

松岡一衛、中瀬拙夫、渡辺慶之進

① 在外官庁ガ侵略時代ト葬ラレシ虞アリ

② 陸軍ノ統帥権ノ地位ノ遣ヲ

③ 援護ノ中立ナキ寄合ヒ合セモナシ

支部別市民会

右方決議

スリ共斗協力会、商店街 追放宣伝書 配布 池田

① 資金 昆山・松本

商業部 三五,〇〇〇 松岡

昆山 三〇,〇〇〇 岩田

② 飯島 他三名 五月

織野 千

現代日三千円売場

マーケット

③ 新橋、マーケット地帯 ……（日下 ……）

手伝い 一五日

夏山

中根、

三浦

吉田

林 六（記者）……

外務省

臺灣引揚民に對する緊急措置に就ての陳情

台湾引揚民はなぜ默し得ずして起つたか

治まる術を失ひました台湾三十万引揚民であります凡てを有の侭又率直に申上ることを何卒御許し下さい。

△墳墓の地として数十年　台湾は過去五十年の間日本本土の完全な一部として國際公法上でも認められて來た地であり、此地を生活の本據地として十年、二十年、長きは四十年五十年間も、公正かつ妥當な動機の下に平和な市民として生活を續けて來た我々日本人であります。且つその初めは化外の地として今の中國から見離されてゐた台湾を兎も角く今日の文化水準まで引上げることに協力して來たのです。ですから終戰に次いで引揚げに至る間に於ても中國側並に台湾省政府當局や台湾駐在のアメリカ官憲は特に台湾の特殊事情を認められ同地の日本人引揚者に對しては本國への歸還條件を緩和して優遇すべ

外務省

ことの同情論まで現れた程でありません。

△國家に代つて私産を提供、然るに実際は他地方の引揚民との振合上から私共にも大体に一般の引揚條件をその儘に適用された結果として、先づ職域から追はれ其の間家族と共に浮浪生活に入り、終戰直後から引揚迄家財諸道具等を賣り拂ひつゝ法外な物價高の裡に辛ふじて生活し、引揚に當つては私有の土地家屋は勿論工場事業場等の不動産など凡て低廉云ふに足らぬ一方的な接收評価を受け、又銀行への預金貯金、一切の有価證券等々の動產までで差押へられ、省政府から私人財產清書といふ一片の紙を貰つたのみで帰國したのであります。

簡様に過去数十年に亘る苦心努力も一朝にして水泡に帰し老いさらばへ一介の引揚民として祖國の本土に戻つたのでありますが、日本上陸と共に台灣省日僑管理委員會発給の銀行等金融機關に

外務省

於ける預貯金證明書まで税関の手に取上げられ一枚の保管證と成り果てました、而も之が何時、如何様に處置さるゝものやら全然見當さへ付かぬと云ふ現状に至っては失望落膽、唯天を仰ぐのみであります。成るほど引揚民は表面一人一千圓の金を持って帰りましたが、可驚物価高と多年台湾に在って本土事情に疎く就職や企業も困難最低生活の設計さへ非常に不利不便な引揚民としては勢ひ持金を多く消費する外なく、帰国一ヶ月余りで定額一ぱいに持ち帰った者さへ早くも使ひ果して明日の生活にも追はれてゐる現状であります。況んや着のみ着のまゝで定額の金さへ持ち帰られぬ多数の者に於ては、餓死の外ないといふ「引揚民地獄」を作ってゐるのであります。

茲で特に御心に懸けられたいことは我等引揚民の大部分が、日本本土に一銭の封鎖貯金も持って居らぬといふことであります。国民

外務省

中には戦災者其の他気の毒な人々も多いのでありますが、引揚民の大多数も亦大小の戦災者であります。本土の國民は、近くに親類知己もあり、政府の援護もあり、又現に職場にあると無いとを問はず働かうと思へば何等かの職域なり少くとも何等かの職業は容易に掴み出せますが、引揚民に至っては本土の経済社会事情に通せず多年本土の縁故者知人とも疎遠になってゐた関係から熱心な斡旋者も少く、時には引揚者を厄介者邪魔者扱ひにさへする実情です。その上更に政府や一般國民の同情も理解も無しとすれば、もはや施す術もなく日本国民としての生存權まで完全に奪はれたものと思ふ外ありません。同じ日本國民であり同胞である筈なのに何故引揚民だけが斯くまで打ちひしがれ裸一貫にされて放り出されて、本質的な應急援護の手も差し伸べられずに居るのでせうか、これでは自力更生は愚か、生きて行くべき

方途さへ失ひ、祖國再建に身命を捧げんとして欣然引揚げた私共であるとは申せ、もはや失望落胆、自暴自棄、家族と共に餓死の一線を辿る外ないのであります。

△泣言でなく当然の求償　余り泣言を言々しく申上げるつもりは有りません。唯台湾の特殊事情と海外からの一般引揚民数百万人の共通に受ける苦難窮状とに賢慮と同情とを賜り、政府当局、立法府、言論機関、公私の諸団体から一般國民諸彦の御理解と御協力とによって、速かに日本国民としての均等なる処遇を頂きたいのであります。我々引揚民は、国家の慈善的援護を仰ぐといふ気持よりは日本政府から聯合諸国に対する賠償へ引当として差押へられ接收された我々の私有財産に対する補償を國家に要求するのであります。これは当然我々国民に許された権利であり主張であると信じます。そしてこれに依って独立独歩し

外務省

以て祖國再建に寄與したく念願して居るのであります、日本の完全な領土の一部である台湾に善良な市民として永年居住してゐた我々の殆、私有財産の殆ど總てを國家賠償の前拂ひとして提供したに拘らず、之に對し國家が何等代るべきものを與へぬといふのでは、國民負擔の衡平は断じて期せられませんし又社會正義の常道にも反するものと言はねばなりません。しかも問題の解決は焦眉の急に迫って居ります。

何卒、實務的な感覚を以て直截的な御處断を御願ひ申上げ

更に最後ではありますが聯合諸國、特にマッカーサー總司令部御當局に御願ひ申上げます。何卒我々引揚民の上に背負はされてゐる苦悩と不均衡なる處遇とに深き理解と同情とを賜り、之を一箇の人道問題として合理的合法的なる御處置を切望する次第であります。

外務省

一、最低生活維持のための緊急措置に関する御願

刻々に前途が真暗に成りゆく引揚民に対し一縷の光明を御恵へ下さるべきことを陳情し、次の緊急御措置の實施を切望いたします。

A、台湾に於ける郵便貯金は昨年十月一日以後預入の分と離れ本土同様に毎月生活費其の他の引出を認められたし

B、台湾に於ける銀行等の預貯金は郵便貯金の如く少額且小数人の夫れと異り、引揚民殆ど大多数の浮沈生死に関するものとして特段なる考慮を払はれ至急一定限度融通の途を開かれたい

C、其の他最低生活確保のため一定額の生活援護資金の放出を臨機措置として即刻実施されたい

D、台湾に於ける戦争保険の払出しを実施されたい、

外務省

二、自力更生のための應急措置の御願

A.帰農のための開墾地、農具、住家資材等の提供貸與

B.一般住宅の提供貸與

C.引揚民の特殊技術活用に就職斡旋、援護

D.自力更生に必要なる事業資金の貸與、並に事業遂行上の援護、特に庶民金庫其の他金融機関よりの貸出の簡易化、

三、子弟の教育に對する應急措置

引揚民の窮状を察し其の子弟の入學並學費につき特別なる便宜を供與されたい

昭和二十一年五月　日

臺灣引揚民會東京本部

外務省

運動方針

一、運動目標

1、政府ノ補償履行ニ資金獲得

(イ)補償権問題處理ノ件

(ロ)見返担保貸付ノ件

(ハ)閉鎖金並ニ無記名證券ノ国庫保証支払ノ件

(ニ)移民金庫貸付ニ対スル国庫保証ノ件

(ホ)生業資金貸付ニ対スル国庫保証ノ件

2、援護事業ノ徹底強化

(イ)無産引揚者ノ生活保証

(ロ)就職斡旋並ニ授産

(ハ)帰農者ニ土地ノ斡旋、遊休施設ノ開放

(ニ)生活必需品ノ優先配給

外務省

(ホ)住宅斡旋

(ヘ)各資機料ノ優先配給

(ト)孤児、老齢者、廃疾者ノ保護徹底

(チ)遺家族、留守家族、特ニ寡婦ノ生活保証

3、自力更生方策（別紙ノ通リ）

二、運動方法

1、単独運動

2、共同運動

(イ)言論機関ノ協力

(ロ)政党ノ協力

(ハ)中排並ニ友誼団体ノ協力

三、運動期間ノ見通シ

昭和二十三年度通常議会迄

但シ本運動ハ政府ニ対スル壓力中核ヲ為スニ付 右諸

外務省

實目中事件執行委員ニ於テ適當ニ案配シ之カ實
現ヲ期スルモノトス

外務省

台灣引揚民會規約

第一條　本會ハ台灣引揚民會ト稱ス

第二條　本會ハ台灣引揚民ノ生活ノ確立ヲ期スルヲ以テ目的トス

第三條　本會ハ東京都ニ本部ヲ必要ノ地ニ支部ヲ置ク

第四條　本會ニ執行委員若干名ヲ置キ第二條ノ目的達成ニ必要ナル行動ヲ為ス

第五條　本會ハ台灣引揚民ヲ以テ之ヲ組織ス

第六條　本會ノ經費ハ會員並ニ有志ノ寄附ニ依ル

執行委員（順序不同）（○印常任執行委員）

○河村徹　○水越幸一　○中村誠司　○大澤貞吉　○杉山保一　○貝山好美

○古屋貞雄　○筧千城夫　谷田敏夫　山崎喚助　三巻俊夫　河田烈

松本晃吉　別所孝二　○中平昌　○西村德一

相談役

松岡一衛　中瀬拙夫　渡邊慶之進

會長　河村徹

總務部長兼事業部長　西村德一

事業部長　貝山好美

引揚部長　古屋貞夫

日僑互助會の發足について御挨拶

臺灣在住の日本人は中華民國政府御當局高寛の處遇により無條件降伏後も引續き敗戰國民としては分に過ぎた生活をさして貰つて居ります。此の現實を直視します時、我々は深く現在の立場を認識し自肅自戒以て正しき清き日本人の在り方を忘れてはならぬと思ひます。萬一誤つた生活に陷り光復臺灣の新建設を阻害するやうなことがあつては申譯ないことになります。

斯うした矢も盾もたまらぬ氣持が相寄つて日僑互助會の誕生となり、いよ〳〵新發足することになりました。

政府御當局に於かれましても、日本人會や日本居留民會の如き存在は未だ正式に御認許下さる時期ではないにもせよ我々の斯うした志には深い御理解と御同情を與へらるゝに相違ないと確信いたします。

日僑互助會としましては差當り自肅と治安維持への協力、秩序整然たる引揚げ準備、生活に窮する同胞の援護に微力を捧げその役割の一端を果したいと念願して居ります。

もつと具體的に例を擧げますと、

一、日僑送還に關する協力

一、醫療、托兒、宿泊所の世話
一、授産、就職、勞務の斡旋
一、生活の援護その他
等一日も放つて置けない事柄が山積して居ります。
治安の確保、新建設の協力は固より一日も忽せになりませんが、生活の窮境は今や單に所謂遺家族のみの問題ではなくなり、全般的に日一日と深刻化して參りました。日僑の本國送還も船さへ動き始めれば急速に展開される情勢でありますから整然たる引揚げの用意もしておかねばなりません。
これ等の問題の解決には本省在住の日本人が擧つて當らねばなりませんが、其處に中心となる強い働きが必要となつて來るのであります。
以上の趣意御諒察下され、臺北在住の同胞各位は固より本省各界有識有德の諸賢何卒絕大なる御協力を賜らんことを。

中華民國三十五年二月

日僑互助會
執行委員長　堀内次雄
事務所　臺北市表町州商工經濟會內

日僑互助會資金委員名簿（順序不同）

資金委員長　中辻喜次郎

仝副委員長　重田榮治　西村高兄

資金委員

桑田剛助　中平昌　坂口主税　工藤耕一
三巻俊夫　原田歳壽　今川測　吉田坦藏
前根壽一　高橋衛　三輪幸助　平戸東治
河田烈　田村作太郎　根井洸　中島一郎
近藤勝次郎　山本義信　平戸吉蔵　須田一二三
奥田達郎　松本冕吉　松本虎太　河村徹
土居美水　辻本正春　大場辰之允　石井龍猪
上田光一郎　平田末治　村山保一　星加彦太郎
神木次郎　飯田清　杉本鋭三　川端昇太郎
村崎長昶　與田四郎　金子滋男　三谷芳太郎
奥村文市　竹腰進一　平田藤太郎　池田又四郎
村井房吉　小林暉　富村諦　中村誠司
杉原清三郎　越後正之　李田喜代次　則松榮

神谷仲蔵
鬼丸静
大石雄郎
内藤誠一
浅川純一

武理龍之助
濱崎庸
柏熊福太郎
池田豪二

柳井伊左衛門
柴田勝治良
後藤薫
江進義人

庄倉俊郎
伊藤定治
千本信次
筒井豪輔

事務分担　日僑互助會

委員長　一名　堀内次雄
副委員長　二名　松本虎太、中辻喜次郎
庶務部　五名（委員）　主任　坂口主税、事務長事務取扱中守昌
松本虎太、竹内吉平、工藤耕一
醫療部　二名　主任　堀内次雄、大場辰之允、
厚生部　一〇名　主任　貝山好美、吉岡清一、平戸東治
大蔵徳太郎、柏木太兵衛、竹内吉平
福田定治郎、田村作太郎、田徹吉
古屋貞雄、
渉外部　四名　主任　古屋貞雄、益崎綱幸、前根壽一
早坂一郎、

相談役　河田烈、河村徹、今川潤、石井龍猪
西村高兄、重田栄治、桝山保一、

事務分掌

庶務部

一、庶務、會計並ニ調査ニ関スル事項

二、其ノ他各部ニ属セザル事項

医療部

一、医務ニ関スル一切ノ事項

厚生部

一、託児、授産、宿泊、就職、労務斡旋、生活援護

二、其他ニ関スル事項

渉外部

一、諸公署並ニ日僑管理委員會トノ連絡ニ関スル事項

二、日僑帰還ニ関スル一切ノ事項

三、諸法令ノ周知徹底並ニ遵守協力ニ関スル事項

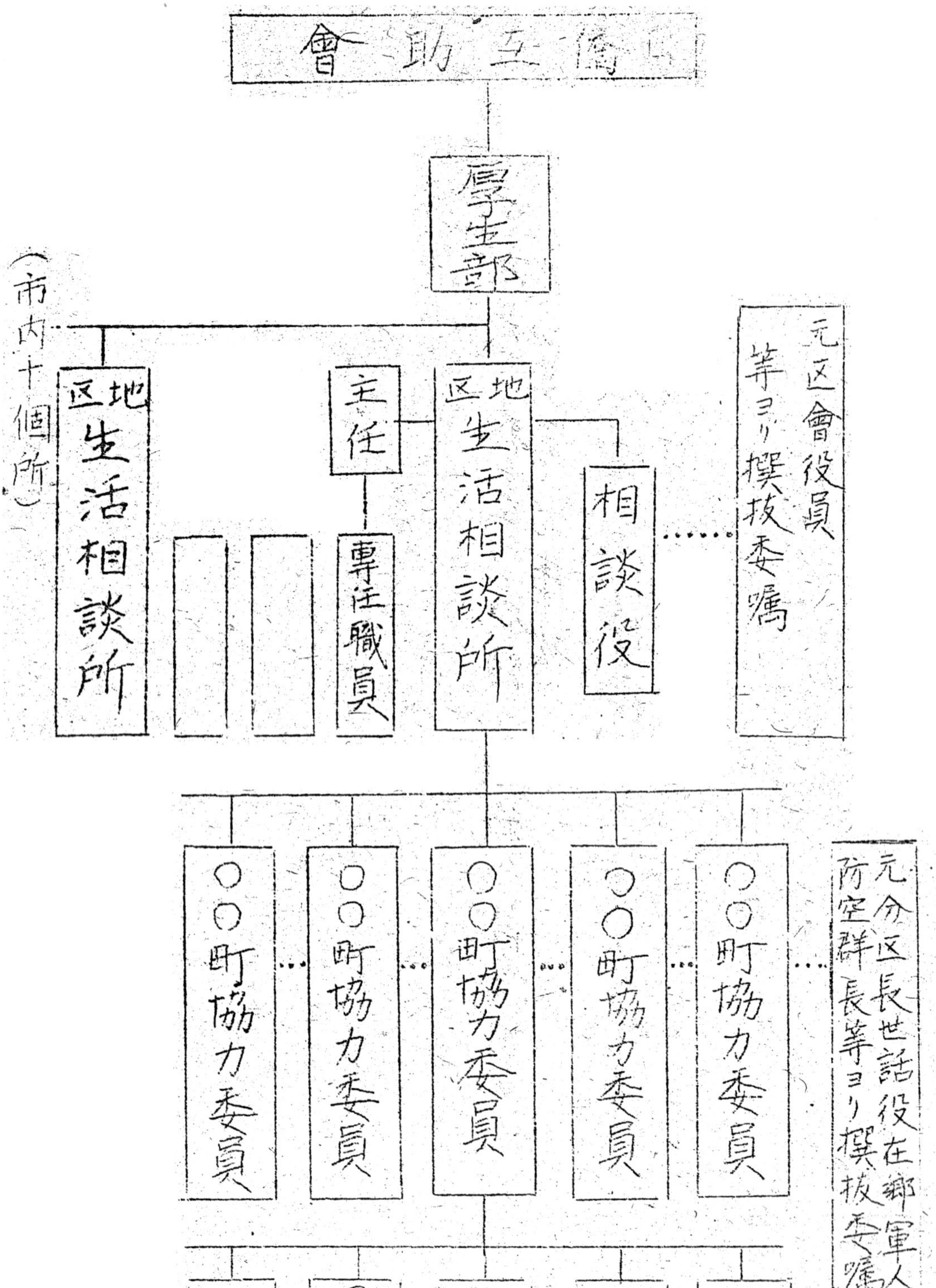
日僑互助會
學生部
(市内十個所)
地区生活相談所
主任
専任職員
地区生活相談所
相談役
元区會役員等ヨリ撰抜委嘱
○○町協力委員
○○町協力委員
○○町協力委員
○○町協力委員
○○町協力委員
元分区長世話役在郷軍人會役員防空群長等ヨリ撰抜委嘱
日僑
日僑
日僑
日僑
日僑

厚生館運営機構圖

吉屋委員案

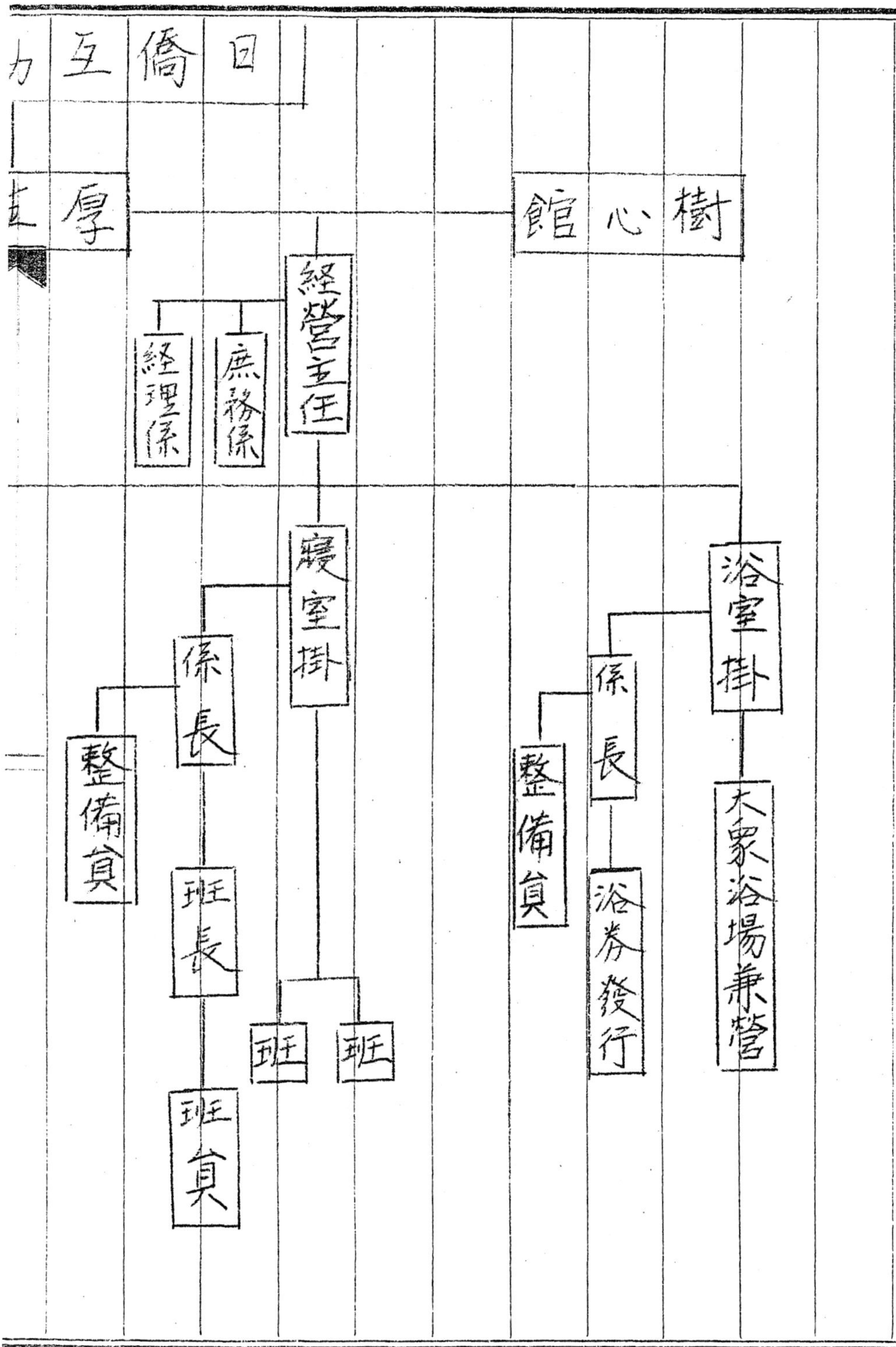

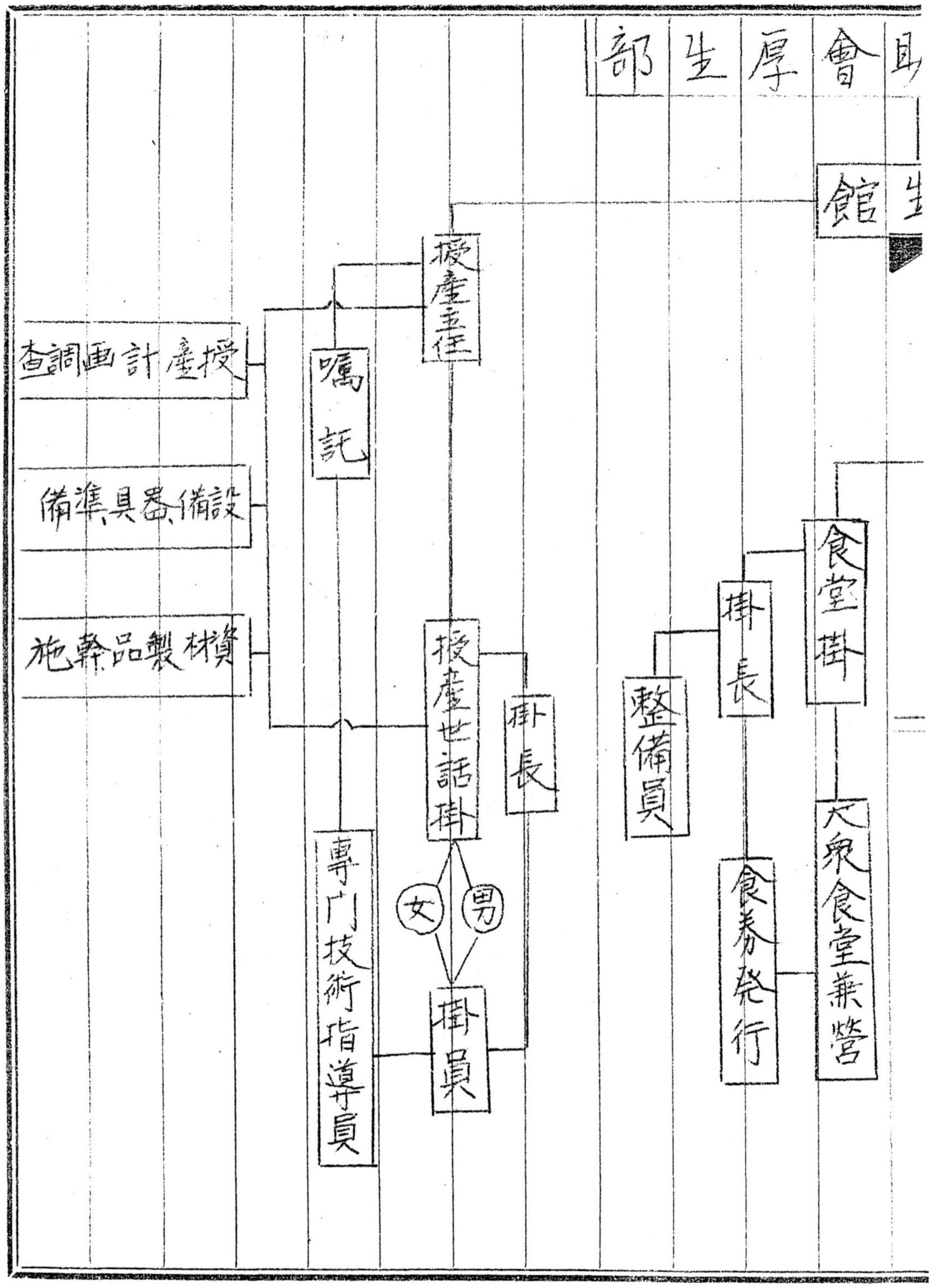
會 厚 生 部
館
授産主任
囑託
授産計画調査
設備、器具準備
資材製品斡施
授産世話掛
掛長
女
男
掛員
專门技術指導員
食堂掛
掛長
整備員
食券発行
大衆食堂兼営

生活相談所所員内定分

區	相談所々在	所員	區域
第一區	本部	主任 三宅正雄（下内埔五六）	城内一帯
第二區	東本願寺布教所	主任 津田光造（大安十一番一九七）	樺山、幸、東門、福住、大安
第三區	平戸味噌工場（頂東勢）	主任 山本魯孝（頂東勢九二七）	中崙、朱厝崙、上埤頭、三張犁、興雅、松山、五分埔、頂東勢、上塔悠、下塔悠
第四區	了覺寺（古亭町）	主任 鎌倉順一（古亭町一八）	古亭、富田、水道、六張犁、下内埔
第五區	協和會館	主任 遠藤壽三（千歳町三ノ三三）	錦、児玉、千歳、新榮、佐久間、龍口、川端

第六區	西本願寺（新起町）（學生館）		新起、元園、老松、八甲、新富 西門
第七區	東本願寺（壽町）	壽町一ノ一 主任　神谷豊吉	壽、泉、港、築地、濱
第八區	法華寺（若竹町）	若竹町三ノ一三 主任　山本武男	若竹、有明、入船、龍山寺 柳
第九區	庄倉氏宅（堀江町）	堀江町一三二 主任　庄倉俊郎	堀江、馬場、緑、東園、西園
第十區	相馬氏宅（御成町）	御成町四ノ一 主任　相馬市太郎	大正、建成、下奎府、御成、宮前 大直、上奎府、大龍洞、円山、大宮 三橋、下埤頭、西新庄子

日僑互助會醫療部診療要項

一、厚生部ヲ經テ診療ヲ受ケントスル者ニ對シテハ厚生部ニ於テ診療券ヲ発行スルモノトス

二、診療券ハ甲、乙二種トシ甲券ハ全額、乙券ハ半額ヲ日僑互助會ニ於テ負担スルモノトス

三、診療券ヲ持参スルモノヨリハ診察料ヲ徴收セズ

四、診療券ヲ所持入院セントスル者ハ入院料、處置料、手術料ヲ二割引トス

五、診療券ヲ所持入院セル際ハ食費、附添料ハ日僑互助會ニ於テ、或ハ各自ニ於テ負担スルモノトス

六、診療券ヲ所持シ往診ヲ要求スルモ原則トシテ往診セズ、但シ特ニ必要アルトキハ往診料ハ二割引トシ車馬賃ハ患者或ハ互助會ニ於テ負担スルモノトス

七、其ノ他特殊ノ處置治療等ニ関スル料金ハ概ネ二割引

トス

八、診療券ヲ所持セル者ニ對スル歯科治療ハ補綴ヲ除クモノトス

九、簡易病院（仮称）ニ入院中ノ患者ニ対シテハ各科専門医交代制ニテ診療ニ從事スルモノトス、此ノ際ハ往診治療共無料ニテ行フモ藥剤資材ハ日僑互助會ニ於テ設備スルモノトス

十、學生部ニ於テハ診療券発行ニ當リ特ニ嚴選シ乱発セザル様留意スベキモノトス

臺湾事業協會會則

第一章　総　則

第一條　本会ハ台湾事業協会ト称ス

第二條　本会ハ終戦ニ伴フ諸種ノ事態ニ対処シ左ニ掲クル事項ヲ達成スルコトヲ以テ目的トス

一、関係者相互間ノ聯繫協力ヲ図リ在台財産ノ全面的調査研究ヲナシ以テ公正ナル立場ニ於テ事業又ハ財産等ニ対スル適正ナル措置ヲ講スルコト

二、関係者ト官廳トノ連絡ヲ緊密ニシ官廳ニ対シ積極的ナル協力及適切ナル建言ヲナスコト

三、政府ノ在台財産ノ調査実施ニ対シテハ側面的ニ協力支援シ之カ完全ヲ期スルコト

四、其他関係者共通ノ問題ニ関シ海外事業戦後対策中央協議会ト連繫シ適切ナル措置ヲ議スルコト

第三條　本会ハ事務所ヲ東京都ニ置キ必要ニ應シ理事会ノ決議ニヨリ支部ヲ設クル事ヲ得

加入金改定（昭和四一年一月十六日改正）

第五條　本會ニ加入セムトスル者ハ左ノ區分ニヨリ加入金ヲ納付スベキモノトス

甲種會員　事業經營者

法人　千圓以上

個人　二百圓以上

前記ノ額ハ理事會ノ評議ニ依リ之ヲ決定ス

乙種會員　普通資產ヲ有スル個人

百圓

第二章　會員

第四條　本会ハ台湾事業経営者、在台財産所有者及台湾経済関係ヲ有スル者ヲ以テ組織ス

第五條　本会ニ加入セムトスル者ハ加入金トシテ法人ニ在リテハ金壹千円以上、個人ニ在リテバ金貳百円以上納入スルモノトス

前項ノ額ハ理事会ノ評議ニ依リ之ヲ定ム

第六條　会員ハ本会ノ事業ニ協力スルモノトス

第三章　會長及役員

第七條　本会ニ左ノ役員ヲ置ク

会長

理事　若干名、内常任一名

幹事　一名

本会ニ理事長一名相談役若干名ヲ置クコトヲ得

第八條　会長及理事長ハ理事ノ互選ニ依リ之ヲ決定ス

第九條　会長ノ任期ハ一年トス

第十條　理事ハ左ニ掲クル者ヲ以テ之ニ充ツ

一、台湾事業経営者、在台財産所有者及台湾ニ経済関係ヲ有スル業者ニシテ本会ノ設立発企人タリシモノ

二、其他理事二名以上ノ推薦ニ依リ理事会ニ於テ議決セル者

第十一條　理事ノ任期ハ一年トス

第十二條　幹事ハ会長之ヲ決定ス

第十三條　会長ハ会務ヲ総理シ本会ヲ代表ス

会長事故アルトキハ理事長又ハ会長ノ指名スル理事其ノ職務ヲ代理ス

第十四條　理事長及理事ハ会長ヲ補佐シ会務ヲ掌理ス

第十五條　幹事ハ会長ノ指揮ヲ受ケ事務ヲ整理ス

第四章　理事會及班

三

六

臺灣事業協会細則

第一條　本会ノ事務所ハ東京都麹町区有楽町一丁目七番地糖業会館内ニ置ク

第二條　本会ニ左記班ヲ設ク

糖業班
農林班
工業班
化學工業班
軽金属班
繊維パルプ工業班
鑛業班
商業班
一般経済班

臺湾事業協会設立経過ト趣意

一、概要

終戦以来ノ諸種ノ事態ニ対処スル為全世界ニ亘ル海外事業会社カ相語リ、昭和廿年十一月下旬

海外事業戦後対策中央協議会

ナルモノヲ設立シタ。

ソシテソノ一部門トシテ台湾部会ナルモノヲ設ケラレタノデアツタカ、之レニ則応シ台湾関係事業者モ団体的ニ之レニ参加スルコト、シ

台湾事業協会

ナルモノヲ設立シタノデアル。

従ツテソノ間ノ具体的ナ事ヲ説明セムニハ先ツ其ノ中央協議会ノ概要カラ述ヘテ掛ラネハナラヌ。

○海外事業戦後対策中央協議会

二

一、設立経過

終戦以来在外事業或ハ資産関係者ニトツテ種々ノ事態カ生ジ彼レ是レ困迷セル状態ニ在ルノミナラズ又将来ノ問題モアルコトナノデ、政府当局トシテモ之レラノ団体ヲ通ジテ指示シタリ或ハ交渉シタリスルコトノ便利且ツ有意義ナルヲ稍ヘ、昭和廿年十一月十七日大蔵省野田外資局長カ各界ニ亘ル主ナル海外事業代表者達ヲ集メソノ旨ノ慫慂セラレル所カアツタ。

之レニ対シ民間側トシテモ大同団結シテ事ニ当ルコトノ便利且ツ有力ナルヲ仝感シ、横浜正金銀行頭取荒川昌二氏カ創立準備委員長トナリ計画ヲ進メラレタガソシテ十一月廿七日ソノ準備委員会ヲ開キ仝月卅日ニハ創立総会ノ排ヒトモナツテ、茲ニ海外関係事業協議会（後日現在名称ニ変更サレタ）カ設立サレタノデアル。

二、事業目的

詳シクハ別冊台湾事業協会規約ニ掲記セルト仝様デアルカ、要スルニ終戦以来海外利害

関係者カ当面シテ来タ諸種ノ問題ニ関シ又今後予想セラレル賠償問題ニ関聯シテ生スヘキ種々ノ事態ニ対処スル為、常ニ関係当局ト連絡ヲ密ニシツヽ、或ハ政府ノ指示命令ノ徹底ニ協力シ、或ハ指導ヲ乞ヒ、或ハ時ニ請願陳情等モ行ヒ、究極ニハソノ在外資産ノ適正ナル処理ヲ期セムトスルモノデアル。

三、會員

海外事業経営者、在外資産所有者及海外経済関係ヲ有スルモノヲ以テスルカ、ソノ地域別或ハ業種別ノ団体会員トシテモ認メヲル。現在会員数ハ一九六ノ会社及団体デアル。

四、事業ノ運営

事業運営ノ便宜上、地域或ハ業種ニ応シテ左記ノ如クニ部門ニ分チ、夫々所属会員中ヨリ理事ヲ送出シテソノ理事会（毎金曜日）ニ於テ事業ノ運営ヲ議スルコト、ナツテヰル。

樺太部会　朝鮮部会　台湾部会　南洋群島部会
満州部会　北支部会　中南支部会　南方部会
欧米濠印部会　貿易部会　金融部会

三

四

五、本部役員

会長　荒川昌二氏（横浜正金銀行頭取）

幹事長　高廣辰治氏（仝業務部次長）

六、事務所

東京都日本橋区室町　横浜正金銀行内

七、現在迄ノ理事会議事々項（抜萃）

以下ノ議事報告ハ追テ台湾事業協会発行ノ彙報ニ依リ会員ニ周知スルコトニナツテ居ルカ、茲デハ単ニソノ主ナル議題ヲ掲記スルニ止ム。

第一回理事会（昭和廿年十二月七日）

(1) 解散シタキ会社ノ処理ニ関スル件

(2) 本店ヲ内地ニ移転シテ事業ヲ行ヒタキ会社ニ干スル件

(3) 外地ヨリノ内地送金杜絶ニ干スル件

第二回理事会（昭和廿年十二月十四日）

(1) 資金ニ窮セル海外事業内地支社ニ対スル融資ノ件

(2) 在外同胞援護会援護方法現在迄ノ経過報告ノ件

(3) 在外財産調査報告ニ干スル件

五

○臺湾事業協會

一、設立経過

前述中央協議会ノ創立計画当時カラ内務省管理局佐藤殖産課長、台湾協会長松岡一衛氏モ参劃セラレテヰタ。ソシテ該協議会ニ則応シツ、台湾関係ノ主ナル業者（註、別述スル是レラノ諸会社ハ終戦以来常ニ関係当局ト連絡ヲトツテヰタモノデアル）ヲ集メソノ参加方ヲ諮ラレタ。

之レニ対シ何レノ会社トテモソノ依存スル所ニ迷ツテヰタ様ナ次第テアツタカラ、斯ノ機会ニ業者カ結束シテ鞏固ナル組織ヲ作リ団体的ニ中央協議会ノ一員トシテ加入スルコト、スルノミナラズ、特殊ナ沿革ト事態トニ在ル台湾関係事業者トシテ独自ノ立場テ活動セムコトヲ期シタノデアル。

斯クテ十一月二十九日ト十二月四日ニ亘リ糖業聯合会内ニ於テ創立準備委員会ヲ催サレ十二月七日ニ創立総会ノ拶ヒトナツタノデアル。ソシテ別冊ノ如キ会則ト役員カ決定サレ即日カラ仕事ニ着手シタ。

二、事業目的

本会ノ事業目的ハ会則ニ示サレテアルノデ茲デハ省略スルカソノ大要ハ既述中央協議会ノ項デ述ベタ如クデアル。　唯台湾ト云フ特殊事情ニ在ルモノトシテハ別箇ノ立場デ対処スベキ場合モ有リ得ルト信スル。

向レニスルモ究極的ノ目的トシテハ在台財産カ如何ニ処理セラレルカト云フコトカ利害関係者ニトツテ根本的ノ関心事テアルノデ、常ニ各方面ト連絡シツヽ総ユル事態ニ対シ終局迄善処セムトスルモノテアル。

ソレニ就ケテモソノ間ノ成行ヤ台湾関係ノ情報等ヲ遅滞ナク会員ニ周知方ヲ計ルト云フコトモ重要ナ任務ノ一トモナルテアロウ。

或ハ内台間ノ通信連絡ニ関シ效果的ニ利用シ得ルヨウ団体ノ力ニヨツテ計画統制的ニ目的ヲ遂ケル努力モ必要トスルテアロウ。

等々ノ仕事カラ云ヘハカヽル機関ノ設立セラレタノカ寧ロ遅キニ失シタト云ヘル程テアル。

三、事業ノ運営方法

之レモ別冊ノ会則ニヨツテ明カデアル故茲デハ省略シ概言スレハ、事業ノ運営ハ会長ノ

八

下理事会ノ協議ニ依テ進メラレル。ソシテ日常ノ会務ハ会長又ハ理事長ノ指揮ヲ受ケテ常任幹事カソノ処理ニ当ルコト、ナツテヰル。

之レラ現在ノ役員ハ創立総会デ決定セラレタ以下ノ諸氏デアル。

会長　藤山愛一郎氏

理事長　中瀬拙夫氏

理事　創立発企人タリシ左記各社デアル（昭和廿年十二月廿日現在）

糖業班　日糖興業株式会社　代表者　秋山孝之輔氏

明治製糖株式会社　山田貞雄氏

塩水港製糖株式会社　田口彌一氏

台湾製糖株式会社　武智勝氏

農林班　三井農林株式会社　大島卓爾氏

化学工業班　高砂化学工業株式会社　渡部慶之進氏（[illegible]）

繊維パルプ工業班　台湾興業株式会社　迫本実氏

鉱業班　日本石油株式会社　川久保修一氏

日本鉱業株式会社　三毛菊次郎氏

南海興業株式会社　山内　卓郎氏

一般経済班　台湾電力株式会社　滝口　陸造氏

其他　台湾協会　松岡　一衛氏

幹事　渡部慶之進氏

六、経費

前述趣旨ノ事業ヲ遺憾ナク達成セムニハ先ツ人ヲ求メテ掛ラネハナラヌガ片手間ノ仕事ニ任ストスレハ到底所期ノ目的ヲ遂ケ得ルモノデナイ。依テ設立即日カラ本会目的ノ為ニ活動シ得ル又対外的ニ殊ニ官庁ニ対シテ連繋多イ人ニ委嘱シテ専任事ニ当ツテ貰フヘキコトヲ創立総会ノ際ニ評議サレタ。

之レラノ人件費、事ム費、通信費、印刷費等々ノ外、中央協議会加入金及会費等相当ノ額ヲ必要トスル。

ソシテ本会ノ目的ヲ遂ケ終ル迄ハ少クトモ二ケ年ヲ要スルテアロウトノ当局筋ノ見解ニ基キソノ間ノ資金ヲ調達スル必要カアルノデアル。

此ノ点ニ関シ今日迄決定シタ所ヲ述ヘルト

九

中福會員加入金算定基準（昭和廿一年一月十七日決定）

拂込資本金又ハ事業投資額	加入金
百萬圓以下	千圓
三百萬圓以下	二千圓
五百萬圓以下	三千圓
千萬圓未滿	五千圓
千萬圓以上	一萬圓

一〇

(1) 各製糖会社カ糖業班トシテ予定所要総額ノ二分ノ一ヲ負担セラレルコト、ナッタ。

(2) 爾余ハ他ノ加入会員ニ依リ負担スルコト、ナルカ、不取敢前記七社ノ理事会社ニ対スル割当醵出額カ予定通リ決定セラレタ。

(3) 其他ハ今後ノ新会員ノ加入金ニ依リ負担スルコト、ナルカ、ソレニハ
法人　千円以上　個人　二百円以上
ト決定セラレタ。ソノ実額ノ決定ハ理事会ニ於テ、台湾ニ於ケル投資額トカ利害関係ノ程度等ヲ斟酌シ適正公平ニ評議決定セラレルコト、ナッテヰル。

(4) 入会後ハ会費ヲ徴セス、途中ニテ経費不足ノ時ハ割当徴収スルコト、ナルカ、協会ノ使命完遂後剰余金有ル場合ニハ当初ノ加入金ノ割合ニ応シテ返還スルコト、ス。

七、協会日誌抜萃（自設立当日至十二月廿日）

昭和廿年十二月　七日　創立総会
中央協議会第一回理事会ニ渡部常任理事、松岡理事出席ス
渡部幹事台湾総督府出張所長安井事ム官ニ協会設立ノ正式挨拶ト共ニ今後ノ事業協力方ヲ依頼ス

八日　出張所ヲ通シ在台主ナル会社ノ被接収状況調査報告方ヲ台湾ニ
依頼ス
十日　内務省佐藤書記官来会、在外資産賠償問題ニ関シ重要ナ打合セ
ヲセラル
十一日　中瀬理事長、渡部常任理事同道内ム省管理局長ノ下ニ出頭
十二日　中瀬理事長、渡部常任理事某方面ニ出向、台湾在住個人財産ニ
関シテノ重大ナル陳情ヲナス
十三日　第一回理事会、藤山会長出席挨拶アリ
佐藤書記官、安井所長臨席セラル
席上安井所長ヨリ、終戦以来ノ台湾ノ状況ニ関シ講演サル（本
要旨ハ追テ彙報ニヨリ一般会員ニ報告ス）
十四日　中央協議会第二回理事会ニ渡部常任理事出席ス
十五日　渡部幹事大蔵省為替課長ニ出向諸種ノ件ニ就キ問合セヲナス
十九日　渡部幹事中央協議会幹事長ノ下ニ出向打合セヲナス
二十日　第二回理事会、全理事出席、　佐藤書記官臨席セラル

八、理事会附議事項抜萃

協会ノ理事会ハ毎木曜日ニ定期ニ開カレテヰル。ソシテソノ際ノ議事々項モ彙報ニ依テ周知セラレルコトニナツテヰルノデアルカ茲テハソノ主ナル事項ニ就テノ題目ノミ掲ク。

第一回理事会（昭和廿年十二月十三日）

(1) 中央協議会第一回理事会議事報告ノ件

(2) 事業ノ具体的運営ニ関スル件

(3) 資金決定ニ関スル件

第二回理事会（〃　十二月二十日）

(1) 中央協議会第二回理事会議事報告ノ件

(2) 九月廿三日以前台湾本社勘定ニ依リ支給ヲ受ケヰタル内地滞在中ノ者、引上者、復員者等ニ対スル給料支払ヒニ干スル件

(3) 報告事項　イ、在内地台湾省民引揚ケニ件フ在台邦人引揚ケニ干スル件

ロ、近ク外務省終戦連絡事ム局内ニ設置セラレル賠償協議会（会長外務大臣）ニ委員トシテ藤山会長、幹事トシテ渡部理事推挙サル。

彙　報

臨時号

昭和二十一年一月四日発行

臺灣事業協會

、（御断リ）当会ノ事業目的ニ関聯シタ通知情報等ハ今後遅滞ナク彙報ヲ以テ会員ニ周知スルコトニナツテヰマスカ、本会設立以来歳末迄ノ分ハ一括シテ第一号トシテ発行スベク目下印刷中デアリマス。併シ左記ノ件ハ至急ヲ要スルコトナノデ茲ニ不取敢臨時号トシテ発行致シタ次第デアリマス。

○御関係ノ向ハ至急調書提出セラレ度キ事

一、台湾本社ヨリノ送金杜絶ノ為、内地支店ヲ維持シテ行クコトノ困難又ハ不可能トナリシ向ハ、別紙様式ニ依ル調書作製ノ上至急当会ニ送附セラレ度イ。

（註）ソノ説明ハ第一号彙報ニテ致スカ、本件ハ中央協議会ニテ採リ上ゲラレ、之レガニ対スル救済方法ヲ其筋ニ稟請セムトスルモノデアル。

一、昭和廿年九月二十三日以前ニ台湾本社勘定ニ依リ給料ノ支払ヒヲ受ケヰタル、外地ヨリノ

引揚者、復員者ニ干シ左記要項ヲ認メ至急当会迄送附セラレ度イ。

内地帰還者ノ氏名、ソノ年月日、給料額、帰還事由、

(註)右ノ如キ該当者ニ対シテハ大蔵省令第八十八号ニヨリ、剰余資金有リテモ内地支店ヨリノ支給ハ認メラレナイ。カクテハ困ル向モ有ルヘク本件ニ干シ当会ヨリハ大蔵省ニ何分ノ許可方ヲ陳情シ、カヽル者モ内地支店カラ給料ノ支給ヲ受ケ得ラレルヨウニ懇請シタノデアル。所カ一応ソレラノ調書ヲ提出シテ見ヨトノコトデアッタノデ右ノ意味デ調査シタイ次第デアル。尤モ該当者カ僅少数ノ場合ハ実際問題トシテ可然処理シテ行ケルニ非ラスヤト思ハレルカ、逐次ニ内地ヘノ引揚、復員者カ増加シテ来ル状況デアルノデ一応留意セラレ置カレルコトモ必要デアル。

○台湾ヨリノ送金杜絶ノ為困惑セル家族ノ方ニ就テ

本件ハ当協会ノ商業目的外ノコトニテ直接管掌ハ致サヌ問題デアルカ、海外同胞援護会テ救済方法ヲ講シテヰルノソレニ対スル連絡上ノ御相談ニハ応シタイト思ッテヰルカラ、該当者ハ一応当協会迄通報セラレルヨウ御心当リノ向ニオ伝ヘ願ヒ度イ。

台湾事業協会第七回理事会附議事項要旨

日　時　昭和廿一年二月七日（木）午後一時

場　所　糖業会館会議室

出席者　理事会社代表一〇名、一般会員七名

臨席者　台湾総督府東京出張所長安井事務官

青柳事務官

一、台湾ノ近状ニ関スル報告

最近復員ニヨリ帰還セラレタ総督府青柳事務官ヨリ種々ノ報告セラレタ。ソノ大要ハ別途彙報ニテ報告致スガ、茲ニ結論的ノ事ヲ云ヘハ、省政府ノ要人ハ在台邦人ニ対シテ寧ロ好意的テアル。又進駐軍隊トシテモ特ニ民族的悪意ノアル迫害ニ出ルヨウナコトモナイ。

所カ終戦後二、三ケ月頃迄ノ邦人ノ一般的ナ心情トシテハ、出来得ハクムバ今後トモ現地ニ踏ミ止リ、平和的、生産的ナ生活ヲ営ムデ行キ度イト云フ点ニ在ツタガ、其後情勢ノ変化ニ伴ヒ逐次、迅カニ内地ニ帰還シタイト云フ焦慮ニ変ジテ来タソウテアル。

ト云フソノ原因ハ現地ニ於ケル安寧秩序カ台湾省民ニ依リ悲観スヘキ情勢トナッテ来テヰルカラテアル由（略）

一、中央協議会第五回理事会附議事項報告ノ件

今回ハ事業運営上ノ議題ハナク、協議会予算、規約改正等ヲ附議決定サレタカ之レニヨリ今後中央協議会モ専務理事一名ヲ常置シ事業達成ニ一段ト努力セラレルコトヽナッタノテアル。

本議題トシテハ右ノ通リテアッタカ会議ニハ外務管理局矢野第三部長、同山田第二兼第四部長及金次事務官ヨリ、満州及北鮮ノ状況、支那及南方ニ於ケル邦人商社ノ状況、賠償ト補償問題等ニ関シ説話カアッタ。

他ノコトハ略シ、賠償、補償問題ニ関シ述ヘラレタ断片ヲ挙ケテ見ルト

（イ）ポーレー大使来朝ノ際（十一月初旬）ノ中間的声明ニヨレハ、在外財産ハ法人タルト個人タルヲ問ハス一切賠償物資ニ充テルトハ酷テアル、況ンヤ何テ武力的浸入ニ非ラサル地区ニテ生産的ナ生活ヲ営ムテオタ者ノ全財産ヲ接収スルトハ酷テアルト陳情シタ（以下略）

（ロ）何レニスルモ此中間的声明カ必スシモ決定的、最後的ノモノト思ヘス、将来種々

ノ事情テ善悪何レトモ変更ノ加ヘラレルコトノアリ得ルト思ハレル（略）

(ハ) 補償ハ明カニ接収セラレタモノ、又何ラカノ証憑書ノアルモノニ対シテ行ハルヘキモノデアルガ、現地ノ情況ヤ事情ニヨリ然ラサル者デモ財産ヲ喪失シタ者ニ対シテハ補償シテヤラネバ気ノ毒デアル。従ッテ出来得ル限リ証憑書類ノ持チ帰リスルヨウ連絡ヲツケルニ努メ、且ツマッカーサー司令部ノ了解モ得タノデアルガ、現地軍ヨリ数字ノ持チ帰リヲ厳禁セラレ遺憾ニ思ッテヰル。

尚序乍ラ現地デノ金持チ連中デ、所詮ソノ資産ハ当該国政府ニ接収サレ喪失シテシマフモノト解シ寧ロ今ノ内ニ使フニ如カストナシ自已ノ為ニノミ濫費セル向相当アルラシ。併シソレハ誤解シテヰルモノデ若シ之レラノ金ヲ窮乏セル同胞ノ生活資金トシテ貸与セラルレバ後日補償ヲ受ケ得ラルベキモノナノデ、出来得ル限リ現地テノ相互扶助ヲ望ムデヰル。

(ニ) 現地発行ノ予金通帳、小切手等ハ内地ニ持チ帰ッテモ現金化出来ヌガ、ソレデハ気ノ毒故一口二千円程度ノ現金化出来ルヨウニ努メテヰル。

(ホ) 賠償目的ニスル資産評価ハ現地デノ最高価格ニ拠ルコトヽナルデアロウガ、補償目的ニスル資産価格ハ内地価格並ニ引下ケルカ将又内地接収価格ニ準ジテ全様ニ取扱フカ等々ニ就テハ考究スヘキ問題デアル。

三

四

一、台湾事業協会理事会開催日変更ノ件

事業協会ノ理事会ハ設立以来中央協議会ニ則応シ、毎週木曜日ヲ定例日トシテ開催サレテヰタ。処カ本年ニ入リ中央協議会ノ理事会日カ隔週一回ニナツタノデ之レニ則応スルト云フ意味ト、一面毎週一回デハ聊カ追ハレ勝トナリ一例ヘバ官廳ト連絡ヲトツテ理事会ニ備ヘムトシテモ予定ノ日取リ通リニ面接シ得タ験ガナク自然十分ノ準備ヲ期シ得サルノミナラズ、一般会員ニ対スル連絡モ行キ届キ兼ネル結果トモナルノテ、隔週一回（火曜日）ト変更サレタノデアル。

台湾事業協会第八回理事会附議事項要旨

日時　昭和廿一年二月十八日（月）午後一時
場所　糖業会館会議室
出席者　理事会社代表　九名
臨席者　安井事務官

一、中央協議会第六回理事会議事報告ノ件

別紙ノ通リ

一、在台全胞援護会事業ニ関スル件

在台同胞ニ関係シテ援護ヲ要スヘキ問題トシテ次ノ三ツノ事項カ考ヘラレル。即チ

(1) 台湾ヨリ送金ヲ受ケテ生活シテ来タ留守宅家族、或ハ学生ニ対スル援護
(2) 引揚者ノ内地到着港ニ於ケル援護
(3) 仝上帰還後ノ生活上ノ援護

一

処ガ右ノ内第二ノ事業ニ干シテハ最近台湾協会ガ在外同胞援護会ト連絡ヲ付ケ之レカ現地デノ世話ニ当ルヘク決定シ目下ソノ準備中デアル。

又第三ノ問題ハ政府トシテモ一般的ナ政治問題トシテ苦慮シツヽアル所デ厚生省所管デ何ラカ検討サレテヰルコト、聞クガ、事実此ノ種ノ問題ハ吾々ノミノ手デハ差シ詰メ奈何トモ見当ノ付ケヨウモナイコトデアル（尤モ本問題ニ関シ政府カ何ラカノ方針ヲ樹ツルニシテモ、内地在住ノ台湾関係者カ現実的ナ種々ノ世話ヲスルト云フコトカ必要ナコトデアロウガ、ソレラノコトハ別途協議スル機会モアルトシテ）。

終戦当時カラ当面ノ問題トシテ緊急ノコトデアリ然カモ取扱者カ決定シテヰナカツタコトハ前記第一ノ留守宅、家族ヤ学生ニ対スル援護ノ仕事デアル。

即チ本件ニ干シテハ在外同胞援護会デ既ニ他ノ地区ノ該当者ニ対シ一定ノ経費ヲ支給シテヰルノデアルガ、台湾干係デハ該会トノ斡旋ヲナス機関カ確定セズ、困窮セル向ガ屡々当協会ニ愬ヘテ来ル有様デアツタ。処ガ当協会トシテハソノ設立使命外ノコトデアルガ若シ関セズ焉デモ済マサレズ、最近渡部幹事カ在外同胞援護会長ト折衝シ何分ノ援護方ヲ求メタ。

快諾サレタノデ其後台湾総督府出張所長安井事ム官、台湾協会長松岡氏ト相談ノ上結局出張所（現在内務省四階）ノ。援護部デ取扱ツテ頂クコト、ナツタ

就テハ左記ニ該当セラレル希望者ハ直接同所カ当地会社迄連絡ヲ執ラレルヨウ周知方御願ヒ致ス次第デアル。即チ

(イ) 従来台湾ヨリノ送金ニヨリ生活シテオタ留守宅家族ニシテ、他ヨリ援護ヲ受クル途ナキ者(会社関係ノ者デモ内地支店ヨリ立替等ノ支給ヲ事実上或ハ法規上出来ザル向ノ留守宅モ考慮セラル)

支給額　妻、六十才以上十七才以下ノ家族ニ対シ月額一人当リ百円

(ロ) 台湾ニ父兄ヲ有スル専門学校以上ノ学徒ニシテ他ニ援護ノ途ナキ者

月額百円

(註) 支給額ト云フモ実体ハ貸与額ナリ

……………

[附記] 在台一般邦人ノ引揚ゲハ計画ニ拠レバ六月初旬ヨリ始マルトノコトナリシモ最近ノ情報ニヨレバ意外ニ早ク四月頃ヨリ始マルベシトモ云フ。何レニスルモ確定次第御報告致スベク。

一、理事推薦ノ件

今回新ニ左記会社カ理事会社トナラレタ。之レデ理事者数ハ十五名トナリシ訳デアル。

三

東邦金属精錬株式会社　代表者　小橋　熈氏

鐘淵曹達工業株式会社　代表者　本木誠三氏

在外財産等報告書未提出ノ向ニ

［御注意］

期限後ノ今日ト雖モ受付ケテ貰ヘマスカラ必ス御提出セラレルヨウニ。

用紙御入用ナラハ当協会ニテ実費ニテ御頒チ致シマス。

明細ニ分ラズトモ大体デ宜敷ク、時價評價モ適当ニ見積ラレテ宜敷ク、兎モ角報告ヲ出シテオカヌト将来種々ノ不都合ヲ生シマスカラ必ス提出セラレ度シ。

尚右ノ省令公布セラレタ当時台湾ニ本社ノ有ル向ハ提出ニ及ハストノコトデシタガ、其後必要生シ矢張リ提出ヲ要スルコト、ナツテキマス。就テハ之レ等ノ分ハ台湾総督府出張所ナリ当会ニナリ寄託セラルレハ適当ニ取計ヒ致シマス。

中央協議會第六回理事會附議事項要旨

昭和廿一年二月十五日（金）午後一時半
於正金銀行會議室

一、臺銀清算ニ伴フ臺銀債權回收ノ件（南方部會）

南方部會所屬ノ數社ニ對シ、臺灣銀行特殊整理人タル日本銀行ヨリ債權回收ノ請求アリ。併シ現在ノ處辨濟資力ナキヲ以テ之レラニ對シ團体的ニ何ラカノ善處方法ヲ中央協議會ニテ考究シテ貰ヘズヤ、トノ陳情アリ。

之レニ對シ當席ノ大藏省石田外資課長ヨリ、マツク司令部ニテハ一般預金ノ拂出シヲ重要視シテヰル、ソノ爲ソノ資金ニ充足スベキ回收ヲ必要トシ且ツ急ガシメテヰル。

海外事業者ノ爲ニ特ニ公然ノ便法ヲ求ムルハ司令部ノ認メザル處デアラウ。當事者ト日銀整理人トノ折衝ニ俟ツヨリ他アルマイ。

ト此種目的ノ爲ニ團体的ニ對處スルコトノ出來ザル如キ私見ヲ洩ラサレ、本題ハソレ以上ニハ進展シナカツタ。

一、大藏省告示第十八號ノ件（南方部會）

本告示ハ内地支店ニ於ケル事業再開又ハ轉換ニ關スル許可ヲ大藏省限リテ決定シ得ルコトノ規定デアル。處ガ南方部會ノ或ル會社ガ内地ニテ事業ヲ行ハムトシタ所、企業整備令、經理統制令等ニ引ツカカリ實現不可能トナツタ。何トガ方法ナキヤトノ陳情デアツタガ臨席ノ大藏省外資課長ヨリノ答辯ニテ質問ノ要點カラスレバ本告示ノ趣旨トハ別問題ノコトデアルトセラレ不問ニ附セラレタ。

一、資金ニ關セル會社維持費ノ件

内地支店、出張所ノ維持困難トナリシ向ニ對シ、之ガ一時救濟方ヲ詮ジテ貰ハムトノ意圖ニテ、當臨來再三各方面ニ資料提出方ヲ求メテ來タガ大本各部會ノモノガ纏リソノ所要總額一億二千百六十萬圓ノモノトナツタ。

之レニ對シ臨席ノ大藏省石田損償課長、外務省鈴木大陸課長ヨリノ私見トシテ、補償問題ガ將來如何ニ落着クヤ未定ノ今日、然カモカカル巨額ノモノニ對シ政府ガ何ラカノ方法デソノ經營ニ介入スルト云フコ

トハ望ムデ得ベカラザル事ナラムトテ暗ニ徒勞トナルベキヲ仄カサレタ。

ソノ序ニ賠償ヤ補償問題ニ關シ所見ヲ述ベラレタ。

一、部會選擧變更ノ件

(イ)朝鮮部會ノ各社ガ新ニ"朝鮮事業者會"トシテ結合シ該會ガ代表選擧トナツタ。

(ロ)同ジク南洋部會デハ"南洋關係會社連絡會"ガ代表選擧トナツタ。

台湾事業協会第九回理事会報告

日時　昭和廿一年三月五日（火）午後一時
場所　糖業会館会議室
出席者　理事　十二名
臨席者　督府出張所長安井事ム官
　　　　中原属、持留属

一、中央協議会第七回理事会附議事項報告
　　別紙報告ノ通リ

二、大蔵省告示第三十七号ニ就テ
　二月廿六日ノ官報デ公布セラレタ告示デアルガソノ本文ハ別紙ノ通リノモノデアル。
処デカヽル告示ノ出サレタ所以ニ就テハ後記ノ通リデ分ッテハキタガ、ソノ告示ヲ字句通リニ読ムデハ了解出来ザルモノ故大蔵省理財局外資課ニ出向イテ確メテ来タノデアッタ。
ソノ時ノ説明ニ依レバ該告示中ノ「本邦商社」ニハ内地支店モ含ム、「在外支店」ニ

ハ台湾本店モ含ム意トノコト

換言スレハ「内地支店ガ、台湾本店所属タリシ引揚者ニ対シ給料、諸手当ヲ一定条件ノ下ニ支払ツテモ宜敷シイ」ト云フ大蔵省令第八十八号（昭和廿年十月十五日）ノ基本的ナ取引禁止令ニ対スル免除ヲ認メラレタモノデアル。

要スルニ本会理事会デモ旧臘以来大蔵省ノ許可ヲ得・モノト問題トシ旦ツ折衝中デアツタ「昭和廿年九月廿三日以前台湾本店勘定ニヨリ支給ヲ受ケヰタル引揚者、復員者ニ対スル給料等支払ヒニ干スル件」カ一般的ニ認メラレルコトニ法文化サレ、内地支店ニテ右ノ支給ヲナスコトガ公然ト許サレタ訳デアル。

（恐ラク外資干係ノ法令用語ハ最初カラ一定セズ屡々難解ヲ与ヘテヰルガ、思フニ其ノ都度ノ訳文ノ相異カラ乎）

三、賠償問題等ニ関シテノ大蔵省関係課長ノ所見

例ノ〃維持困難トナリシ内地支店融資ニ干スル件〃ノ問題ニ関聯シテ過般ノ中央協議会席上デ、石田外資課長、石田賠償課長ノ洩ラサレタ「――補償ソノモノガ如何ナルカ分ラヌ――」云々ノ言葉ヲ聞キ流シテモ居ラレズ、某日夫々ノ課長ヲ訪ネテ種々懇談シタ。

石田外資課長（私見）

(イ)将来政府ガ賠償ニ因ル補償金ヲ支出スルカ如何カ不明ノ今日、一般ノ希望的観測ヲ裏付ケル如キコトヲ云ハヌ方カ寧ロ親切カト思フ。何分トモ戦争ニ基因シタ財政危局ノ折柄果シテ政府カ事実上ソレラノ補償ニ応シ切レルカ奈何カ種々ノ面カラ必ズシモ楽観出来ナイ。ト主トシテ財政上ノ見地カラ補償問題ニ干シ消極的、悲観的ナ意見デアツタ。

(ロ)従ツテ維持困難トナリシ支店ヘノ融資ヲ、右ノ如キ前途ノ補償金ヲ見返リトシテ斡旋スルト云フコトハ当ヲ得ズ、コノ問題ハ別ノ方法一例ヘハ在来ノ支店形式ヲ断念シテ在外本店ノ清算機関ヲ一ケ所ニ統合シテ委託スルトカ、更生的ナ事業ヲ営ムトカシテ自力ニテ善処セラレルヨリ他ナイト思フ。

(ハ)在外財産報告ハマツカーサー司令部ヨリ四月迄ニ纏メヨトノコトナルモ、一般的ノモノハ次カラ次ヘト出テ際限ガナイ。ソレデ何日カ一応ノ区切リヲ付ケタイト思ツテキル。現在漸ク見透シノ付イタノハ国有財産ト銀行干係位ノモノデアル　幹事云フ、台湾ノ一般邦人引揚ノ完了スルノハ今年一杯デアルカラ、在外財産調書ノ一ト通リ纏ルノハソノ時ニナツテカラカト思フ

石田賠償課長

(イ)賠償問題ハ目下ノ処何ヲ進捗シテ居ラズ、何分現在日本ニハソノ問題ヲ取扱フ相手

方ガヰナイノダカラ。結局日本ノ管理策ヲ協議スル極東委員会ノ下ニ賠償委員会ガ結成サレテカラノコトニナルデアロウカラ相当時日ヲ要スルモノト思ハレル。即チソノ極東委員会ソノモノカソレ程進捗シテヰルトモ思ハレヌ程ダカラ、然ク急ニハ緒ニ就クマイ。」ト賠償問題ノ軌道ニ乗ル迄時日ノアルコトヲ話サレタ　幹事云フ、旧臘日本外務省ニ賠償協議会ナル官制カ発表サレタガ、ソノ人選ハソノ侭トナッテヰル

(ロ) 二月十四日ノ東京新聞ノ「引揚邦人ノ在外財産統治國責任デ処理、凍結、賠償ハ個人ノ損害」ト云フ記事中、在外個人資産ガ接収サレタ場合ソノ補償ノ責任ハ日本政府ガ負フヘキカ?」ト云フ新聞記者ノ質問ニ対シ、マ司令部スポークスマンハ「ノー」ト答ヘ暗ニ個人ノ損害ニ止マルコトヲ明カニシタ、トノ記事ニ対シ如何ニ考ヘテ好イカトノ質問セシ処

ソレハ賠償問題ノ責任者トシテノ言デハナイカラ必ズシモ因ハレル必要ハナカロウ。併シ昨年賠償団使節トシテ一時来朝シタポーレー大使ノ如キモ在外事業者ニ余リ同情ハ持タヌラシイ。ト云フノハソレラノ者ハ日本ノ武力的背景ヲ前提トシテヰタカラデアルトノ見解カラ来テヰルラシ。サレハ仮令日本政府デ補償ヲ認メル方針ニ出テ、モ或ハ予算ノ上デ最高司令部デ否定スルコトアルヤモ知レヌ。ト是レ亦心細イ話デアッタ。

自分ハ之レニ対シ、少クトモ台湾ニ于スル限リ然ル所以ノモノニ非ラサリシコトハ

今日迄社会通念カラ認メラレ来タモノデアリ、若シ他日機会アラバカヽル点ニ干シ正解シテ貰ヘルヨウ特ニ留意方切望シテ置イタ。

(ハ)「維持困難トナリシ内地支店ヘノ融資ニ干スル問題」ニ就テハ外資課長ト大同小異ノ意見デアッタ。

以上ハ元ヨリ各課長トノ私的会談ニ過ギス大蔵省トシテノ意見デハナイガ兎モ角補償問題ト云フコトカ吾々究極ノ目的トスル重大ナコト、テ今後一段ト注視シテ行カネバナラヌヲ思ヒ、次回ニハ外務省ノ所見ヲ聞ク予定ニシテヰル

(追記)　其後外ム省ノ関係当局ト会談シタル処茲デハ甚ダ積極的デ、今カラ賠償、補償問題ノ準備ニ干シ当局ニ呶ガスヘキヲ依セラレ大ニ意ヲ強クシタ。具体的ノコトハ次回理事会報告デスル。

四、在外関係会社ノ財産税ニ干スル疑義ニ就テ

過般発表セラレタ臨時財産税草案ニ就テハ第六回理事会デソノ解説要綱ヲ報告シテ置イタガ、ソレガ尚草案トハ云ヘ在外財産関係者ニトッテ明確ナラザル点カ往々アル。

ソレラ仔細ノ検討ハ何レ法文ノ完成セラレタ後ニ譲ルトシテ、偶々先般臨時財産調査令ノ出タ機会ニ一会員カラ質問ヲ受ケタノデ、ソノ回答ヲ立案者タル主税局渡辺書記官

ニ乞ウタノデアル。ソノ際ノ要旨

(ノ)　今回ノ臨時財産申告デハ、本邦外即チ台湾本社デ発行シタ株券ニ就テハ申告ヲ要セヌコトニナツテヰル。

処ガ会員中ノ高砂化学工業デハ台湾本社ヲ内地ニ移転スル手続中ナリシ処偶々コノニ月中旬ニ至リソノ登記ガ完了シタ。ソレデ株主トシテモ申告義務ガ生ジタコトハ当然トシテ、若シ従前通リノ外地株ナリシトセバ、台湾　本社　財産ガ接收セラレ極端ナコトヲ云ヘバ現在ノ処無価値仝様ノモノトナツテヰルト思ハレルモノヲ、遽カニ内地株トシテ申告スル場合内地　支店、工場　財産ヲ評価シテ株価ヲ評価サレ彼レ是レ不利ナ結果トナルコトナキヤト杞憂シタノデアル。

－回答－

株式等デ取引所ノ相場ノナイモノニ就テハ、当該会社ノ調査期日ニ於ケル資産其他ヲ基準トシテ適当ナル方法デ標価スルコトニナツテヰルコトハ其ノ通リデアル。

処デ当該会社ガ外地ニ干係アル場合ハ外地資産ノ評価ニ関シテハ今後ノ賠償又ハ補償ノ問題ヲ考慮セネバナラヌノデ、別ニ事情ニ即シタ評価ヲ行フカ、或ハ賠償又ハ補償ノ見当ノ付ク迄ソノ資産ヲ一応計算外ニ置イテ之ハ之トシテ別途ニ評価セラレルコト、ナルデアロウ。

従ッテ本支店ノ如何ニ不拘一応評価サレルモノハソノ内地ノ分ノミノコト、ナルカラ結局何レニシテモ全ジコトニ帰スルト云フコトデアル・尚今回申告ヲ要セサル在外財産ニ干シテハ更メテ申告書ヲ徴スルカ、然カラズトモ予ネテ提出サレアル在外財産報告書デ調査シ得ル訳テアル、ト。

(2) 法人戦時利得税ハ内地支店ノモノデモ課税セラレルガ、ソレハ内地ニ於ケル資産又ハ営業ヨリ生ジタ利得ニ就テノミ課セラレ外地ヨリ生ジタ戦時利得ニ就デハ課税サレナイ。従ッテ内地ニテ保有スル財産ノ内何ノ程度ガソレニ該当スルカノ区分ハ不明瞭ナ場合ガ多イト思フ。例ヘバ内地支店デ若干ノ施設ヲ以テ台湾本社ヨリノ原料或ハ半製品ヲ加工シテ収得ヲ挙ゲテヰル場合、ソノ全部ヲ支店ノ利得トハ云ヘナイデアロウ。或ハ単ニ事務所シカ持タズ本店ニ送ル原料・資材等ノ注文ヲ取扱ッテヰル程度デモ営業ニ含マレオル乎(含ムト答ヘラレタ　)含ムトシテソノ利得ノ区分ヲ勝手ニ行ッテ認メラレル乎等々ニ対シ結局本支店ノ負担区分ヲセネバナラヌコトハ云ハレタガソノ方式ニ迄訊スコトガ出来ナカッタ。

兎モアレ在外財産ノ如何ニ取扱ハレルヤ見当モ付カサル今日、殊ニ本支店間ノ連絡絶エテ久シキ今日、ソノ在外財産ニ干聯シタ財産法規ニハ明確ナ準拠ヲ示サズハ種々ノ疑問モ生シルコト、思フ。ソレデ次回ノ中央協議会デ干係当局ノ臨席ヲ乞ヒ一

般的ナ説明ヤ質疑応答ヲシテ頂ケルヨウニト幹事会デ申入レ置イタ。

五、中央協議会又ハ他ノ部会団体ニ加入セル者ノ加入金ニ就テ

今日迄ノ入会希望者中（1）中央協議会ニ加入シテヰルカラ台湾事業協会員トシテハ兼会員タルベク、兼会員ハ加入金等ハ免除ト中央協ギ会デ云ッテヰルカラソノ取扱ヒセラレ度シ、トノ照会ヲ寄セラレタ向ガ二、三アッタ。 此ノコトニ干シテハ中央協ギ会幹事長トモ打合セ済ミノコトデアルガ、台湾部会デハ台湾関係業者ガ結束シテ一団体ヲ組織シ、ソノ一面ニ於テハ綜合的ナ協議機関トシテノ中央協ギ会ノ一員タルト共ニ、一面ニ於テハ現地的、具体的在台財産ニ干シ独自ノ立場デ対処セムモノト期シ又然ク活動シテヰルモノデアル（現在発表シ得サル事項モアル）。要スルニ単ナル中央協ギ会理事会ノ報告機関デハナイ。

従ッテ中央協ギ会ニ加入セルノ故ヲ以テ当会デハ兼会員デアルト云フ訳ニハ行カヌ。従ッテ又加入金ノ免除ト云フコトハ理論的ニハ考ヘラレヌガ、実際問題トシテ中央協ギ会ニ干スル限リ共通的ノ事項モアルコト、テ或ル程度ノ斟酌ハ考ヘルヘキカトモ思フ。

（2）他ノ部会団体、例ヘハ朝鮮部会デモ朝鮮事業者会ナルモノガ結成サレテヰルガ、ソコニ加入セル者ガ台湾事業協会ニ入会シタトテ何レカ兼会員デアルト云フコトハアリ

得ナイ。何故ナレバ夫々ニ事業財産ガアリソノ処理問題ニ干シテ夫々ノ団体ガ出来テキルモノデアル。従ッテコノ場合何レモ本会員タルベキモノデアル。殊ニ台湾事業協会デハ加入金決定標準ヲ在台投資実額ニ置イテ割当タモノデアル、然ク処理シテ無理ハナイト各理事ノ意見ガ一致シタ。御諒承乞フ。

〔附記〕(1) 以上ノコト、、事実上ノ負担能力ニ依リ(終戦以来ノ事情ニ由ル)加入金ノ減額、猶予等ヲ取計ッテキル例ノアルコトハ自ラ別問題デアル。

(2) 序乍ラ協会基金ハ未ダ当初理事会デ予定セラレタ額ニハ達シテキナイ。然カモ協会ノ設立資金ノ消滅スル迄ニハ予定ヨリ多少遅クレル見込デアル。何レニスルモ幹事ノ方デ善処致シ度イ。

(3) 尚今後送金セラレルモノニ就テハ、当方ヨリノ加入金決定通知書ニ依リ銀行デハ封鎖支払デ払出シテ呉レマス

(以上幹事記)

六、鹿児島ニ於ケル台湾ヨリノ復員者引揚状況報告(督府出張所村留属)

台湾ヨリノ一般邦人ノ引揚ゲハ三月下旬頃カラ本格的ニ開始サレル予定ナノデ当地干係者相寄リ種々準備中デアルガ、ソノ際ノ参考ニモト思ヒ村留氏ヲ煩シ現地報告ヲシテ頂イタノデアル。即チ出張所デハ予ネテヨリ復員者受入港ノ一ツタル鹿児島ニ三人ノ所

10

員ヲ派遣セシメテ来タノデイツタガ、ソノ報告ニヨルト一言ニシテ云ヘハ受入態勢カ充分ナラズ折角帰還シタ者ニ対シ種々失望ヲ与ヘテヰル由デアル。

右ニ干シ台湾総督府出張所、台湾協会、当帝業協会ノ三者カ今後ノ対策ニ就キ寄々協議中デアルガ具体的ノコトハ次回ニ御報告致スコトヽス。

中央協議会第七回理事会附議事項報告

日時　昭和廿一年三月一日（金）午後一時半

場所　正金銀行会議室

出席者　荒川会長（正金頭取）

田村専務理事、高広幹事長

各部会理事約二〇名

臨席者　外務省鈴木大陸課長兼南方課長

〃　[illegible]次事務官

概要

今回モ事業上ニ関シタ問題ハナク単ニ左記事項ニ就キ附議セラレ、ソノ終了後臨席ノ外務省関係課長ヨリ後述通リノ談話アリ、之ヲ中心ニ懇談カ行ハレタ。

一、附議事項

(イ)　中央協議会事務所移転ノ件

三月一日ヨリ本会事ム所ヲ元正金銀行丸ノ内出張所四階（台湾銀行裏電車通リ）内ニ

設置シ事ムヲ執ルコト、ナツタ。

尚モ理事会ハ従来通リ正金本店会議室デ行ハレルコトニ変リハナイ。

(2) 細則改正ノ件

前記通リ事ム所変更ニ伴フ協議会細則ノ改正及部会ノ異動ニ干シテデアル。

(3) 各部会トノ連絡緊密化ニ関スル件

今般協議会ノ専任理事トシテ田村峰男氏（正金参事）ガ就任セラレタヲ契機トシテ、各部会トノ連絡ヲ一層緊密ニスベキコトヲ述ヘラレタ。ソレニ関シ一理事ヨリ提案アリ、今後理事会ノ定例日ニ非ラサル毎隔週金曜日午後一時ヨリ前記ノ事ム所ニ各部会ノ幹事ガ集リ諸種ノ打合セヲナスコトニ決定、次ノ金曜日（八日）ニソノ第一回ノ集リヲナスコト、ナツタ。

二、外務省各課長ノ談話要旨

(1) 鈴木大陸課長

議題ハ前回臨席セラレタ時ノ協議事項タリシ〃維持困難トナリシ内地支店、出張所ヘノ融資ニ干スル件〃ニ就テゞアル。

〃本問題ニ干シ前回理事会席上デ述ベラレタ大蔵省側ノ意見ハ假令個人的所見ヲ前提

3

トシタトハ云ヘ聊カ悲観的過ギルニ非ズヤト思フ。在外本社ノ解決ヲ見ル迄ハ内地支店ニテ何トカ善処シツヽ生キテ行ク必要ガアルト云フコトハ自分ト雖モ首肯シ得ラレルコトデアル。ソレニ就ケテ命令融資等ノ方法ガ困難トアラバ又何トカ手ヲ打ツ一例ヘバ現状維持ヲ潔ク断念シテ何ラカノ形ニ変ヘテ繋イデ行クトカ一色々ト構想ヲ練ツテヰル。併シカヽル問題ハ単ニ官ニノミ依存セラレルコトナク、各社自体デモ真摯ニ対策ヲ練ツテ頂キ度イ。然ル上必要トアラバ更メテ大蔵省トモ篤ト相談シタイトモ思ツテヰル。何分在外同胞留守宅援ゴノ問題モ近頃漸ク緒ニ就イタモノ、会社干係トシテモ同様ノ意味デ内地支店ノ在リ方ガ問題デアル故、各位ト共ニ実現可能ナ策ヲ講シタイモノト考ヘテヰル次第デアル」ト云々

(2) 金次事務官

話題ハ在外同胞引揚ニ干スル最近ノ情勢ニ干シテヾアッタ。ソノ要点ヲ列記的ニ述ヘルト

(イ) 終戦当時ノ在外同胞数（二月調査）

陸軍三二三万　海軍三七万　一般三二九万　合計六八九万人

(ロ) 中國領土内ニ在ル一般邦人ニ対シテハ、政府トシテモ当初ハ総引揚ヲ予定セズ能フ限リ現地定着ヲ希望シキタルモ、事実ハ九月中旬ヨリ十月ニ亘リ中國側ニテ日本人財産処

理法カ出タリ、日本人ノ一定地区ヘノ集結法ガ出タリシテ、以上ノ希望ヲ断念セザルヲ得ナイモノトナツタノデアル。

満州ニ至ツテハ事実上定着ハ不可能ナ状態デアル。

(ハ) 引揚状況

一月末迄一一七万終了（陸五一、海九、一般五六）。故ニ差引五七二万カ残ツテヰル。

(ニ) 北、中、南支、北部仏印　ニ対シテハ二〇〇隻ノＬＳＴガ振当テラレ四、五ケ月内ニ終了ノ見込（但シ漢口ノミハ残サレル見込）。尤モ現在運行セルハ三〇〇隻デアル。

(ホ) 現在主力ハ南支ニ向ケラレテヰル。北支ハ遅レテヰルガ、北京在ノ邦人モ予想ニ反シ逐次逼迫シ来リ帰国ニ焦慮シテヰル状況デアル。

(ヘ) 南方々面　該方面ニ散在シテヰタ二〇―三〇ノ日本商船カ予定セラレテヰルカ何分散在地トテ困難多ク、英米ノ援助ヲ籍リテ引揚ヲ促進スヘク折衝中デアル。何レニスルモ支那カ完了スレハ南方ニ集中スル意リデアル。

(ト) レンパン島（昭南々方六〇キロ）　軍人、軍属五万人カ集結シ開墾、建築、土木ニ従事ス。当初不毛ノ地トテ案シタリシガ逐次開墾サレ四月以降ニハ自給出来ル見込トノ事。衛生ハ英国側ニテ世話シ風土病モ好転セリト。

(チ) 北鮮　南北打通ハコノ二週間モスレバ或ル程度見込付ク予定。邦人三〇万人居リ。

(リ) 満州　目下尚見当モ付カズ。

(ヌ) 引揚者受入港　一日平均約一万人ヲ次ノ諸港ニテ受入レルコトカ出来ルコト、ナッテヰルカ新規ノ×印ヤテ加ヘルト約二万人ハ可能。

鹿児島、博多、呉、浦賀、舞鶴、×唐津、×別府、×仙崎

(ル) 引揚港ニ於ケル状況

上陸後検疫、携帯荷物検査、正金、日銀等ニテ千円迄ノ現金交換、海運局ニテ証券類ノ保管。

所デ荷物検査ノ際本人立会ヒナク行ハレ紛失頻リナリ。僅少ノ荷物シカ持チ帰リセザルニ、ソレラ引揚同胞ニ暗イ印象ヲ与フ。

又散々苦労ヲ重ネテ漸ク帰国セシモ受入地ニ於ケル受入レ態勢出来テヰズ更ニ苦労ヲ与ヘテヰル状況デアル。

(ヲ) 帰還者ノ希望

海外ニ残シ来リシ財産ニ重大干心ヲ持ッテヰル。又持参セシ送金小切手、予金通帳ノ現金化ヲ熱望シテヰル。生活ノ更生ニ更ニ真剣デアル。

(ワ) 受入予定港

ソノ内台湾干係ノ分ノミ述ブレバ、鹿児島、呉、田辺ノ三港トナッテヰル。

大蔵省告示第三十七号

左ニ掲グル場合ニ於テハ当該行為ノ当事者ニ対シ外国為替管理法施行規則又ハ昭和二十年大蔵省令第八十八号ノ規定ニ依ル制限並ニ報告ヲ免除ス

昭和二十一年二月二十六日

大蔵大臣　子爵　澁沢敬三

一、本邦ニ在ル個人ガ其ノ所有スル登録本邦国債証券ノ登録地ヲ外国ヨリ本邦ニ変更スルトキ　但シ其ノ金額ハ一人ニ付千円以下ニ限ル

二、本邦商社ガ其ノ本邦ニ引揚ケタル在外勤務職員等ノ給料及諸手当ノ支払ヲ為ストキ但シ左ノ條件ヲ具備スル場合ニ限ル

(1)　当該支払金ガ在外支店等ニ対スル勘定ニ借記セラレサルコト

(2)　当該本邦商社ノ資産ガ其ノ在外支店等ニ対スル負債ノ総額ヲ超過シ居ルコト

中央協議会第八回理事会附議事項報告

日時　昭和廿一年三月十五日　金　后一時半

場所　正金銀行六階会議室

出席者　荒川議長、田村専務理事、部会理事廿名

臨席者　大蔵省鋤田理財局長

〃　外資課藤本事務官

〃　主税局渡辺第二課長

一、第一回幹事会次第報告ノ件

前回理事会デハ各部会トノ連絡緊密化ニ干スル件ニ関シ附議セラレタ際、今後定例幹事会ヲ開クコトニ申合セセラレタコト既報ノ如クデアルガ、ソノ第一回ヲ八日（金）丸ノ内中央協ギ会事ム所デ行ハレタ。

ソノ際先ツ幹事会トシテノ行キ方ニ就キ評議セラレタガ、ソノ結果

(1) 理事会ニ提出協議スベキ事項ニ干シ予メ持寄リ打合セヲナスコト、

(2) 理事会デ決定サレタ事項ニ干シ必要ノ場合実行機干トシテ協力善処スルコト、

2

等カ申合セラレタ。ソシテ先ヅ㈠、次回理事会ニ提出スヘキ問題ヲ申合セ㈡、予ネテ懸案ノ〃維持困難トナリシ内地支店ノ救済〃問題ニ関シ数字ヲ再検討ノ上具体的ナ進捗方法ヲ講スヘキコトヲ約サレタ。

二、在外財産評価方法ノ件（朝鮮部会）

予ネテヨリ提出シツヽアル在外財産報告書ニ記載スル財産評価額ハ、各自ノ勝手ナ評価ニ任サレアル為区々ニ亘リ不統一テアル。カクテハ将来種々ノ不都合モ生スヘケレバ何ラカノ基準ヲ示シテ統一スルコトガ必要ナラズヤ、ト提案者カ述ベタ。

之ニ対スル櫛田局長、藤本峯山官ノ答弁セラレタ要旨ヲ述ベルト

〃補償問題ガ如何ナルカ未ダ見透シノ付カザル今日、財産ノ評価方法トカ色々ノコトヲ具体的ニ決メルノハ如何カト思ハレル。即チ官廳側ヨリ云ヘバ時期尚早デアル。サレバ提案者ノ意味ハ分ルガ、差シ当リソノ問題ハ各位側ニテ研究セラレ置カレテ如何カト思フ〃ト。

右ノ如キ説明ノ終リタル時、渡部台湾代表理事ガ発言シタ。〃先般来種々ノ問題ニ干聯シ大蔵省側ヨリノ御意見ヲ伺ツテヰルト、補償問題ガ如何ナルカ分ラヌト屡々洩ラサレテヰルガ、甚ダ心細イ次第デアル。吾々ハ吾々ノ財産ヲ國家賠償ニ接収サレタ暁ニ

ハ当然国家補償ノ有ルモノト期待セルモノ故、御話ノ如クハ実ニ重大問題デアル。元ヨリ結果ニ於テハ吾人ノ希望通リニナルカナラヌカハ目下ノ処不明トシテモ、衝ニ当ラレル大蔵当局自ラガ補償ノ途ハ必ズ付ケ得ラレルヨウニト今日カラ積極的ナ御考ヘヲ持ツテ頂ケザルモノニヤ。

之ニ対シ藤本事ム官ヨリ明快ニ説明サレタ。

「言葉ノ足リナカツタカモ知レヌガ大蔵当局トシテ云フ意味ハ、補償ソノモノガ如何ナルカ分ラヌト云フ意デナイ。ソノ前提ヲナス賠償ソノモノヽ方針ナリ程度ナリソノ片鱗スラ窺知シ得ザル今日（ポーレー大使ノ声明モ単ニ中間的ノモノニ止リ之ヲ以テ決定的、具体的ノモノトモ云ヘナイ今日）補償問題ソノモノニ彼レ是レ先走リ出来ナイト云フ意デアル。勿論ソノ期ニ到ラバ補償問題ニ干シテハ大ニ善処スル意リデアル」云々ト。

（事実後刻柴田局長ト荒川議長トノ私的会談デモ局長ハ「補償問題」ト「内地支店維持ノ問題」ニ就テハ最善ノ努力ヲ尽スベシト洩ラサレタ由）

尚以上ノ問答ガ終リタル後荒川議長ヨリ所見アリ「自分ノ観ル所ニヨレバ、賠償問題ニ干シ内地側ニ於テハ外地干係ニ比シ比較的早ク進捗スルカ如クニ見受ケラレル。思フニ之レハ内地ニ於ケル生産増強ト云フコトノ关聯ヲ考ヘラレテノコトデアロウ乎。果シテ然リトセバ外地干係ノモノモ同様ニ同時ニ公平ニ取扱ッテ貰ヘルヨウニシテ頂キ度イ

モノデアル。蓋シ外地干係ノ内地事業者ト云モ外地賠償問題ガ未確定、不安定ノ状態ニ遅延スレバソレ丈ケ再起カ後レル訳デアリ、生産増強ト云フ観点カラ云ヘバ内外区分扱ヒスヘキ理ガナイ」

之ニ対シ柳田局長カラモ仝感、然ク進捗スルヨウ善処スベシトノ言葉ガアッタ。

〔附記〕　筆者ヨリ、以上ノ如ク「在外財産評価」ノ本題ニ干シテハ具体的ナ結論ヲ得ラレナカッタガ、本件ニ干シ曽テ外ム省臨時官ヨリ洩ラサレタ言葉ヲ想起スル。即チソレハ他ノ話題ノ序ニ云ハレタコトデハアルガ、賠償ニ算定セラレル際ノ財産評価ハ現地ニ於テノ最高価格。補償ニ算定セラレル際ノ評価ハ内地並ノ価格ニ引下クルカ、或ハ内地ニ於ケル接収価格ト全一ノモノニスルカ、或ハ為替換算ニ依ルコト、スルカ色々ノ方法ガ予想セラレル、トノコトデアッタ。元ヨリ以上ハ非公式ノ想定デアル。

三、会社ノ経営単位ヲ構成スル海外引揚社員処遇ニ関スル件（朝鮮部会、貿易部会）

難シイ字句ヲ使ッテアルガ、要スルニ中央政サ会本来ノ使命ハ在外事業、財産ニ关シテノ処理ヲ対象トシテオルノデ、直接引揚者救済問題トシテハソノ埒外ニ在リ従ッテ之レヲ会社事業運営上ノ観点カラ提案シタモノト思ハレル。

要スルニ補償問題ノ見込ミガ付キ従ッテ之ヲ引当ニ融資シテ貰ヘル途デモ付ケバ、会

5

社自体デ引揚者ノ処置モ講シ得ルガ、ソノ見込モ付カサル今日、引揚者ニ対シテ一般的ナ優遇方法、例ヘハ戦災者全様ノ処遇ヲシテ貰ヒタイ、ト云フ提案者ノ希望デアツタ。

之ニ対シテ藤本事ム官、渡辺書記官等ノ話、

大蔵省干係カラ云ヘハ、(一) 引揚社員ニ対スル給料、諸手当等ノ支給可能ナコトニ努力シタコトハ大蔵省告示第三十七号ノ通リデアル。但タ之ニハ一定条件ガアルノデ該当者ハ少イカトモ思フ。

(二) 一般的ナ問題トシテハ引揚者モ戦災者ト同様、全一世帯外ノ他人名義通帳カラ千円ノ現金払ヒヲ受ケラレルヨウニ取計ツタ。尤モ引揚者ハ二月一日以後ノ者ト限定サレタガ、之ハ当局トシテモ八月十五日以後ノ者ニ就テ適用サレルヨウ希望シタル処ソレデハ範囲モ広クナルシ旅行中ニ終戦トナリタルモノモ有ルベシトテ然ク決メラレタノテアル。尚右ノ払出シニハ、外地ニ半ケ年以上滞在セシコト及ビ内地ニテ衣料品無キコトノ証明ヲ必要トスル」。

(三) 住宅購入資金五千円ニ就テモ戦災者全様ノ封鎖支払ヲ受ケラレルヨウ計画中デアル。

(四) 財産税モ戦災者全様ニ取扱フ予定デアル。

厚生省干係カラ云ヘハ何等預貯金ヲ持タザル引揚者ノ更生活資金トシテ一人当千円、一世帯、更生資金トシテ五千円迄ノ（但シ之ニハ会社干係者ノ保証人ヲ要ス）貸出シヲ庶民金庫ヲ通

シテ得ラレル途ガ拓カレテヰル。

何レニスルモ関係当局トモ打合セ御趣旨ノ点ニ善処致シ度イ。

四、援護資金ノ封鎖予金解除方法ノ件（南洋群島部会）

要スルニ現金払ヲ認メラレ度シトノ提案デアル。之ニ対スル大蔵省臨席官ヨリノ説明。
金融緊急措置令施行規則ニモ有ルガ如ク大蔵大臣ノ指定スル已ムコトヲ得ザル使途ニ充ツル経費トシテノ指定ヲ受クル方法モアル。

併シ該援護会カラ会社ニ対シ封鎖支払ニヨリ移シ、会社カラ被援護者タル社員ニ給料トシテ規定範囲内ノ現金払ヲナス方法モ有ル訳デアル（尤モ此ノ場合モ大蔵省告示第三十七号ノ條件ハアル）

五、理事変更ノ件

(1) 樺太部会　樺太事業者会　ガ結成サレ代表理事トナツタ（元王子製紙）

(2) 北支部会　華友会　ガ結成サレ代表理事トナツタ（元北支製鉄）

六、「煙草部会」ヲ業態別独立部会トシテ新設ノ件　承認

下村事務局長ヨリ説明事項 二一、三、二〇

台湾金融協議會

戰局の推移に伴ふ金融業者の統制必要

設立の直接的原因（總動員法大綱）

一、台湾金融協議會設立に至る経緯

島内中央銀行たる台銀を中心とする本島銀行間の有機的連絡は、従来一貫した組織がない爲、斯くては戰時下本島に於ける金融業の使命にも悖る処ありとし、島内銀行並に産業組合を打つて一丸とする協同体の結成が、總督府金融當局に於いて十六年初頭より目論まれつつあつた様である

然して之が誘因は、内地に於ける「金融協議會」に基底をなすとは謂へ、更に現実的に十五年度米穀の不作に基く本島金融異変を警戒しての対策でもあつたとも見得る。之が具体化して、十六年八月二十日、財務局長の招集に依り島内全銀行並に産業組合代表者集会の席上、財務局長より「年末の懸案である台湾金融協議会の設置に就いては、愈々機が熟し、現下の重大情勢下に於いては

・是非共各金融機関相互の連絡並に總督府との密接な連絡を
圖る必要があるので、總督府としても此の際之が早急實現を期した
い」旨の挨拶があつて、出席者全員賛意を表し、左記規約を作
成し、茲に實質上「臺灣金融協議会」が誕生したのである。

二、台灣金融協議會の法的基礎

(A) 統制會と同じく國家總動員法第十八條に基くものにして、
金融団体統制令（昭一七勅四四〇。同施行規則 昭一七府令一〇三）による団体（金融統制
会、業態別統制会統制組合、地方金融協議会）中の地方金融
協議會たる資格（法人格）を有してゐる。

（参考）

國家總動員法

第十八條 別書ノ通リ。

(B) 昭和十七年七月設立（昭一七府告示七五一）

（C）同令（昭一七勅四四四・同施行規則昭一七府令一〇三）による全国金融統制会は内台を通ずる上位組織であり、業態別統制会及び統制組合の規定は台湾に適用がない。

（参考）

（別表作成）金融団体統制令による団体の系統関係は別表の如し。

三、台湾金融協議会の目的及び組織

台湾金融協議会規約

第一 本会は台湾金融協議会と称す。

第二、本会は台湾に於ける金融機関相互の密接なる連絡を図り、内外事態の変移に即応し、金融運営の円滑を期する為必要なる事項を協議すると共に、意見を台湾総督府に上申し、若は総督府の諮問に答ふることを以て目的とす。

第三、本会は左記会員を以て組織す。

大東亜戦局防

台灣銀行、台灣商工銀行、彰化銀行、華南銀行、台灣貯蓄銀行、日本勧業銀行台北支店、三和銀行台北支店、台灣産業組合協会

第四、本會に会長を置く。

会長は台灣銀行頭取とし会務を總理す。会長事故ある時は台灣銀行副頭取之を代行す。

第五、協議會は之を招集す。

会議に出席する者は会員たる各金融機関の代表者とす。

会 会長総裁

第六、本会の運営其の他必要ある事項は凡て会長に於いて之を定む。

第七、本会の事務所は台灣銀行台北本店内に置く。

四、結語

以上に見る如く、本協議会は島内各金融機関の密接なる連絡を図り、内外事態の変移に即應して有效なる対策を

講ずるを主眼とするものであるが、此の連絡機関は会長協議事項の決定（第六）本会事務所（第七）の夫より参酌し、台銀を中心とした連絡協議会なることが窺知される。即ち台銀を中軸とした各島内金融機関の連絡協議会であり、斯くすることが島内金融需要に対応する最も良策なりと考慮された結果であろう。

斯くて無統制に近い既往島内銀行は一応有機的な聯携を形成し戦時下金融使命の達成に邁進したのである。

(ロ) 本稿は左記文献を資料とせり。

台湾金融年報 第二輯

第一部 第八章 金融統制の推移

第四項 金融機関の統制中 二九三頁 二九四頁

台湾金融年報 第三輯

第三部　第七章　台湾経済統制法

第二項　経済統制団体の組織

一、経済公共団体　　四六二頁

附録

国家総動員法

第十八條　政府ハ戰時ニ際シ国家総動員上必要アルトキハ勅令ノ定ムル所ニ依リ同種若ハ異種ノ事業ノ事業主又ハ其ノ団体ニ対シ当該事業ノ統制又ハ統制ノ為ニスル経営ヲ目的トスル団体又ハ会社ノ設立ヲ命ズルコトヲ得

前項ノ命令ニ依リ設立セラルル団体ハ法人トス

第一項ノ規定ニ依リ設立ヲ命ゼラレタル者其ノ設立ヲ為サザルトキハ政府ハ定款ノ作成其ノ他設立ニ関シ

必要ナル処分ヲ為スコトヲ得
第一項ノ団体成立シタルトキハ政府ハ勅令ノ定ムル所ニ依リ当該団体ノ構成員タル資格ヲ有スル者ヲシテ其ノ団体ノ構成員タラシムルコトヲ得
政府ハ第一項ノ団体ニ対シ其ノ構成員（其ノ構成員ノ構成員ヲ含ム以下之ニ同ジ）ノ事業ニ関スル統制規程ノ設定変更若ハ廃止ニ付認可ヲ受ケシメ、統制規程ノ設定若ハ変更ヲ命ジ又ハ其ノ構成員若ハ構成員タル資格ヲ有スル者ニ対シ団体ノ統制規程ニ依ルベキコトヲ命ズベキコトヲ命ズルコトヲ得
第一項ノ団体又ハ会社ニ関シ必要ナル事項ハ勅令ヲ以テ之ヲ定ム
第十八条ノ二、同三（省略）

昭和十七年四月十八日金融統制団体令（国家総動員法第十八條ニ基ク）

地方金融協議會
- 地方都府県別
- 各種金融機関

日銀、正金、興銀、鮮銀、台銀、北拓、朝鮮殖産（特殊銀行）

産業組合中央金庫、商工組合中央金庫、恩給金庫、庶民金庫、戦時金融金庫（金庫）

全國金融統制會

業態別統制
- 普通銀行統制會（帝國、三菱、住友、安田、三和、十五、野村、東海等）
- 地方銀行統制會（地方銀行）
- 貯蓄銀行統制會（貯蓄銀行）
- 勧農統制會（勧業及農工銀行）
- 信託統制會（信託会社）

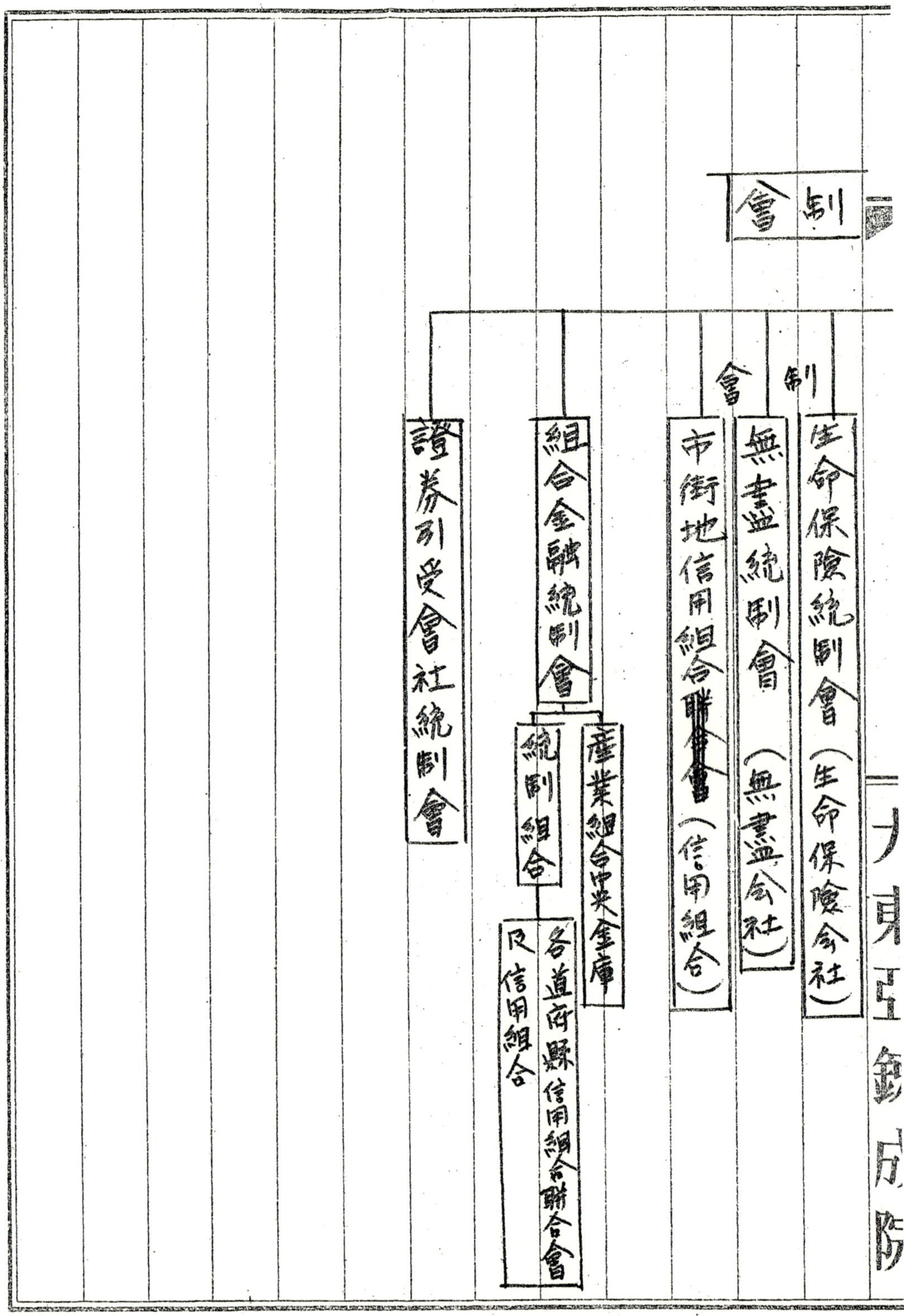
制會
生命保險統制會（生命保險会社）
無盡統制會（無盡会社）
市街地信用組合聯合會（信用組合）
組合金融統制會
産業組合中央金庫
統制組合
各道府縣信用組合聯合會
及信用組合
證券引受會社統制會

財政金融基本方策要綱（昭一六、七、一一、閣議決定）

第一　方針　省略

第二　要領　〃

一、国家資金動員に関する計画　省略

二、財政政策の改革　省略

（一）会計制度の改革　省略

（二）予算編成方法の改革　省略

（三）税制の改革　省略

（四）公債の発行及消化の計画化　省略

（五）地方財政の改革　省略

三、金融政策の改革

（一）産業資金の計画化　省略

(二) 金融制度の改革

金融は国家資金に関する計画に基き計画経済の運営を確保する為の資金が公債消化及物資、動力、労力の確保を可能ならしむることを主眼として流通するが如く公益的に計画的に且つ統一的に行はるべきものとす。

(イ) 日本銀行の機能整備

政府の金融統制の実施に関する機関たる機能を一層整備充実し各金融機関との資金上の関係を緊密にし、金融の情勢に応じ金融資金を能動的に引上又は放出し具体的に金融を調整する機能を拡充す。

(ロ) 金融機関に対する統制の強化

金融機関の投資、融資及回収を政府の金融統制の方針に即応せしむるが如き機構を整備し日本銀行との資金的関係を

緊密ならしむると共に同業連帯の精神を一層昂揚せしめ共同的投資融資の方法を併用せしむ。

金融機関に対する監督に関しては金融機関が計画経済の運営上担当する責任を果せるや否やを監査することに努むるものとす。

(ハ)金融機関の組織化

金融機関をして日本銀行を中核として組織体を結成せしめ、政府指導の下に同業連帯一体的に其の機能を発揮し金融統制の実施に協力し且つ金融と産業との聯絡の緊密を図らしむ。

右組織体は原則として日本銀行及各種業態別団体を以て構成し全国的統轄団体とす、尚要すれば各種の金融機関を包含する地域団体を設く。

(ニ)金融機関の整理統合　省略

(ホ)金融資金の蒐集及運用に関する措置　省略

(八)金融の各種系統間の調和

一般金融機関系統、組合系統其の他の各種の系統の金融機関相互の連繋を緊密ならしめ、各系統の金融が同一の指導方針に従って調和して行はれ金融市場を一体として金融統制の実を挙ぐる如く措置す。

(ト)政府資金及政府関係資金運用の統一　省略

(三)有価証券取引機構の合理化　省略

(四)企業資本の活用　省略

(五)企業設備に対する国家の資本的援助　〃

(六)外国為替政策の改革　〃

(七)満支に対する投資の調整　〃

四、行政機構の改革　〃

昭和二十年十月現在

行政官名簿

臺灣總督府

勅任官

學歴	高文合格年	官等俸級	経過年月	在官年数	現職就職年月日	官職	氏名	年齢	略歴
大正一二 法学士	大正一二 行政	一等	三、二	二二、二	昭和 一八、三、一	農商局長	須田一三	四八	鉄道部書記、鉄道部事務官、交通局参事（鉄道部庶務課長、経理課長、運輸課長）府事務官（商工課長、農務課長、文書課長、審議事務官、人事課長）企画部長、殖産局長、食糧部長
大正一三 法学士	大正一三 行政	一等	二、五	二二、二	〃 二〇、二、二八	鑛工局長	森田俊介	四八	府属（内務局）地方理事官（大屯郡守）地方警視（台北州警務課長）練習所教官兼府事務官、府警視兼府事務官（理蕃課長、衛生課長、警務課長）州事務官（新竹州内務部長、台北州内務部長）府事務官（学務課長）台中州知事、文教局長
大正一四 法学士	大正一三 行政	一等 二級	一、四 一、六	二三、〇	〃一八、一一、一三 二〇、三、三	高雄州知事 港務局長	高原逸人	四八	専売局書記、専売局副参事、専売局参事（庶務課）地方理事官（台南州地方課長、水利課長）中央研究所事務官、府事務官（文書課）州事務官（新竹州労務部長、高雄州内務部長）花蓮港庁長、府事務官（農務課長）陸軍司政長官

大正一五 法学士	大正一四 行政	一等三級	〇・九 三・〇	一九・二	昭和 一八・三・二九	臺南州知事	宮尾五郎	四五	府属（警務局）地方警視（高雄州警務課長、台中州警務課長、同保安課長 同理蕃課長）地方理事官（台南州教育課長、同文書課長）練習所教官兼府事務官、州事務官（高雄州警務部長）税関事務官（基隆税関監視部長）府事務官（理蕃課長、衛生課長）州事務官（新竹州内務部長）府事務官（警務課長、理蕃課長）
大正一四 明大専門部	大正一四 行政	二等	三・〇	二六・二	〃 一九・八・二六	專賣局長	中平昌	四七	税務署属、府属（財務局）地方理事官（台南州税務課長、高雄州税務課長、新竹郡守、新竹州地方課長、台南州地方課長、台北州地方課長）州事務官（台中州警務部長）府事務官（税務課長）專賣局参事（庶務課長）食糧局長（食糧部長）
大正一四 法学士	大正一三 行政	二等三級	二・八 二・八	二七・〇	〃 一八・八・七	新竹州知事	江藤昌之	五四	小学校訓導、師範学校教諭、台北州属、地方理事官（台中州勧業課長）府事務官（営林所庶務課、労務課、学務課長、社会課長、税務課長）州事務官（高雄州内務部長）府事務官（米穀局総務課長）興亜院書記官、大使館一等書記官

昭和二 法学士	大正一五 行政	二等	二・六	一九・〇	〃二〇・五・二三	臺北州知事	高橋　衛	四四	府属（財務局）地方理事官（新竹州教育課長）專賣局副参事兼府事務官（審議室、文書課）兼任秘書官（文書課長、秘書課長）專賣局参事（煙草課長）府事務官（主計課長）財務局長
昭和二 法学士	大正一五 行政	二等三級	二・〇 二・〇	一九・〇	〃一九・三・二〇	臺中州知事	清水七郎	四六	專賣局書記、地方理事官（台南州教育課長、基隆郡守、台中州地方課長）專賣局参事（煙草課長、酒課長、塩脳課長）府事務官兼秘書官（文書課長、地方課長）
大正一五 法学士	大正一五 行政	二等二級	二・〇 一・四	一九・〇	〃二〇・一〇・	府書記官 水産課長	慶谷隆夫	四六	府属（文書課）府事務官（審議室）地方理事官（台中州勧業課長、同地方課長）州事務官（新竹州警務部長、台中州警務部長）交通局参事（逓信部庶務課長）府事務官（社会課長、理蕃課長、衛生課長）州事務官（高雄州總務部長）交通局参事（鉄道部庶務課長）花蓮港庁長
大正九 明大	昭和二 行政	二等二級	一・二 一・二	一八・四	〃一九・五・六	地方理事官 臺北市長	土居美水	四八	長野縣属、台北州警部補、府属地方警視（台南州警務課長、保安課長）地方理事官（新営郡守、高雄州教育課長、花蓮港庁庶務課長、勧業課長）高雄税関長、府事務官（地方課、外事部）

二

大正一五 法学士	大正一四 行政	二等 三級	一・九 一・九	一八・八	昭和一九・七・一九	港務局長（基隆）	丸岡道夫	四四	交通局書記（鉄道部）交通局副参事（鉄道部改良課、運輸課）、交通局参事（自動車課長、總務課長、運輸課長）
大正一五 法学士	大正一四 行政	二等 一級	一・八 一・八	二〇・二	〃 一九・八・一六	交通局理事 鉄道部長	武部英治	四五	鉄道属、鉄道局書記、鉄道局副参事兼鉄道省事務官、鉄道調査部事務官兼国際観光局事務官、鉄道局参事、国際観光局書記官（庶務課長）鉄道書記官（防衛気象課長）
昭和三 法学士	昭和二 行政 司法	二等 二級	一・四 一・四	一七・三	〃 二〇・八・八	交通局理事 逓信部長	松野孝一	四二	府属（財務局）地方理事官（海山郡守、台中州勧業課長）府事務官（地方課、米穀課長、水産課長、米穀局業務課長、特産課長、農務課長）農商局食糧部長
大正一二 法学士	大正一三 行政	一等 一級	一・四	二三・〇	〃 二〇・一・一二	交通局總長	小菅芳次	四八	埼玉縣属、滋賀縣警視、地方警視、地方事務官、警視廳事務官（調停課長）警視廳警視内務事務官（警保局）廣島縣書記官（警察部長）長崎縣書記官（〃）、京都府書記官（〃）、東京府書記官（總務部長）、香川縣知事

大正一四 法学士	大正一二 行政	二等	二九	二一、〇	〃 二〇、一、三	警務局長	沼越正巳	四八	三重縣警部、事方事務官、社會局事務官、社會局書記官（労働部监督課長）厚生事務官（同）長野縣書記官（警察部長）京都府書記官（同）京都府部長（同）大阪府部長（同）内務書記官（地方局振興課長、總務課長）防空總本部業務局長
大正五 東京高师	大正二 行政	一等	二、二	二三、三	〃 二〇、三、一〇	總督官房 府調査官	藤村寛太	五五	師範学校教諭、秋田縣視学、東京府高等女学校教諭、警視广警部、警視广警視、地方事務官、府事務官（警務課長）州事務官（台南州警務部長）新竹州内務部長、花蓮港广長、府事務官（地方課）興亜院書記官、地方理事官（台北市長）新竹州知事、陸軍司政長官
大正一二 法学士	大正 行政	二等	三、三	一九、五、	〃 二〇、三、二	文教局長	西村徳一	四八	府属（財務局）地方理事官（淡水郡守）地方警視、地方理事官、州事務官（台南州警務部長、台北州警務部長）府事務官（土木課長、人事課長）府書記官、兼秘書官（人事課長）陸軍司政長官

三

昭和二 法学士	昭和三 司法 〃三 行政	二等	〇・一〇	一七・一	昭和二〇・五・二三	財務局長	根井　洸	四四	台北州警部補、府属、台北州警部、地方警視（新竹州警務課長、同州高等警察課長、台北州高等警察課長）府事務官（理蕃課兼保安課）練習所教官、州事務官（新竹州警務部長、台北州警務部長）府書記官兼秘書官（人事課長）
大正六 法学士	大正七 行政	一等	〇・六	二三・一〇	昭和二〇・九・一五	外事部長	守屋和郎	五四	逓信局書記、逓信局事務官、逓信局副事務官、関東庁参事官、関東庁事務官、外務事務官、大使館二等書記官、大使館一等書記官、公使館一等書記官、総領事、大使館参事館、特命全権公使退官（一五・一二・四）

三等官

學歷	高文合格年	官等俸給	經過年月	在官年数	現職就職年月日	官職	氏名	年齢	略歴
昭和三 法学士	昭和二 行政	三等二級	五・九 二・〇	一六・八	昭和二〇・七・二七	府書記官 米穀局庶務課長	鈴樹忠信	四二	府属（営林所）地方理事官（淡水郡守）、地方警視（新竹州警務課長）地方理事官（台北州教育課長、高雄州地方課長）興亜院事務官、興亜院調査官、府書記官（米穀局總務課長、食糧部庶務課長）台東庁長
昭和三 早大法	大正一五 行政 昭和二 司法	三等一級	五・三 一・九	一八・一	〃一七・八・七	澎湖庁長	太田政作	四三	司法官試補、判事、法院檢察官、練習所教官兼府事務官（警務局）
大正一五 法学士	大正一五 行政	三等二級	五・〇 二・〇	一六・一〇	〃二〇・一〇・	府書記官（台北州總務課長）	矢野謙三	四五	府属（文書課）地方理事官（竹南郡守、新竹州教育課長、台北州地方課長、基隆市尹）府事務官（米穀局總務課長）州事務官（台北州産業部長）府書記官（鑛務課長）
昭和二 法学士	大正一五 行政 昭和四 司法	三等二級	五・〇 二・〇	一六・一〇	〃一八・一二・一	專賣局書記官 總務課長	豊澤勇治	四八	台南州属、地方理事官（岡山郡守、員林郡守、台北市助役、台北州地方課長）府事務官（地理課長）府書記官（税務課長）

大正一三 法学士	大正四 行政	三等 一級	四・九 一・〇	一七・七	昭和 一八・一二・一	府書記官 税務課長	山下仁	四六	東京市事務員、交通局書記、交通局副参事（高雄郵便局長、逓信部臨理課長）交通局参事（逓信部為替貯金課長、同保険課長、航空課長）府事務官（鑛務課長）府書記官（國土局總務課長）
大正一五 法学士	昭和二 行政	三等 二級	四・九 一・九	一九・二	〃 一八・六・二四	交通局書記官 逓信部總務課長	堀克巳	四五	警視、警部、地方理事官（嘉義市助役）地方警視（台中州高等警察課長）地方理事官（新竹郡守、新竹州教育課長）練習所教官兼府事務官（理蕃課長）州事務官（高雄州教育部長）府事務官（社會課長）
昭和三 法学士	昭和三 行政	三等 二級	四・九 一・九	一六・九	〃 二〇・七・二五	州部長（外事部）	大田周夫	四三	府属（営林所）地方理事官（新豊郡守）拓務事務官、地方理事官、（台北市助役）専賣局参事（煙草課長、塩脳課長）府事務官（土木課長）府書記官（労務課長）
大正一三 法学士	大正一三 行政	三等 二級	四・九 一・九	一七・五	〃 二〇・三・二六	府書記官 地方監察課長	梅谷修三	五〇	交通局書記、地方理事官（羅東郡守、宜蘭郡守、新竹州地方課長）府事務官（営林所庶務課長、鑛務課長、山林課長、学務課長）州部長（台北州總務課長）

昭和二 法学士	昭和三 行政	三等 二級	四、九 一、九	一六、三	〃二〇、七、二七	台東庁長	那須重徳	四六	大分縣官房主事、地方理事官(台北州教育課長、新化郡守、北斗郡守、台東郡守、台東庁庶務課長、台南市長)府事務官(米穀局米穀課長)州部長、高雄州總務部長
昭和二 経済学士	大正一五 行政	三等 二級	四、六 一、六	一七、一	〃一八、一二、一	交通局書記官 鉄道部 總務課長 (應召中)	二宮力	四四	府属(内務省)地方警視(台中州警務課長)地方理事官(台中州教育課長)交通局参事(鉄道部監督課長)税関事務官(高雄税関監視部長)高雄税関長
大正一五 経済学士	昭和三 行政	三等 三級	四、一 二、〇	一六、五	〃一九、一二、一六	花蓮港庁長	加藤重喜	四六	交通局書記(鉄道部)兼府属(文教局)地方理事官(旗山郡守)地方警視(台北州警務課長)地方理事官(彰化郡守)、練習所教官、府事務官(衛生課長)州事務官(高雄州警務部長、台南州警務部長、台中州總務部長、台中州産業部長)皇民奉公會参事、府書記官(山林課長、水産課長)
大正一五 関西大学 専門部	昭和三 司法	三等 三級	三、九 一、六	一五、三	〃一九、六、七	法務部長	村上達	四七	司法官試補、法院判官、府書記官(行刑課長、民刑課長)

五

昭和二 日大	昭和二 司法 〃三 行政	三等 二級	三・九 〇・九	二一・九	昭和二〇・五・一	交通局書記官 鉄道部総務課長	藤垣敬治	五一	鉄道属、府属(審議室)地方理事官(北斗郡守)府事務官(地方課)地方理事官(台南市尹)州事務官(台南州産業部長)陸軍司政官、州部長(台南州總務部長)
大正一五 法学士	昭和三 行政	三等 三級	三・六 一・九	一六・九	〃一九・三・一七	専賣局書記官 塩脳課長	江口操	四五	専賣局書記、地方理事官(嘉義市助役)専賣局副参事(嘉義支局長)専賣局参事(酒課長、煙草課長)
	昭和三 行政	三等 三級	三・六 二・〇	一六・九	〃一八・一二・一	府書記官 國民動員課長	満富俊美	四四	府属(殖産局)交通局副参事(鉄道部)地方理事官(大甲郡守)府事務官(地方課、防空課長)州事務官(台中州警務部長)陸軍司政官、府書記官(労政課長)
昭和四 法学士	昭和四 行政	三等 三級	三・六 二・〇	一六・一	〃二〇・五・一	府書記官 文書課長	鈴木信太郎	四七	府属(審議室)地方理事官(虎尾郡守)府事務官(審議室、企画課長、統計課長)府書記官(總務局總務課長、工業課長、統計課長
昭和四 法学士	昭和三 行政	三等 三級	三・六 一・四	一六・一	〃一八・一二・一	交通局書記官 逓信部貯蓄課長	林恭平	四五	東京府属、地方事務官、北海道庁事務官、州事務官(新竹州産業部長)逓信部保険課長

昭和四 法学士	昭和三 行政 〃四 司法	三等 三級	三・六 一・九	一六・〇	一九〃・二・一四	府書記官 土木課長	辻畑泰輔	四三	府屬（財務局）地方警視（新竹州警務課長）地方理事官（台北州勧業課長）府事務官（金融課）交通局參事（鉄道部經理課長）州事務官（台北州產業部長）、陸軍司政官
昭和二 高商	昭和四 行政	三等 三級	三・〇 一・四	一八・〇	一九〃・八・八	府書記官 防空課長	太田修吉	四〇	府屬（審議室）地方理事官（海山郡守）税関事務官兼府事務官（税務課、外事部）兼任興亜院事務官、府外事部第一課長、府書記官（外事部第二課長兼第一課長、同管理課長）
昭和五 法学士	昭和四 行政	三等 三級	三・〇 一・〇	一五・二	二〇〃・七・二七	州部長 新竹州總務部長	福澤清	四〇	府屬（文書課）交通局書記（逓信部）地方理事官（台中市助役）地方警視（高雄州警務課長、台南州高等警察課長）地方理事官（新竹州教育課長）興亜院事務官、府事務官（外事部第二課長兼文書課）州事務官（台北州產業部長）府書記官（食糧課長）
昭和五 法学士	昭和四 行政	三等 三級	二・〇 〇・九	一五・七	一九〃・一二・一六	府書記官 會計課長	田中保	四四	税関監視兼府屬（審議室）地方理事官（東石郡守、基隆郡守、台中州教育課長、台北市助役、花蓮港广庶務課長）交通局參事（逓信部經理課長）府書記官（米穀課長）

六

昭和三 経済学士	昭和三 行政	三等 三級	一七 / 一四	一四・七	昭和二〇・三・二	府書記官 情報課長	森田民夫	四五	府属(内務局)地方理事官(中壢郡守、花蓮港庁庶務課長)府事務官(外事部兼調査課)興亜院事務官、府事務官(外事部第一課長、情報課長)皇民奉公會参事
昭和五 法学士	昭和五 行政	三等 三級	二三 / 一四	一五・一	〃二〇・五・一	州部長 台南州總務部長	小澤太郎	四一	府属(財務局)地方警視(新竹州高等警察課長)税関事務官兼府事務官(税務課)専任府事務官(外事部、文書課、審議室、調査課)興亜院事務官・府事務官(企画部衛生課長、理蕃課長、警務課長、皇民奉公會参事・府事務官(物價調整課長、水産課長、商工課長)府書記官(文書課長、情報課長、統計課長、地方監察課長、人事課長)
昭和二 早大	昭和四 行政 〃五 司法	三等 三級	二〇 / 一六	二三・二	〃一九・一三・一六	府書記官 山林課長	白仁實一	五二	公学校教諭、税関監吏、税関監視、台南州属、台南市産業主事、地方理事官(北門郡守、台中州勧業課長、同地方課長)州事務官(新竹州警務部長)陸軍司政官、府書記官(食糧部庶務課長)
昭和五 法学士	昭和三 行政	三等 三級	二〇 / 一〇	二一・三	〃二〇・三・二六	府書記官 鑛務課長	立川義男	四九	府属(内務局)地方理事官(北港郡守、台北州教育課長)府事務官(外事部兼調査課、審議室、社會課長、情報課長)州事務官(台中州總務部長)

昭和四 法学士	昭和七 司法	三等 二級	二・〇 一・四	一五・八	二〇・三・二六	州部長 台中州警察部長	石橋内藏之助	四四	府屬（秘書課）司法官試補、檢事、法院檢察官、練習所教官兼府書記官（警務局）
昭和四 法学士	昭和五 行政	三等 四級	二・〇 一・八	一五・六	一九・八・一二	專賣局書記官 應召中	王眞鎮元	四二	府屬（文書課）稅関屬兼府屬（内務局）地方理事官（南投郡守、花蓮港庁勧業課長、高雄州勧業課長）工業研究所事務官、地方理事官（台南州地方課長）陸軍司政官、專賣局書記官（煙草課長、台北支局長）
昭和二 法学士	昭和二 行政	三等 二級	二・〇 一・〇	一四・一〇	二〇・七・二七	州部長 高雄州総務部長	柴山峯登	四五	横浜市主事、交通局書記兼府屬（内務局）地方理事官（彰化市助役）府事務官（地方課、土木課、防空課外事部）外務事務官、兼任拓務事務官、州事務官（新竹州警察部長）府書記官（社會課長、錬成課長）
昭和五 法学士	昭和五 行政	三等 四級	二・〇 二・〇	一四・九	一九・二・一六	府書記官 警務課長	鈴木斗人	四三	府屬（審議室）地方警視（台南州警務課長）府事務官（理蕃課兼保安課、調査課、審議室）府書記官（審議室）

七

昭和五 法学士	昭和五 行政	三等 四級	二・〇 二・〇	一四・九	昭和 一九・五・五	府書記官 主計課長兼用品課長	塩見俊二	四〇	府属(財務局)府税務官兼府事務官(税務課)交通局副参事兼府事務官(主計課、税務課、金融課長、會計課長)
昭和五 法学士	昭和五 行政	三等 四級	二・〇 二・〇	一四・二	〃 二〇・五・二三	州部長 新竹州警察部長	山口一天	四三	專賣局書記、專賣局副参事(屏東支局長)府理事官(殖産局庶務課)府事務官(鉱務課、米穀課、商工課、企画部労務課長、物資課長)府書記官(物資動員課長)
昭和四 日大	昭和三 行政	三等 四級	二・〇 二・〇	二八・二	〃 二〇・七・二七	府書記官 教学課長	松山儀藏	五一	小学校訓導、台中州警部、府属(文教局)地方警視(新竹州高等警察課長)地方理事官(台南州教育課長、新竹州地方課長総務課長、台北州地方課長総務課長)州事務官(台中州警察部長、新竹州総務部長、新竹州産業部長)
昭和三 法学士	昭和六 行政	三等 四級	一・六 一・〇	一三・〇	〃 一七・一・一	交通局書記官 逓信部 航空課	日高正已	四四	府属(財務局)專賣局副参事(庶務課)地方警視(台北州外事課長)交通局参事(航空課長、海事課長、経理課長)
	昭和三 行政	三等 三級	一・六 一・四	一三・一	〃 一九・一二・二八	州部長 台中州総務部長	田中國一	四五	府属(殖産局)地方理事官(淡水郡守、宜蘭郡守)府事務官(商工課、食糧課長)府書記官(商政課長、警務課長、理蕃課長、鑛工局兼農商局勤務)

昭和六、法学士	昭和六 行政 司法	三等 四級	一、三 一、四	一三、九	〃 一九、一二、一六	府書記官 農務課長	松田光治	三八	交通局書記兼府属（内務局）地方理事官（大溪郡守、豊原郡守）府事務官（保安課、衛生課、兼外事部、経済警察課長）陸軍司政官、府書記官（防空課長、外事部管理課長）
昭和六 法学士	昭和六 行政	三等 四級	一、五	一四、二	〃 二〇、五、一〇	府書記官 企業整備課長 兼商政課長	石渡達夫	四一	府属（警務局）地方警視（基隆水上警察署長、新竹警察署長）地方理事官（豊原郡守、花蓮港庁勧業課長、台北州教育課長、台中州地方課長兼総務課長）
昭和五 法学士	昭和三 行政	三等 四級	一、〇 九、〇	一四、三	〃 二〇、七、二七	府書記官（台北市助役）	安川萬	四二	交通局書記兼税関属、地方理事官（新竹市助役、新港郡守、海山郡守）税関事務官（監視部長）交通局書記官（自動車課長、監理課長）府書記官（食糧部庶務課長）
昭和八 法学士	昭和七 行政	三等 五級	〇、一一 二、〇	一三、二	〃 二〇、五、一二	州部長 台北州産業部長	青木茂	三七	交通局書記、交通局副参事（高雄郵便局長、台北電話局長）地方理事官（台中州勧業課長、経済統制課長、水利課長、農林課長、土地改良課長、地方課長兼総務課長、教育課長）府事務官（税務課兼外事部）州事務官（台南州産業部長）

八

昭和六 法学士	昭和七 行政	三等五級	〇・九 二・〇	一三・一	昭和一六・一一・一二	専売局書記官（応召中）	高野武和賀	四三	専売局書記、地方警視（台中州警務課長、台南州高等警察課長、台北州高等警察課長）地方理事官（台南州勧業課長）専売局参事（酒課長、煙草課長）
昭和五 日大商学部	昭和六 行政	三等四級	〇・九 一・四	一三・一〇	〃二〇・五・一	府書記官 工業課長	林吉一	四一	台南州属、府属（文書課）地方理事官（新営郡守）交通局副参事兼府事務官（主計課）陸軍司政官、府書記官（金融課長）
昭和七 日大専門部	昭和七 行政	三等五級	〇・九 二・〇	一三・一〇	〃一九・一二・一六	府書記官（台北市助役）	成岡喜寿	四〇	府属（内務局）交通局書記、府属（審議室）地方理事官（鳳山郡守）地方警視（高雄州警務課長）府事務官（土木課、防空課、商工課）陸軍司政官、府書記官（水産課長、兵事課長、経済警察課長）
昭和七 法学士	昭和七 行政	三等五級	〇・九 二・〇	一二・一〇	〃二〇・五・一三	州部長 台北州警察部長	松岡清	四一	専売局書記、地方理事官（東港郡守）地方警視（台中州高等警察課長）府事務官（保安課）陸軍司政官、州部長（新竹州警察部長）

四等官

學歴	高文合格年	官等俸給	経過年月	在官年数	現職就職年月日	官職	氏名	年齢	略歴
昭和二 法学士	昭和四 司法 昭和五 行政	四等 三級	三、五 〇、九	三、五	昭和 二〇、七、二七	府調査官（台北州）	山口俊三	四三	大阪陶業會社員・宇治川電氣会社員、弁護士、台湾電力會社主事（人事課長）関西配電主事
昭和九 法学士	昭和八 行政	四等 五級	二、六 一、九	一一、〇	〃 一八、一二、一	州部長 新竹州産業部長（應召中）	曾我與三郎	三八	府属（文教局）地方理事官（大溪郡守）府事務官（学務課兼外事部、地方課）地方理事官（台中州教育課長）興亜院事務官大使館三等書記官
昭和一〇 法学士	昭和九 行政	四等 五級	二、三 一、四	一〇、〇	〃 二〇、五、一	府書記官 金融課長	天岩旭	三五	府属（財務局）地方理事官（竹南郡守、台中州教育課長）交通局副参事兼府事務官（主計課）府書記官（商政課長、企業整備課長）
昭和四 法学士	昭和八 行政	四等 五級	二、三 一、九	一一、九	〃 二〇、三、二六	港務局海務官 基隆港務局	酒井正從	四五	府属（内務局）專賣局副参事府事務官（外事部）興亜院事務官、大使館三等書記官、領事、專賣局書記官（酒課長、煙草課長）

九

昭和八 法学士	昭和九 行政	四等五級	二・〇 一・〇	一一・六	昭和一九・九・二〇	州部長 新竹州産業部長	若森倫次郎	三七	交通局書記、地方理事官（嘉義市助役、斗六郡守、高雄州教育課長）府事務官（鑛務課）専売局参事（塩脳課長、煙草課長、燃料課長）
昭和二 早高等学院	昭和八 行政	四等五級	二・〇 一・九	一一・五	〃二〇・五・一	交通局書記官 航空課長	宮崎直勝	四一	交通局書記（鉄道部）地方理事官（彰化市助役、中壢郡守）地方警視（台北州保安課長、同州経済警察課長）交通局参事（監督課長、自動車課長、経理課長）陸軍司政官、州部長（台北州産業部長）
昭和四 経済学士	昭和九 行政 司法	四等五級	二・〇 一・〇	一〇・二	〃二〇・八・二九	専売局書記官（外事部）	黄介騫	四二	府編修書記兼府属（文教局）地方理事官（台南市助役、台東庁勧業課長、台北州商工水産課長）海務官
昭和五 法学士	昭和八 行政	四等五級	一・六 〇・九	一四・八	〃一八・三・三一	州部長 台南州警察部長	中山堅吉	四三	交通局書記（逓信部）交通局副参事（高雄郵便局長）交通局参事（庶務課）地方理事官（台南州経済統制課長）地方警視（台北州経済警察課長）府事務官（外事部）州部長（台中州産業部長）

昭和三 法学士	昭和八 行政	四等 六級	一・六 二・〇	一二・八	二〇・七・二五	交通局書記官 造船課長	福田祐一	四五	長野縣警部補、長野縣屬兼警部、滿洲國熱河省公署警正、中央警察学校教授、首都警察廳理事官、縣参事官、奉天省開原縣副縣長、埼玉縣社會事業主事、地方事務官（高知縣經済課長、大分縣農林課長、鳥取縣庶務課長、交通局参事（自動車課長）州部長（台中州産業部長）港務局書記官（高雄税関部長）
昭和八 法学士	昭和七 司法 〃一〇 行政	四等 五級	一・六 〇・九	九・九	二〇・七・二七	府書記官 援護課長	濱崎良三	三八	台北帝大書記兼府屬、地方理事官（竹東郡守）地方警視（台北州警務課長）練習所教官、地方警視（台北州警務課長）地方理事官（高雄州地方課長總務課長）州事務官（高雄州警察部長）府書記官（兵事課長、經済警察課長）
昭和一〇 法学士	昭和八 行政	四等 五級	一・四 一・四	一〇・二	〃 二〇・七・二七	交通局書記官 業務課長	舟津敏行	三六	交通局書記、交通局副参事（建設改良課、運輸課）交通局参事（同上）地方理事官（高雄州農林課長、土木改良課長）陸軍司政官 州部長（台中州産業部長）

一〇

	昭和八 行政	四等 五級	一・四 一・四	二五・六	昭和 二〇・五・二	港務局書記官 （台南州産業部長）	大山綱隆	四五	府属（財務局）税関属、税関事務官、税関関税官、府事務官（学務課兼社會課）地方理事官（台北州教育課長、同州地方課長總務課長）府書記官（食糧課長）皇民奉公會参事、港務局書記官（基隆税関部長、總務部長）
大正一三 明大法科	大正一二 法律五二号 試験	四等 五級	一・二 一・七	七・九	〃 二〇・七・二七	府書記官 行刑課長兼 民刑課長	海老澤廣江	四五	法院検察官
昭和七 経済学士	昭和九 行政	四等 五級	一・二 〇・六	一一・三	〃 二〇・七・二七	府書記官 食品課長	木原四郎	四〇	交通局書記、交通局副参事（鉄道部庶務課）交通局参事（建設改良課、運輸課、監督課長、経理課長、業務課長）
昭和四 法学士	昭和九 行政	四等 五級	一・二 〇・六	一六・八	〃 一九・一二・六	州部長 （高雄州警察部長）	鈴木利茂	四四	台北州警部補兼府属（警務局）練習所教官兼府事務官、地方警視（新竹州高等警察課長、台中州高等警察課長、台北州高等警察課長同州外事課長）陸軍司政官、府書記官（経済警察課長、兵事課長、警務課長）

昭和八 慶大	昭和一〇 行政 司法	四等 五級	一・二 〇・六	一〇・七	〃一八・六・二四	府書記官 東京出張所長	安井常義	三八	府属（財務局）地方理事官（屏東市助役、高雄州勧業課長、経済統制課長、農林課長、土地改良課長）府事務官（物資課兼商工課、総務局総務課）専売局書記官（燃料課長）
昭和九 法学士	昭和九 司法 〃一〇 行政	四等 五級	一・二 〇・六	一〇・〇	〃二〇・一一・一九	府書記官 農務課	長村蒼樹	三七	交通局書記、交通局副参事（逓信部工作課兼保険課）地方理事官（新竹市助役）府事務官（特産課、物価調整課、商政課、農務課）
昭和九 法学士	昭和九 行政	四等 五級	一・二 〇・六	九・五	〃一九・三・二八	専売局書記官 台北支局長	熊谷芳彦	四〇	府属（内務局）土木事務官、地方理事官（台北州商工水産課長、経済統制課長、地方課長、総務課長）港務局海務官（高雄運営部長）
	昭和一六 行政	四等 五級	〇・九 一・六	二九・四	〃二〇・七・二五	練習所教官 兼府書記官	菊川寅雄	五三	台北庁巡査、台北州警部補、台北州警部、府属、練習所教官、府理事官、地方理事官（台北州農林課長 台南州総務課長、台南州教育課長
昭和三 高商	昭和一〇 行政	四等 六級	〇・八 一・四	一六・一	〃一九・一二・二八	交通局書記官 自動車課長	佐野治夫	四三	実業学校教諭、専売局副参事（庶務課）府事務官（企画部）地方理事官、府事務官（総務局総務課、工業課）

二

昭和六 法学士	昭和九 行政	四等 六級	〇・八 一・四	一一・一	昭和 一五・一一・三	府事務官 衛生課 （應召中）	岩崎 彰一郎	四〇	台北州警部補兼府属、地方警視（台南州警務課長、同州高等警察課長）
昭和二 法学士	昭和一〇 行政 司法	四等 六級	〇・八 一・〇	六・八	〃 二〇・三・二六	府書記官 警務局	川口 頼好	三七	府属（文教局）地方警視（台中州警務課長、経済警察課長）府事務官（審議室、人事課兼東京出張所長）税関事務官兼府事務官（總務局）府書記官（人事課兼東京出張所長）州部長（台中州警察部長）
昭和三 法学士	昭和八 行政	四等 五級	〇・二 一・四	一三・八	〃 一九・一二・二八	州部長 高雄州 産業部長	木下 二	四一	專賣局書記、專賣局副参事（酒課、塩脳課）地方理事官（台東庁勧業課長）專賣局副参事（府務課）地方理事官（台南州農林課長）陸軍司政官府事務官（商政課・企業整備課）

五等官

學歷	高文合格年	官等俸級	經過年月	在官年數	現職就職年月日	官職	氏名	年齢	略歷
	昭和三 行政	五等 四級	二・三 一・〇	一七・二	昭和 一九・五・五	地方理事官 高雄州 總務課長	村田兵衛	四七	栃木縣属、台南州属、地方理事官（虎尾郡守、新竹州教育課、台北州教育課長）
昭和九 法学士	昭和九 行政 司法	五等 六級	二・三 一・六	一一・一	〃 二〇・七・二七	府書記官 審議室	岸田實	三五	府属（審議室）地方理事官（北門郡守、新竹州教育課長）府事務官（商工課兼審議室）
昭和七 法学士	昭和一〇 行政	五等 四級	二・三 一・〇	九・一	〃 一八・六・二四	地方理事官 新竹州 （應召中）	平原浩哉	三九	鹿児島縣農林主事補府属（殖産局）地方理事官（北門郡守）府事務官（商工課）高雄州教育課長、新竹州總務課長兼國民動員課長
昭和七 法学士	昭和二 行政	五等 四級	二・三 一・〇	八・六	〃 二〇・六・二六	府事務官 （台中州）	柳原陽之助	四〇	專賣局書記兼府属（外事部）地方理事官（曽文郡守）地方警視（台南州經濟警察課長）府事務官（外事部）地方理事官、（台中州總務課長）
昭和六 慶大	昭和八 行政	五等 六級	二・三 一・〇	七・四	〃 一九・一一・二八	港務局海務官 高雄 運営部長	加藤春吉	四〇	小学校教員、実業学校教員府属（調査課）地方警視（高雄州警務課長、台北州外事課長）府事務官（外事部、物資動員課）

一二

昭和一三 日大法	昭和一三 行政	五等 六級	二・三 一・〇	七・一	昭和二〇・七・二七	府書記官 兵事課長兼 経済警察課長	山本浅太郎	三五	府属（財務局）兼拓務属、地方理事官（屏東郡守）地方警視（台南州警務課長、同州高等警察課長）府事務官（商工課、總務課）税関事務官、府事務官（保安課、企業整備課）
昭和一四 法学士	昭和一三 行政	五等 六級	二・三 一・〇	七・一	〃一九・三・二一		國弘政一	三五	府属（内務局）地方理事官（大屯郡守）地方警視（新竹州警務課長、同州高等警察課長）府事務官（保安課）
昭和一〇 法学士	昭一三 行政	五等 六級	二・〇 〇・九	七・六	〃一八・一二・一	府事務官 企業整備課	佐藤八郎	三七	交通局書記兼府属（審議室）地方理事官（高雄州経済統制課長）府事務官（物價調整課、商政課）
昭一三 法学士	昭和一三 行政	五等 六級	二・〇 〇・九	七・四	〃二〇・七・二七	府事務官 文書課	中原武夫	三	府属（殖産局）交通局書記兼府属（審議室）地方理事官（台北州経済統制課長）府事務官（企画課・總務局總務課、審議室）
昭和一〇 法学士	昭和九 行政	五等 六級	二・〇 〇・九	七・〇	〃二〇・七・二七	州部長 台中州産業部長	田所正幸	三七	台湾電力社員、府属（財務局）地方理事官（嘉義税務出張所長、台中州商工水産課長、経済統制課長）府事務官（主計課）

昭和一四 法学士	昭和一三 行政	五等 六級	二・〇 〇・九	六・二	二〇・五・五〃	府事務官 主事課	青柳克巳	三三	府属（殖産局）兼拓務局、地方警視（台北州警務課長、高雄州高等警察課長）地方理事官（高雄州総務課長
昭和五 法学士	昭和八 行政	五等 五級	一・六 二・〇	九・一一	一八・一二・一〃	地方理事官 台中州 総務課長	水野佐一郎	四六	名古屋市吏員、府属（米穀局）地方理事官（新高郡守、台中州経済統制課長、同州商工水産課長、同州教育課長）
昭和九 関大 専門部	昭和一四 行政	五等 五級	一・二 二・〇	六・五	一九・五・二二〃	地方警視 台北州 高等警察課長	小松延秀	三七	府属（米穀局）兼拓務局、地方警視（台南州警務課長、台北州防空課長）
昭和一二 法学士	昭和一四 行政	五等 七級	一・二 一・九	六・五	一八・一二・一〃	府事務官 國民動員課 兼企業整備課	加藤嘉久二	三七	府属（財務局）兼拓務局、地方警視（台北州警務課長）府事務官（労務課、労政課）
昭和一四 法学士	昭和一四 行政	五等 五級	一・二 一・九	六・五	一九・一二・二八〃	地方理事官 台南州 総務課長	寺本勤	三八	専売局書記、府属（審議室）地方理事官（大渓郡守、台南州商工水産課長、花蓮港庁勧業課長）府事務官（農務課）
	昭和一四 行政	五等 四級	一・二 一・〇	七・一〇	一九・一一・四〃	地方理事官 新竹州 税務課長	小王眞貫	三六	新竹州税務吏、府属（財務局）地方理事官（新高郡守）地方警視（台北州警務課長）海軍司政官

昭和二 高商	昭和一四 行政	五等 七級	一、二 一、九	六、三	昭和 二〇、四、六	府事務官（台中州）	吉川 清	三三	鉄道局書記官（名古屋）府属（殖産局）兼拓務属、地方警視（台中州警務課長、兵事防空課長）府事務官（土木課）
昭和一五 法学士	昭和一五 行政	五等 五級	〇・二 一・〇	六・〇	一七・八・七 〃	地方理事官 台南州 教育課長 （應召中）	川越 鍵三	三三	府属兼拓務属 恒春郡守
昭和一五 経済学士	昭和一四 行政	五等 五級	〇・二 一・〇	六・〇	二〇・八・二九 〃	地方理事官（外事部）	小柳 基詮	二九	府属（財務局）兼拓務属 地方理事官（宜蘭郡守）府事務官（鉱務課、農務課）台北州商工課長、同州鉱工課長

六等官

學歴	高文合格年	官等俸給	經過年月	在官年数	現職就職年月日	官職	氏名	年齢	略歴
昭和一〇 予備試驗	昭和一五 行政	六等 六級	二・六 一・六	一二・二	昭和一九・一〇・二〇	地方警視 台南州高等警察課長	山元精吉	三六	兵庫縣巡査、交通局書記、地方警視（台南州警務課長、同兵事防空課長）府事務官（殖産局總務課、兵事防空課・警務課）練習所教官兼府事務官
昭和一二 予備試驗	昭和一五 行政 司法	六等 八級	二・六 一・六	五・六	〃二〇・八・二九	府事務官 外事部	藪下晴治	三三	府属（企画部）物資動員課
昭和一三 法学士	昭和一〇 行政	六等 八級	二・六 〇・九	四・七	〃一八・一二・一	府事務官 工業課兼企業整備課	澁谷正勝	三七	專賣局書記、地方理事官（台南州商工水産課長）府事務官（殖産局總務課）
昭和一二 法学士	昭和一二 行政	六等 七級	二・六 一・四	七・〇	〃一八・三・三一	府事務官 主計課（應召中）	青木健二	三四	府屬（財務局）地方警視（台北州経済警察課長）
昭和一五 中央大法学部	昭和一五 行政	六等 六級	二・三 一・四	五・七	〃二〇・三・三〇	地方理事官 台北州總務課長	沼尻元一	三六	鉄道書記、樺太庁屬、專賣局書記、新竹州教育課長、台南州教育課長、台北州教育課長
昭和一二 予備試驗	昭和一五 行政	六等 八級	二・三 一・四	七・一〇	〃一八・一二・一	府事務官 農務課（應召中）	土屋政三	三四	鉄道屬、樺太庁屬、地方理事官（高雄州農林課長）

一四

昭和六 高商	昭和八 行政	六等 五級	二、三 一、四	一二、五	昭和 一七、一一、一	地方理事官 台南州 （應召中）	亀岡 充	三七	鉄道属、鉄道書記、府属兼拓務属 高雄州商工水産課長、農林課長
昭和四 中大 専門部	昭和四 司法 〃五 行政	六等 六級	一、九 一、〇	一六、三	〃 一八、六、二四	地方理事官 高雄州 教育課長	松村 恭一郎	四三	小学校訓導、府事務官（社会課） 台中州東勢郡守
	昭和四 行政	六等 六級	一、九 一、〇	一三、〇	〃 一八、二、一	地方理事官 台中州 教育課長	児玉 賀欽雄	四三	内務属、府事務官（農務課） 新豊郡守
昭和八 予備試験	昭和一二 行政	六等 六級	一、九 一、〇	七、一〇	〃 一八、一二、一	交通局事務官 業務課	澁澤 誠次	三三	鉄道書記、鉄道属、鉄道省事務官（官房現業調査課）交通局副参事（建設改良課兼運輸課）
昭和一五 中大 法学部	昭和一五 行政 司法	六等 六級	一、四 一、六	五、四	〃 一九、六、一	地方理事官 台北州 農務課長	水尾 一一	三一	府属（審議室）府事務官（農務課） 台北州農林課長、水産課長、管理課長
昭和一五 中大 法学部	昭和一五 行政	六等 八級	一、四 一、六	五、四	〃 一八、一二、一	府事務官 商政課 （應召中）	石川 定太郎	三三	専売局書記 府属（殖産局）特産課
昭和五 法学士	昭和一七 行政	六等 九級	一、四 一、六	九、三	〃 二〇、八、二九	府事務官 外事部	渡邊 茂	四一	府属（情報課）地方警視（新竹州高等警察課長、高雄州警務課長）府事務官（防空施設課、防空課）

昭和九 法学士	昭和八 行政	六等八級	一・一四	四・三	〃二〇・八・一八	府事務官 警務課	妹尾茂喜	三六	東京市書記、京都帝大助手兼学生主事補、府属(内務局)兼拓務属、地方理事官(大屯郡守)、地方警視(台北州経済警察課長)
昭和一六 広島文理大	昭和一六 行政	六等七級	一・一四	四・三	二〇・七・二七	地方警視 台北州 警務課長	古川倉次郎	三七	小学校訓導、府属(文教局)兼拓務属、地方警視(台南州警務課長、兵事防空課長、経済警察課長)、府事務官(外事部兼警務課)
	昭和一六 行政	六等七級	一・一四	四・三	二〇・七・二七	地方理事官 新竹州 国民動員課長	木下謙恵	三七	府属兼拓務属、地方警視(台中州警務課長、兵事防空課長)交通局事務官(総務課)
	昭和一六 行政	六等九級	一・一四	四・三	〃一八・一二・一	府事務官 農務課 (応召中)	宮内潤一	三五	交通局書記兼拓務属
昭和一六 法学士	昭和一六 行政	六等九級	一・一四	四・三	〃二〇・七・二七	府事務官 保安課	田島秀夫	二九	府属兼拓務属、地方警視(台北州経済警察課長、台中州高等警察課長)
昭和一二 中大 法学部	昭和一二 行政	六等六級	一・一〇	五・一	〃一九・一二・一六	地方理事官 台南州 教育課長	川本赳夫	三五	府属(殖産局)地方警視(新竹州警務課長、兵事課長、経済警察課長)

一五

昭和一六 法学士	昭和一五 行政	六等 六級	一・〇 一・〇	五・一	昭和二〇・四・二八	地方理事官 台北州 教育課長	岡崎昇三	三三	府属(公画部)兼拓務属、地方警視(高雄州警務課長、兵事防空課長)、府事務官(外事部兵事防空課)
昭和一六 法学士	昭和一五 行政	六等 八級	一・〇 一・〇	五・一	〃二〇・七・三一	府事務官 文書課 (応召中)	河村尚平	三二	府属兼拓務属、地方理事官(淡水郡守)府事務官(税務課)
昭和一一 関西大	昭和一〇 行政 〃一二 司法	六等 六級	一・〇 一・〇	四・八	〃二〇・七・二七	地方理事官 文山郡守	田畑政男	三八	府属(米穀局)府事務官(商工課)地方理事官(台中州農林課長)地方警視(台北州防空課長)府事務官(主計課、防空課)
	昭和一七 行政	六等 七級	〇・九 〇・九	八・一〇	〃二〇・七・二七	地方理事官 台北州 国民動員課長	赤堀正雄	三九	鉄道局書記(名古屋)国際観光局属、交通局書記、七星郡守、新竹州教育課長
昭和一三 明大法学部	昭和一四 行政	六等	〇・六	五・〇	〃二〇・九・一三	交通局事務官	堀越文雄	三六	会計検査院書記、交通局書記兼拓務属、交通局副参事、(鉄道部庶務課)交通局参事(建設改良課)退官

七等官

氏名	年齢	學歷	高文合格年	官等俸給	經過年月	在官年数	現職就職年月日	官職	略歴
折田正彬	三四	昭和一四 法学士	昭和一七 行政	七等 七級	二・七 〇・九	三・七	昭和一八・一二・一	地方理事官 高雄州農務課長 (應召中)	府属(内務局) 氣象台書記
菱沼貞雄	三五	昭和一七 東卒 商学士	昭和一七 行政	七等 九級	二・七 〇・九	三・七	〃 一八・八・二一	府事務官 金融課 (應召中)	府属(財務局)
安山達雄	三三	昭和一四 法学士	昭和一七 行政	七等 七級	二・七 〇・九	三・七	〃 一九・五・二二	地方理事官 台中州農水産課長 (應召中)	府属(企画部) 府事務官(山林課)
西岡俏造	三三	昭和一六 法学士	昭和一七 行政	七等 九級	二・七 〇・九	三・七	一九・一二・六	府事務官 (台中州警務課長)	府属(殖産局) 地方理事官(台南州教育課長)
阿部増一	二七	昭和一七 中大法学部	昭和一六 行政	七等 十一級	一・五 一・五	三・六	〃 二〇・八・四	府事務官 (新竹州商工課長)	府属(文教局) 商政課、錬成課
莊司隆	二九	昭和一七 法学士	昭和一七 行政	七等 九級	一・五 一・五	三・六	〃 二〇・七・二七	地方理事官 新営郡守	府属(殖産局) 府事務官(山林課、水産課)

一六

昭和八 高商	昭和一七 行政	七等 十一級	一・五 一・五	三・六	昭和 一九・一二・六	府事務官（新竹州警務課長）	福田清	三四	交通局書記（逓信部） 交通局事務官（総務課）
昭和一七 法学士	昭和一七 行政	七等 九級	一・五 一・五	三・六	〃 一九・一〇・二〇	交通局事務官 鉄道部 總務課	山中一毅	二八	交通局書記（鉄道部庶務）
昭和一七 中大 専門部	昭和一七 行政	七等 九級	一・五 一・五	三・六	〃 一九・一〇・二〇	地方警視 台南州 警務課長	岩田博	三一	府属（米穀局）
昭和一七 中大 法学部	昭和一七 行政	七等 九級	一・五 一・五	三・六	〃 二〇・五・二五	府事務官 工業課	吉岡由吉	三六	保険院簡易保険書記補、府属（内務局）交通局属兼府属、高雄州警部、地方警視（高雄州警務課長）
昭和三 高商	昭和八 行政	七等 八級	〇・二 一・〇	一二・五	〃 一九・一二・一〇	交通局事務官 自動車課	織田憲吾	四一	交通局書記 鉄道部監理課
昭和一六 予備試験	昭和六 行政	七等	〇・四	二・九	〃 二〇・一一・一九	府事務官 商政課	平川國雄	三七	府技手、府属（殖産局） 台北州属、台東廳属

昭和一一 法学士	昭和一八 行政	七等	〇・四	四・一一	二〇・一二・一九	府事務官 金融課	川合山武憲	三四	府属（財務局） 台北市属
昭和一六 法学士	昭和一八 行政	七等	〇・四	二・六	二〇・一二・一九	府事務官 米穀課	富森幹技	三一	府属（食糧局） 台南州属
昭和一五 予備試験	昭和一八 行政 司法	七等	〇・四	二・六	二〇・一二・一九	府事務官 山林課	梅村秀雄	二九	賞勲局属、府属（人事課） 台中州属
昭和一八 東京文理大	昭和一八 行政	七等	〇・四	二・六	二〇・一二・一九	地方理事官 新竹州 教育課長	千葉滋	三〇	府属（文教局） 台北州属、新竹州属
昭和一七 廣島文理大	昭和一八 行政	七等	〇・四	二・六	二〇・一二・一九	地方警視 台中州 防空課長	横山和夫	三三	小学校訓導、府属（審議室） 台北州警部、台中州警部
昭和一六 中大専門部	昭和一八 行政	七等	〇・四	二・六	二〇・一二・一九	地方警視 嘉義警察署長	中川眞太郎	三一	小学校訓導、台南州郡属 府属、台南州警部

一七

昭和二十年十月現在

行政官（特進者）名簿

台湾総督府

一、總督府

一

一、事務官、理事官

學歷	略歷	現官職	官等俸級	氏名	年令	本籍
大正三、東京外語、独乙語部貿易科卒	大正一五、七、二四 總督府屬（殖産局米穀検査所） 昭和一四、七、一 總督府理事官（米穀局業務課） 〃 二〇、九、一三 〃 事務官（食糧部業務課）	總督府事務官 食糧部業務課	五等 五級	高江 富二郎	四三	福井縣
明治四三 水戸中學卒	大正三、七、四 總督府普通試験合格 昭和五、四、三〇 台南州警部 〃 一七、八、二六 總督府屬 〃 一八、一、二一 〃 地方警視（基隆警察署長） 〃 一九、七、六 〃 理事官（警務局防空課）	總督府理事官 警務局警備課	六等 六級	深澤 力雄	五三	
昭和三 神戸高商卒	昭和五、九、二七 總督府交通主事（遞信部電気課） 〃 一七、六、一五 〃 交通局副参事（〃） 〃 一七、一〇、三一 〃 理事官（鉱工局電力課）	〃 鉱工局電力課	六等 七級	多賀 矢八	四一	岡山縣
大正一四 台北高商卒	昭和八、三、三一 台中州部属 昭三九五 總督府屬（殖産局） 〃 九、六、八 總督府理事官（農商局商政課）	〃 農商局商政課	六等 七級	安藤 行健	四五	
大正六 新潟縣立高田中學卒	大正一二、一二、一六 台南州稅務吏（嘉義稅務出張所） 〃 一五、五、三一 台南州 屬（〃） 昭和八、一二、二六 兼任總督府屬（內務局地方課） 〃 一七、八、七 總督府理事官（〃） 〃 一八、一一、一 官房地方監察課	〃 官房 地方監察課	六等 六級	池田 嘉	四九	新潟縣
大正五 山梨縣立農林學校卒	大正一〇、七、九 高雄州郡屬 〃 一四、三、三一 〃 屬（內務部地方課） 昭和一〇、三、三一 總督府屬（〃） 〃 一四、四、二一 〃 地方理事官（台北市助役）	〃 官房人事課 兼秘書官室	四等 四級	古屋 義輝	四九	山梨縣

學歷	略歷	現官職	官等俸級	氏名	年令	本籍
	昭和一五、一〇、二八 台中州北斗郡守 〃 一七、四、一五 總督府理事官(官房人事課兼秘書官室)					
大正一一、 台北師範 公學師範部卒	昭和三、三、三一 高雄州郡視學 〃 四、一二、五 〃 郡屬 〃 一六、一二、二四 〃 屬 〃 二〇、二、七 高雄市屬(庶務課長) 〃 二〇、三、二八 總督府理事官(文教局學務課) 〃 民政官(高雄市)	地方理事官 高雄市助役	七等 七級	尾山充雄	四四	
大正九 山口縣立 小郡農業學校卒	大正五、七、三一 台南州稅務吏 昭和五、一、三一 〃 屬 〃 一〇、一〇、三一 總督府屬(財務局稅務課) 〃 一九、六、一二、 〃 理事官(〃 用品課)	〃 財務局主計課	七等 七級	中野盛夫	四四	
大正六 熊本縣立 工業學校中退	大正二、五、一一 大藏省稅務署屬 昭和五、二、二四 台北州屬(官房稅務課) 〃 七、九、一七 總督府屬(財務局) 〃 一七、四、一五 〃 理事官(米穀局總務課) 〃 一八、一二、一 農商局食糧部庶務課	〃 食糧部庶務課	六等 六級	大野猶雄	四六	熊本縣
大正七 廣島縣 日彰館中學卒	大正八、二、一二 總督府稅関監吏 〃 一五、八、二〇 〃 屬 昭和一三、一〇、三一 高雄州屬(内務部勸業課) 〃 一七、一、一四 總督府理事官(殖産局物価調整課) 〃 一八、一二、一 農商局商政課	〃 農商局商政課	六等 六級	森田龍雄	四六	廣島縣
	大正九、四、二八 台北廳警部補 〃 一三、一二、二五 台北州警部	〃	四等			

本籍	年齢	氏名	等級	現職	経歴	学歴
山口縣	五二	山下益治	四級	鉱工局國民動員課	昭和一四、三、一〇 總督府地方警視（高雄警察署長） 〃 一八、九、一 〃 地方理事官（台中州大屯郡守） 〃 二〇、一〇、二 〃 理事官	
福岡縣	五一	中村文治	五等 五級	警務局 衛生課	大正一一、七、三一 總督府府警部補（台東庁） 〃 一五、二、二五 〃 警部（〃） 昭和七、一〇、七 台北州警部（警務部警務課） 〃 一六、一〇、二 總督府警視（警務局理蕃課） 〃 一七、一〇、三一 〃 理事官（〃） 〃 二〇、四、二〇 警務局衛生課	
	四八	福島喜八郎	七等 八級	財務局主計課	大正一五、四、二〇 台中州市属 昭和九、三、二六 台中州属 昭和一二、六、二五 總督府属（財務局主計課） 〃 一九、一二、二八 〃 理事官（財務局用品課）	大正五、熊本縣立玉名中學校卒
岡山縣	四一	大内義衛	六等 六級	〃 農商局商政課	昭和七、六、九 總督府技手兼總督府属（殖産局商工課） 〃 一七、二、二八 〃 理事官（官房審議室） 〃 一八、一二、一 農商局商政課	昭和二、台北高商卒
福井縣	四二	野坂真三	五等 五級	總督府理事官 食糧部東京事務所長	昭和二、八、三一 總督府属（殖産局農務課） 〃 一六、五、二一 〃 理事官（米穀局大阪米穀事務所長） 〃 一八、一二、一 農商局食糧部東京事務所長	大正一五 関西大學専門部法律學科卒
宮城縣	四八	中野縁磨	五等 五級	〃 鉱工局土木課	大正九、五、二五 總督府普通試験合格 〃 一〇、一一、一三 〃 属（土木局） 昭和一八、五、四 〃 理事官（国土局道路課） 〃 一八、一二、一 鉱工局土木課	
長野縣	五二	荻原政明	六等 七級	〃 鉱工局工業課 兼總務係	大正一三、二、三 台中州雇（内務部水利課） 昭和五、二、一三 總督府属（内務局土木課） 〃 一八、九、一八 〃 理事官（国土局土木課） 〃 一八、一二、一 鉱工局土木課	明治四四 早稲田実業學校中退

氏名	學歴	略歴	現官職	官等俸級	年令	本籍
伊藤日出水	大正一四 早稲田大學 商業部卒	昭八、三、三一 台北州郡属 〃 一二、三、三一 〃 属（内務部地方課） 〃 一三、一、二七 總督府属（財務局金融課） 〃 二〇、一〇、一 〃 理事官	總督府理事官 鉱工局工業課 兼總務係	七等	四六	高知縣
石賀久民	大正九 熊本縣玉名郡晴時 教員養成所終了	昭二、九、三〇 屏東市属 〃 一二、三、三一 高雄州属（内務部地方課） 〃 一五、三、三一 總督府属（内務局防空課） 〃 一九、二、一八 〃 理事官（警務局兵事課）	〃 警務局 兵事課	七等 八級	四六	
安武治雄	明治四三 福岡縣築紫郡御笠 南高等小學校高等科終了	昭二、四、一六 台北州警部補 〃 六、三、三一 〃 警部 〃 一九、三、四 總督府理事官（警務局警務課）	〃 警務局 警務課	七等 七級	五〇	福岡縣
植村義夫	昭和二 台湾總督府 高等商業學校卒	昭一三、一〇、一二 總督府属（内務局地方課） 〃 一六、一二、二〇 〃 理事官（米穀局米穀事務所長） 〃 一七、一〇、三〇 陸軍司政官 〃 一九、六、一九 總督府理事官（農商局食糧部食品課）	〃 食糧部 食品課	五等 五級	三九	
中田太一郎	大正一〇 慶大 理財科本科卒	大正五、三、三一 新竹州郡属 昭一四、八、一 總督府属（米穀局米政課） 〃 一九、六、一九 〃 理事官（農商局食糧部米穀課）	〃 〃 米穀課	六等 六級	五一	
山口充一	大正一三、三、二三 台北師範學校 演習科卒	大正一三、三、三一 任台湾總督府師範學校訓導 昭一〇、九、三〇 任〃 編修書記 〃 二〇、三、一二 任〃 地方理事官 新竹州國民動員課 民政官	（地方理事官） 民政官 府國民動員課	七等 七級	四二	新潟縣
須田政男	昭和六、三、二八 東北帝大法文學部卒	昭一三、三、三一 台北州属 昭一三、九、八 任台湾總督府属 〃 一九、二、一〇 任台湾總督府地方理事官 台中州國民動員課長	（〃 〃 〃）	七等 九級	三九	

六、統計官

學歴	略歴	現官職	官等俸給	氏名	年令	本籍
昭和八 東京帝大 經濟學部經濟科卒	昭和九、八、二 資源局属 〃一三、一〇、二五 企画院属(総務部) 〃一五、一、二四 〃調査官(総裁官房資料課) 〃一六、六、二四 総督府統計官(企画部統計課) 〃一八、一二、一 官制改正 総督官房統計課長兼務	統計官 官房統計課	五等 五級	柿﨑宗穎	三九	
大正二 市立実業補習學校終了	大正一四、六、二 総督府普通試験合格 昭和四、六、八 〃属(官房調査課兼臨時国勢調査部) 〃一九、一、一四 〃統計官(総督官房統計課)	〃 〃	七等 七級	吉村周二郎	五二	

七、社會教育官

學歴	略歴	現官職	官等俸給	氏名	年令	本籍
昭和七 北海道帝大農學部	昭和一三、九、七 総督府属(文教局社会課) 〃一七、四、一八 社会教育官(〃)	社會教育官	六等	阪上猶一	三九	兵庫縣

四

氏名	年令	本籍	官等 俸給	現官職	略歴	學歴
			八級	文教局教學課	昭和一八、一〇、一 文教局錬成課	農藝化學科卒
田中一郎	五二	愛知縣	四等 四級	社会教育官 文教局教學課	大正一四、三、三一 新竹州郡視學（大溪郡） 昭和一〇、八、三一 台湾公立実業學校長 〃 一三、六、一〇 依願免本官 〃 一三、六、一〇 台湾社会教育主事（新竹州内務部教育課） 〃 一八、六、二四 地方理事官（新竹州） 〃 二〇、三、三一 社会教育官（文教局錬成課）	大正三 〃督府國語學校 公學師範部甲科卒

四、税務官

氏名	年令	本籍	官等 俸給	現官職	略歴	學歴
薮原省吾	三八	群馬縣	七等 七級	税務官 財務局税務課	大正一五、一二、一五 税関官吏（横浜税関監視部） 昭和一三、六、一五 南洋廳属（パラオ支广） 〃 二〇、一、一〇 〃 事務官（内政部財政課） 〃 二〇、三、二〇 総督府税務官	大正一五 高崎中學校卒
中嶋清	五三	石川縣	六等 五級	〃 台中州税務課長	大正五、九、三〇 台中广税務吏 〃 一一、九、九 台中州属（知事官房税務課） 昭和一五、一二、一 台東廳税務課長 〃 一六、一〇、三〇 地方理事官（花蓮港廳税務課長）	大正二 石川縣立 金沢第一中學校卒

	〃 一九、五、三〇 總督府税務官（財務局税務課） 〃 二〇、五、一八 台中州税務課長					
大正一三、拓殖大学支那語科卒	大正一四、七、一五 台北州属（知事官房税務課） 昭和五、三、二〇 總督府属（官房審議室） 〃 八、三、三一 地方理事官（新竹州桃園税務出張所長） 〃 一九、五、三〇 總督府税務官（財務局税務課）	〃 財務局税務課	六等 六級	平井 二郎	四七	山梨縣
	大正八、五、一七 台南廳税務吏（財務課） 〃 一一、一〇、三一 台南州 〃 （知事官房税務課） 昭和二、三、一九 〃 属 〃 一七、三、一三 總督府属（財務局税務課） 〃 一九、五、三〇 〃 税務官（〃） 〃 一九、一二、三〇 〃 民政官（高雄州）	〃（民政官） 高雄州金融貯蓄奨励課長	七等 七級	鯉田 廣次	四六	
	昭和三、五、八 文官普通試験合格 〃 三、六、三〇 新竹州書記 〃 四、四、四 〃 郡属 〃 一三、五、三一 總督府属（財務局税務課） 〃 一九、五、三〇 〃 税務官（〃）	〃 財務局税務課	七等 七級	川崎 萬二郎	四三	
大正四 總督府警察官及司獄官練習所甲科終了	大正二、四、二四 總督府巡査 〃 三、五、一 文官普通試験合格 〃 八、五、二八 台南廳警部補（警務課） 〃 一三、七、二〇 依願免本官 昭和八、八、三一 高雄州属（知事官房税務課） 〃 一九、一二、一八 總督府属（財務局税務課） 〃 二〇、二、五 〃 税務官（〃）	〃 〃	七等 八級	白水 荒太郎	五九	福岡縣

五

五、調査官

學歴	略歴	現官職	官等俸給	氏名	年令	本籍
昭和六 九州帝大 法文學部卒	昭和一六、五、三一 花蓮港廳技手（勸業課） 〃 一七、五、三〇 總督府調査官（企画部企画課） 〃 一八、一二、一 鉱工局工業課	調査官 鉱工局工業課	五等 六級	向高祐興	三八	宮崎縣
昭和二 東京帝大 文學部社会学科卒	昭和三、一二、二 總督府属（文教局社會課） 〃 七、六、四 台湾社会事業主事（台北州内務部教育課） 〃 一八、六、二四 地方理事官（台北州） 〃 一八、一二、一〇 總督府調査官（文教局社会課）	〃 文教局社会課	四等 六級	石川眞澄	四二	愛媛縣
昭和八 台北帝大理農學部 農學科園藝學科卒	昭和一三、四、七 總督府属（官房外事部） 〃 一七、二、一七 農學博士 〃 一八、一一、二六 總督府調査官（外事部調査課）	〃 農學博士 外事部調査課 （台南州産業部）	五等 八級	佐多長春	三九	大阪府
	昭和三、 台北帝大助手 〃 一七、 總督府調査官 〃 一八、 陸軍司政官	〃 文教局援護課	六等 八級	宮本延人		

六、飜譯官

本籍	年令	氏名	官等俸給	現官職	略歴	學歴
埼玉縣	二八	森田盛蔵	六等 八級	翻訳官 外事部調査課	昭和七、六、二六 總督府通訳（總督官房文書課） 〃 一三、八、二五 事務分掌規定改正 外事部勤務 〃 一六、八、二六 翻訳官（外事部第一課） 〃 一七、一一、二七 外事部調査課	昭和六 東京外語 英語部文科卒
東京都	四八	種村保三郎	四等 五級	〃 〃	昭和六、一〇、三 海軍通弁（第三艦隊旗艦利多丸乗組） 〃 一三、五、五 翻訳官（警務局保安課） 〃 一七、六、一三 兼任 台北高商教授 〃 一七、一一、二七 外事部監理課 調査課兼務	大正一三 東京外語 支那語部貿易科卒
宮城縣	四九	片寄軍兒	五等 五級	〃 〃	大正一五、三、三一 總督府属（官房文書課） 昭和一四、二、三 翻訳官（〃、外事課） 〃 一四、一〇、三一 兼任總督府理事官（〃 ） 〃 一七、一一、二七 外事部監理課	大正九 旧制東洋協会 殖民専門学校卒
宮城縣	四五	小野壽夫	七等 八級	〃 〃 兼警務局	大正一一、一〇、二四 總督府巡査 昭和一〇、三、三一 福建語甲種三等合格 〃 一一、四、二五 台南州警部（台南警察署高等課） 〃 一五、五、八 總督府警部（警務局理蕃課） 〃 一七、一一、一 〃 属 〃 一九、三、二八 翻訳官（外事部監理課兼警務局防空課）	昭和五 警察官及司獄官練習所警察官部 甲科 卒 昭和一一 内務省警察講習所卒

六

七、工務官（事務系統）

學歷	略歷	現官職	官等俸給	氏名	年令	本籍
昭和九 神戶商大卒	昭和一三、三、四 總督府屬（官房調査課） 〃 一九、一、一四 〃 工務官（鉱工局工業課）	工務官 鉱工局工業課	六等 十一級	柚木秋雄	三六	
大正一五 大阪外語 仏蘭西語部卒	昭和七、五、三一 總督府屬（殖産局山林課） 〃 一六、八、二六 〃 理事官（殖産局鉱務課） 〃 一九、六、一 總督府工務官 兼總督府理事官（鉱工局鉱務課）	〃 〃 兼鉱務課	五等 七級	大野乾	四一	香川縣
昭和三 台北高商卒	昭和一〇、一、二三 總督府屬（殖産局鉱務課） 〃 一八、六、二 〃 工務官（鉱工局工業課兼鉱務課）	〃 〃	七等 九級	山田繁則	四〇	靜岡縣
昭和一一 台北帝大文政學部政學科卒	昭和一三、八、二六 總督府屬（殖産局鉱務課） 〃 二〇、五、一 〃 工務官	〃 鉱工局鉱務課	七等	施野宣夫	三四	新潟縣
大正一五 總督府警察官及司獄官練習所警察官部乙科修了	昭和三、五、一八 總督府普通試驗台格 〃 四、七、三一 台南州警屬 〃 一五、七、二二 〃 屬（內務部勸業課） 〃 二〇、五、一 總督府工務官（鉱工局工業課）	〃 鉱工局工業課	七等 十一級	野元勘助	四四	鹿兒島縣

二、交通局（鐵道部 遞信部 海務部）港務局

七

一、鉄道部

學歷	略歷	現官職	官等俸給	氏名	年令	本籍
明治四二 広島縣立尾道商業學校卒	大正三、九、三〇 總督府鉄道部書記（計理課） 昭和一三、二、二八 交通局副参事（鉄道部建設改良課） 〃 一八、三、六 〃 事務官（勅令一〇四号）	交通局事務官 鉄道部経理課	四等 三級	恵谷 壽	五四	廣島縣
昭和二 中央大學法學部英法科卒	昭和四、九、一 交通局書記（鉄道部運転課） 〃 一五、四、二七 〃 副参事（〃） 〃 一六、七、六 第二十三軍司令部付 〃 一六、七、三一 交通局書記（鉄道部運転課） 〃 一八、一〇、二 〃 事務官（台北鉄道事務所）	〃 鉄道部監理課	六等 七級	運 寅雄	四四	山口縣
大正三 法政大學専門部法科卒	大正七、一二、二 總督府鉄道部書記（調度課） 昭和一五、一〇、一四 交通局副参事（鉄道部建設改良課） 〃 一八、三、六 〃 事務官（勅令一〇四号）	〃 鉄道部 東京出張所	四等 四級	佐藤 武雄	五二	新潟縣
明治四一 長崎中學校 中退	大正五、一一、一三 鉄道部書記試験合格 〃 八、七、一〇 總督府鉄道部書記（運輸課） 昭和一五、一〇、一四 交通局副参事（鉄道部運輸課） 〃 一八、三、六 〃 事務官 〃 一八、一二、一 花蓮港鉄道事務所長	〃 花蓮港鉄道事務所長	四等 四級	白石 謙	五四	福岡縣
大正一三 慶大經濟學部卒	大正一四、七、一 交通局書記（鉄道部庶務課） 昭和一六、九、八 〃 副参事（〃） 〃 一八、三、六 〃 事務官（勅令一〇四号） 〃 一八、七、八 鉄道部工作課	〃 鉄道部経理課	五等 五級	永山 新平	四八	鹿児島縣
大正一四 神戸高商卒	昭和三、六、一六 鉄道局書記（大阪鉄道局） 〃 一七、一〇、二四 〃 副参事（〃） 〃 一七、一〇、二九 交通局副参事（鉄道部経理課）	〃	六等 五級	山口 佐一郎	四四	兵庫縣

八

学歴	略歴	現官職	官等俸給	氏名	年令	本籍
	昭和一八、三、八 交通局事務官					
大正一二 台湾総督府立 高等商業学校卒	大正一三、一二、二五 総督府鉄道部書記(運輸課) 昭和一七、一一、一四 交通局副参事(鉄道部庶務課) 〃 一八、三、六 〃 事務官(勅令一〇四号) 〃 一八、一二、一 官制改正 鉄道部業務課	交通局事務官 鉄道部経理課	六等 五級	磯矢 婕吉	四五	大分県
昭和一六 京都帝大 経済学部卒	昭和一四、一、二七 交通局書記(鉄道部運輸課) 〃 一九、二、二八 台中駅長兼台北鉄道事務所台中支所長 〃 二〇、三、二八 交通局事務官	〃 〃 業務課	七等 八級	野々口 敏彦	二九	京都府
大正二 青戸尋常 高等小学校卒	大正九、五、二六 総督府普通試験合格 〃 一四、一、一九 交通局書記(鉄道部運輸課) 昭和元、八、一五 〃 事務官	〃 〃 運輸課	六等 七級	松元 兼義	四九	鹿児島県
昭和二 台北高商卒	昭和六、七、三一 交通局書記(鉄道部運輸課) 〃 一五、九、八 〃 事務官 〃 一九、一〇、二五 第六海軍燃料廠附(定員外)	〃 〃	七等 七級	伊東 薩	四〇	岡山県
大正七 鉄道院中央教習所 業務科卒	大正八、七、一〇 総督府鉄道部書記(運輸課) 昭和一六、八、一 交通局副参事(鉄道部運輸課) 〃 一八、三、六 〃 事務官 〃 一九、五、二〇 鉄道部業務課	〃 〃 業務課	五等 四級	一川 澄夫	五三	福岡県
大正五 鉄道院中央教習所 業務科卒	大正七、一一、一 総督府鉄道部書記(運輸課) 昭和一七、四、四 交通局副参事(第十三軍司令部附) 〃 一八、三、六 〃 事務官 〃 一八、一〇、一五 鉄道部運輸課	〃 〃	五等 四級	山本 清一	五三	鹿児島県
大正一二 台湾総督府 高等商業科卒	大正一三、一二、二五 総督府鉄道部書記(工務課) 昭和一六、八、一 交通局副参事(鉄道部建設改良課) 〃 一八、三、六 交通局事務官	〃 〃 施設課	五等 五級	中村 文祐	四四	滋賀県

学歴	経歴	現職	等級	氏名	年齢	本籍
	〃 一八、一三、一 鉄道部施設課					
昭和三 中央大學専門部 法學科卒	昭和一〇、六、三〇 鉄道局（大臣官房保健課） 〃 一七、八、二一 交通局書記（鉄道部庶務課） 〃 一八、一一、二八 〃 事務官（〃 総務課）	〃 鉄道部総務課	七等 八級	有馬純太郎	四七	鹿児島県
明治三四 松橋西部 高等小學校卒	昭和二、九、一四 交通局書記（鉄道部運輸課） 〃 一九、一二、一八 〃 事務官（新竹駅長兼台北鉄道事務所新竹支所長）	〃 新竹駅長	七等 七級	林田利久平	五四	熊本県
昭和二 台湾総督府 台北高商卒	昭和四、一二、二五 交通局書記（鉄道部運輸課） 〃 一九、一二、二八 〃 事務官	〃 鉄道部運輸課	七等 八級	笠原盛良	四〇	神奈川県
大正一五 台湾総督府 高商 卒	昭和三、六、三〇 交通局書記（鉄道部工務課） 〃 一九、四、二二 〃 事務官（鉄道部総務課兼花蓮港鉄道事務所）	〃 花蓮港鉄道事務所長	七等 七級	出村友吉	四七	富山県
	嘉義駅長 昭和一九、五、一七 基隆駅長	〃 基隆駅長	六等 七級	森下恒寿	五六	
大正一一 明治大學 専門部商科卒	大正一五、一二、一六 鉄道局書記（東京鉄道局） 昭和一七、一〇、二四 〃 副参事（〃 ） 〃 一七、一〇、二九 交通局副参事（鉄道部庶務課兼総務課） 〃 一八、三、六 〃 事務官 〃 一八、一二、一 鉄道部総務課	〃 鉄道部総務課	六等 六級	高木柴治	四七	東京都
大正二 早稲田大學商科 高等予科卒	大正一四、一、一九 交通局書記（鉄道部庶務課） 昭和一八、二、一五 〃 副参事（波集団司令部附） 〃 一八、三、六 〃 事務官（勅令一〇四号）	〃 〃 経理課	六等 六級	黒杭志賀	五七	山口県
大正四 東京鉄道局 教習所卒	昭和四、一二、二五 総督府交通局書記（鉄道部庶務課） 〃 一七、一〇、二八 交通局副参事（第二十三軍司令部） 〃 一八、三、六 〃 事務官（勅令一〇四号）	〃	六等 六級	飯田重右衛門	四八	宮城県

學歷	略歷	現官職	官等俸給	氏名	年令	本籍
昭和七、明治大學法學部卒	昭和四、八、一 交通局書記（鉄道部改良課） 〃一七、四、四 〃 副参事（第二十三軍司令部附） 〃一八、三、六 〃 事務官（勅令一〇四号）	交通局事務官 鉄道部経理課	六等 六級	櫻庭 亮	四五	福岡縣
明治四三 富士川高等小學校卒	大正二、六、二七 総督府普通試験合格 〃一二、三、三一 〃 鉄道部書記（運輸課） 昭和一七、九、一〇 陸軍司政官（第十四軍司令部軍政監部） 〃一九、六、二 交通局事務官（高雄海軍運輸部） ー 鉄道部業務課	〃 〃	六等 五級	芦澤 平三	五一	静岡縣
明治四五 群馬縣立高崎中學校卒	大正八、七、一〇 総督府鉄道部書記（汽車課） 〃一三、一二、二五 交通局書記 昭和一八、八、四 〃 事務官（第二三軍司令部附）	〃 〃 工務課	五等 五級	高橋 又市	五一	群馬縣
明治四二 宮城縣立仙台二中卒	大正七、二、二 総督府鉄道部書記（運輸課） 〃一三、一二、二五 交通局書記 昭和一七、三、一三 〃 副参事 〃一八、三、六 〃 事務官 〃一八、一二、一 鉄道部業務課臨時在勤	〃 〃 運輸課	五等 五級	木村 金之助	五五	宮城縣
大正八 鉄道院中央教習所業務科卒	大正九、六、三〇 総督府鉄道部書記（運輸課） 〃一三、一二、二五 交通局書記 昭和一六、八、一二 〃 副参事（鉄道部運輸課） 〃一八、三、六 〃 事務官（第二十三軍司令部附） 〃一八、一二、一 鉄道部業務課臨時在勤	〃 〃	五等 四級	藤井 一二	五一	山口縣

二、逓信部

氏名	官等俸給	年令	本籍	学歴	略歴	現官職
滝野種一	四等六級	四六	東京都	大正一四 東京帝大法学部政治科卒	昭和三、二、一〇 交通局書記(逓信部監理課) 〃一三、一二、二八 〃 副参事(台南郵便局長) 〃一八、八、二七 〃 書記官(逓信部監理課長)	交通局書記官 逓信部監理課長
山口通一	五等四級	四六	秋田県	大正七 秋田県立秋田中学校卒	大正八、三、二一 総督府通信手 〃一四、三、五 交通局書記(逓信部庶務課) 〃一五、一〇、二八 〃 副参事(〃) 〃一八、三、六 〃 事務官(勅令一〇四号)	〃事務官 逓信部貯蓄課
河野通長	五等六級	四九	広島県	大正六 台湾総督府通信事務練習所修了	大正七、二、三〇 総督府通信手 昭和四、七、一一 交通局書記(台南郵便局) 〃一九、七、二七 〃 事務官(逓信部庶務課)	〃 台北電話局長
平峰静弥	五等四級	四八	鹿児島県	大正六 台湾総督府通信事務練習所修了	大正七、三、三一 総督府通信手(打狗郵便局) 〃一一、三、三一 〃 逓信書記(逓信局庶務課) 昭和五、九、一三 交通局副参事 〃一八、三、六 〃 事務官(勅令一〇四) 〃一八、一二、一 逓信部総務課	〃 逓信部総務課
松下敏平	五等五級	四五	静岡県		大正六、一〇、二五 総督府通信手試験合格 〃七、二、三〇 〃 通信手(台南郵便局) 〃一〇、六、三〇 普通文官試験合格 昭和一四、二、一〇 交通局副参事(第十軍司令部附) 〃一五、五、二七 〃 書記(逓信部庶務課)	〃 基隆郵便局長

一〇

學歷	略歷	現官職	官等俸給	氏名	年令	本籍
	昭一六、八、一九 交通局副參事（嘉義郵便局長） 〃一八、三、六 〃 事務官（勅令一〇四号）兼嘉義郵便局長					
大正一一 遞信官吏練習所 行政科 卒	大正一一、六、二〇 總督府遞信書記補（台南郵便局） 〃一五、四、一 交通局書記（遞信部庶務課） 昭一七、四、一六 〃 副參事（第十三軍司令部附） 〃一八、三、六 〃 事務官（勅令一〇四号）	交通局事務官 遞信部総務課	六等 五級	佐藤貫一	四七	愛知縣
	大正六、三、三一 總督府遞信手 大正一二、六、三〇 普通文官試驗合格 〃一三、三、三一 〃 遞信書記（台南郵便局） 昭一八、九、七 交通局事務官（遞信部庶務課）	〃 台北電信局	五等 五級	杉野嘉一	五〇	三重縣
大正七 遞信官吏練習所 行政科 卒	大正七、七、二三 遞信書記補（東京遞信局） 昭三、九、三〇 交通局書記（基隆郵便局） 〃一五、一、一〇 〃 副參事（第二十軍司令部附） 〃一八、三、六 〃 事務官 〃二〇、一、一三 高雄郵便局長	〃 高雄郵便局長	五等 四級	上谷精一	五二	京都府
明治四五 鹿児島縣立 第一鹿児島 中學校 卒	大正九、三、一四 總督府局 〃一五、七、八 交通局書記（道路港湾課） 〃一八、四、二八 〃 事務官（鉄道部建設改良課） 〃一八、一二、一 遞信部総務課	〃 遞信部総務課 兼海務部	五等 五級	平山季雄	五三	鹿児島縣
	大正五、一一、四 總督府遞信手（阿緱郵便局） 昭一六、一〇、二九 交通局副參事（高雄郵便局長） 〃一八、三、六 〃 事務官	〃 台北電信局長	五等 五級	橋本吉次	五三	佐賀縣
大正一三 遞信官吏練習所 第二部行政科卒	大正一四、三、五 總督府交通主事（基隆郵便局） 〃一五、四、一 交通局書記（ 〃 ） 昭一七、二、二三 〃 副參事（遞信部監理課） 〃一八、三、六 〃 事務官（勅令一〇四号）	〃 遞信部監理課	六等 五級	河津朗浩	四九	東京都

学歴	経歴	現職	等級	氏名	年齢	出身
昭和四 東京商大 本科卒	昭七、 交通局書記(逓信部電気課) 〃一七、二、二三 〃 副参事(〃 保険課) 〃一八、三、六 〃 事務官(勅令一〇四号) 台中郵便局長 高雄 〃	〃 逓信部監理課	六等 六級	大槻 珠一郎	四一	熊本縣
明治四〇 高等小学校卒	大正一二、三、七 通信書記補(日本橋郵便局) 昭和六、七、二二 交通局書記(逓信部監理課) 〃一五、一〇、二九 〃 副参事(台南郵便局長) 〃二〇、三、一〇 第十方面軍司令部附 〃二〇、六、二 交通局事務官	〃	五等 六級	大寺 春彦	五三	鹿児島縣
	昭和一八、一二、一 台北電信局長 台中郵便局長	〃(台中郵便局長)	四等 五級	辻 與策	五六	
	大正八、八、一〇 総督府通信手(阿緱郵便局) 昭和六、八、一 交通局書記(台東郵便局) 〃一九、七、一三 〃 事務官(第二十三軍司令部附)	〃	七等 七級	高 実重	四四	廣島縣
	大正五、六、三〇 総督府交通主事(新竹郵便局) 昭和九、七、三一 交通局書記(基隆郵便局) 〃一九、七、一三 〃 事務官(第二十三軍司令部附)	〃	七等 七級	徳成 甚明	四九	鹿児島縣
大正四 山口縣 鴻城中学校卒	大正七、三、一 総督府通信手(嘉義郵便局) 昭和二、九、三〇 交通局書記(逓信部監理課) 〃一七、九、二五 〃 副参事(第二十三軍司令部附) 〃一八、三、九 〃 事務官	嘉義郵便局	六等 五級	阿野 幸	五一	山口縣
明治四四 熊本逓信管理局 逓信生養成所卒	大正八、二、一五 (台北郵便局) 昭和四、九、二 交通局書記(台北電信所) 〃一八、一、一二 〃 副参事(第二三軍司令部附) 〃一八、三、六 〃 事務官(勅令一〇四)	台北電信局	六等 六級	二宮 安太	五一	

二

學歴	略歴	現官職	官等俸給	氏名	年令	本籍
	大正二、六、一三 總督府遞信書記補（基隆郵便局） 昭和九、四、二八 交通局書記（〃） 〃 一八、一、一二 〃 副参事（第二十三軍司令部附） 〃 一八、三、六 〃 事務官（勅令一〇四号）	交通局事務官 基隆郵便局	六等 六級	長野愛二	四六	
大正五 成德商業補習學校甲商科一学年 終業	大正八、七、二 總督府遞信手（新竹郵便局） 〃 一二、八、一二 交通局遞信書記（〃） 昭和一三、六、一三 兼任保險院属（簡易保險局） 〃 一七、六、一五 交通局副参事（台北郵便局兼遞信部監理課） 〃 一八、三、六 〃 事務官（勅令一〇四号） 〃 一八、六、二五 第二十三軍司令部附	〃 台北郵便局兼 遞信部監理課	五等 五級	橋本利治	四六	熊本縣
大正一一 州立台北中學校卒	昭和二、二、一八 總督府交通主事（遞信部監理課） 〃 九、七、三一 交通局書記（遞信部為替貯金課） 〃 一九、七、一八 〃 事務官（第二十三軍司令部附）	〃	七等 七級	平数國康	四七	沖縄縣
大正一〇 吉野山農業補習學校卒	昭和八、四、二一 總督府交通主事（遞信部庶務課） 〃 一〇、九、一 交通局書記（〃） 〃 一九、七、一八 交通局事務官（第二十三軍司令部附）	〃	七等 七級	森本勇	四六	奈良縣
昭和二 專修大學專門部 經濟科卒	昭和五、三、一三 總督府交通主事（台北郵便局） 〃 一一、四、一 交通局書記（〃） 〃 一九、七、三 〃 事務官（第二十三軍司令部附）	〃	七等 八級	大道孫安	四五	東京都
大正一一 鉄道運輸事務習生養成所卒	大正一三、一、二九 總督府遞信書記補（遞信局監理課） 昭和八、二、一〇 交通局書記（遞信部為替貯金課） 〃 一八、二、一 〃 副参事（台北郵便局請務在勤） 〃 一八、三、六 〃 事務官	〃 台北電信局	六等 六級	平峯直司	四八	鹿児島縣

大正六 総督府逓信事務 練習所甲科卒	大正一三、五、三三 総督府普通試験合格 〃 一四、三、五 〃 交通主事（逓信部逓理課） 昭和五、九、二七 交通局書 記（逓信部貯金課） 〃 一八、二、一 〃 副参事（台中郵便局臨時在勤） 〃 一八、三、六 〃 事務官（勅令一〇四号）	〃 台中郵便局	六等 六級	松下 清	四七	鹿児島縣
昭和三 逓信官吏練習所 第一部行政科卒	昭和四、四、三〇 総督府交通主事（高雄郵便局） 〃 六、四、一八 交通局書記（〃 〃） 〃 一八、二、一 〃 副参事（台北貯金逓理所臨時在勤） 〃 一八、三、六 〃 事務官（勅令一〇四号）	〃 台北貯金管理所	六等 七級	菅 元一	三七	長崎縣
大正六 台北中学会 三学年在学	大正一〇、三、三一 総督府逓信手（逓信部） 〃 一三、七、四 〃 普通文官試験合格 昭和一五、六、三〇 交通局書 記（逓信部逓理課） 〃 一八、七、三〇 〃 事務官（第三二軍司令部附） 台北貯金逓理所 臨時在勤	〃	六等 七級	谷口 寅雄	四四	東京都
昭和四 法政大學 法文学部法律科卒	昭和六、四、八 総督府交通主事（逓信部庶務課） 〃 八、四、二一 交通局書記（〃 〃） 〃 一八、七、三〇 〃 事務官（第三二軍司令部附） 逓信部庶務課臨時在勤	〃	六等 七級	小野 鎮夫	四四	〃
	台中郵便局長 逓信部逓理課 昭和一八、五、二九 台北郵便局長	〃 （台北郵便局長）	四等 四級	松永 勘治	五二	
大正一五 大阪市立 高商卒	昭和五、五、一二 総督府交通局主事（逓信部） 〃 九、二、二四 交通局書記（逓信部航空課） 〃 一九、八、一 〃 事務官（〃 ） 〃 一九、八、一二 依願免本官 〃 二〇、一、一三 交通局属（逓信部航空課） 〃 二〇、七、三一 〃 航空官	交通局航空官 逓信部航空課	七等	庄司 勝一	四三	佐賀縣

二

三、海務部

學歴	略歴	現官職	官等俸級	氏名	年令	本籍
大正三 東京帝大法學部 政治学科卒	昭二、九、三〇 交通局書記（逓信部庶務課） 〃一〇、二、九 〃 副参事（〃 電気課） 〃一六、一〇、七 〃 参事（逓信部庶務課長 兼局官房企課長） 〃一八、三、八 〃 書記官（勅令一〇四号） 〃一八、一二、一 海務部海運課長	交通局 書記官 海務部 海運課長	三等 五級	菊竹 士郎	四五	福岡縣
大正三 私立 台北中學会卒	大正一〇、六、三〇 文官普通試験合格 〃一〇、九、三〇 総督府局（逓信局） 昭和一六、一二、二七 交通局副参事 〃一八、三、六 〃 事務官（逓信部海事課） 〃一八、九、二三 総督府高等海員審判所審判官 〃六、三、一 海務部海運課	〃 事務官 〃 海運課	六等 五級	吉岡 右志太	四九	〃
大正一五 台湾總督府 高商卒	昭二、九、二七 交通局書記（逓信部海事課） 〃一七、六、一五 〃 副参事（基隆海事出張所） 〃一八、三、八 〃 事務官（勅令一〇四号） 〃一八、一二、一 海務部海運課	〃 海運局海運課	六等 六級	笠口 文夫	四二	大分縣

四、港務局

氏名	年令	本籍	學歴	略歴	現官職	官等俸級
中島　義文	五三	佐賀縣	明治四五、三、三〇 台湾総督府中學校第二部卒	大正元、一〇、七 通信手海員ヲ命ズ 〃 八、一、三一 任臨時台湾総督府工事部書記 〃 一三、二、二五 任台湾総督府交通局書記 昭和七、二、二三 任〃 〃 副参事 〃 八、一二、一 任〃 港務局事務官	港務局事務官 高雄港務局兼港部経理課長	五等四級
宝藏寺　經	四九	〃	大正五、三、一七 佐賀縣立小城中學校卒	大正六、七、二 台湾総督府雇 〃 一四、三、三一 任台湾総督府税関監視 昭和一六、一〇、二九 任〃 〃 関税官 〃 一八、一一、一 官制改正	〃 基隆港務局税関部課長	六等五級
山本　哲志	五一	鹿児島縣	大正四、三、三 鹿児島縣立川内中學校卒	大正四、四、一五 任台湾総督府税関監吏 〃 一〇、三、一九 任〃 〃 局 昭和一四、九、二九 任〃 〃 関税官 〃 一八、一一、一 官制改正	〃 高雄港務局関税課長	五等四級
岩壷　隆哉	三八	東京都	昭和六、三、二五 台北帝大文政学部政學科卒	昭和八、九、二八 任台湾総督府交通局書記 〃 一六、三、一〇 任〃 局 〃 一九、三、一八 任〃 港務局事務官	〃 基隆港務局総務課	七等六級
樋口　榮次郎	三九	大阪市	昭和六、六、二一 東京高等商船學校航海科卒	昭和八、九、二八 任台湾総督府交通局技手 〃 九、一、一六 任〃 局 〃 一九、三、一八 任〃 〃 事務官	〃 高雄港務局総務課	七等七級

一三

本籍	年令	氏名	官等俸給	現官職	略歴	學歴
広島縣	五八	土井卓三	三等 二級	港務局海務官 高雄港務局	大正一四、一二、一 任海軍中佐 〃 一四、一二、二一 豫備役被仰付 昭和七、一二、二六 任台湾總督府港務官 〃 二〇、六、一八 任〃 〃 海務官	明治四一、一一、二一 海軍兵學校卒

三、専賣局

一四

學歴	略歴	現官職	官等俸給	氏名	年令	本籍
大正一〇、三、一 大分縣立宇佐中學校卒	昭和六、九、一三 任台湾総督府專賣局書記 〃 一九、七、三一 任〃 〃 事務官	專賣局事務官	七等 七級	佐藤 歐華	四四	大分縣
大正一四、三、七 台湾総督府商業學校卒	大正一五、一二、二五 任台湾総督府專賣局書記 昭和一八、八、三 任〃 〃 事務官	〃 台北支局	六等 六級	戸田 秀夫	四三	岐阜縣
大正一三、三、三〇 明治大學政治經濟學部政治科卒	昭和七、五、二〇 任〃 〃 書記 〃 一八、五、一五 任〃 事務官	〃 高雄支局長	六等 六級	宮地 蒼生夫	四八	福島縣
大正一五、三、五 台北高商卒	大正一五、三、三一 台湾総督府雇 昭和二、六、三〇 任台湾総督府專賣局書記 〃 一八、七、二八 〃 局 〃 一九、五、一三 〃 事務官	〃 屏東支局長	六等 七級	木下 正雄	四〇	東京都
昭和二、三、八 台北高商卒	昭和二、一、二一 任台湾総督府專賣局書記 〃 一八、七、二八 〃 〃 局 〃 一九、五、二三 〃 〃 事務官	〃 基隆支局長	六等 七級	碓井 眞夫	四〇	香川縣
大正一二、三、一 大分縣立中津中學校卒	大正九、九、三〇 〃 〃 技手 〃 一四、四、八 兼任 〃 〃 書記 昭和一五、五、二〇 任 〃 〃 副參事	〃 台中支局長	五等 四級	溝口 直三郎	五一	大分縣
昭和三、三、三〇 明治大學法學部商業科卒	昭和五、七、一 任〃 〃 書記 〃 一九、六、二六 〃 〃 事務官	〃 花蓮港支局長	七等 七級	坂尾 潔	四四	靜岡縣
大正二、三、八 〃 商科專門部 卒	大正一三、九、三〇 任台湾総督府專賣局書記 昭和一七、九、一六 〃 〃 副參事	〃 新竹支局長	六等 六級	阿久津 敬依	四九	栃木縣
大正四、三、二六 長崎縣立五島中學校卒	大正四、六、二二 任台湾総督府税関監吏 〃 一二、六、三〇 〃 專賣局書記 昭和一四、八、二 〃 〃 副參事	〃 台南支局長	五等 四級	平山 益男	四九	長崎縣

一五

學歴	略歴	現官職	官等俸給	氏名	年令	本籍
大正二、六 上海東亜同文書院 卒	大正三、六、三〇 任台湾総督府専売局書記 昭和五、一、二四 〃 副参事	専売局事務官 専売局酒課長	五等 四級	久米 幸延	四六	徳島縣
昭和三、三 台北高商卒	昭和五、九、三〇 〃 書記 〃 一九、九、八 〃 事務官	〃 台東支局長	七等 七級	加藤 寉一	三九	兵庫縣
	大正一五、六、三〇 〃 書記 昭和一八、五、一五 〃 事務官	〃 専売局酒課	六等 六級	高橋 堅吉	四八	東京都
大正四、三、三一 慶大経済学部本科卒	〃 三、三、三一 〃 書記 〃 一八、五、一五 〃 事務官	〃 〃 塩課	六等 六級	只熊 善藏	四六	長崎縣
大正一〇、三、三一 明大法科専門部卒	大正三、六、三〇 〃 書記 昭和一九、三、四 〃 事務官	〃 嘉義支局長	七等 七級	久恒 多守	五一	大分縣

四、

法院・検察局
圖書館
青年特別錬成所
國民精神研修所
拓士道場
台北帝國大學
各種試験所・気象台・療養所
警察官司獄官練習所
刑務所

一六

一、法院及檢察局

氏名	本籍	年令	官等俸給	現官職	學歷	略歷
永澤貫人	宮城縣	四八	五等 三級	法院書記長 高等法院		大正二、六、二七 總督府普通試驗合格 〃 二、七、五 〃 法院書記（台中地方法院）、 昭和一八、一、二七 〃 書記長（高等法院書記長）
松岡隆一	和歌山縣	五八	五等 四級	〃 高等法院檢察局		明治四三、八、三一 裁判所書記（和歌山區裁判所） 昭和五、七、一〇 總督府法院書記（高等法院檢察局） 〃 一八、七、八 〃 書記長（高等法院檢察局書記長）
高士圭一郎	三重縣	五六	五等 三級	〃 台北地方法院		大正三、八、二八 裁判所登用試驗合格 〃 三、一〇、一〇 〃 書記（上野區裁判所） 〃 八、一〇、四 總督府法院書記（台北地方法院書記） 昭和一八、八、一九 〃 〃 書記長（台中地方法院書記長）
伊藤猛夫	茨城縣	四四	六等 六級	〃〃 檢察局	大正一〇 台南中學校卒	大正一四、四、一 總督府法院書記（台南地方法院檢察局書記） 昭和一八、一〇、二六 〃 書記長（台北地方法院檢察局書記長）
井上二一	熊本縣	五二	六等 四級	〃 新竹地方法院		大正四、六、一八 裁判所書記登用試驗合格 〃 五、四、二〇 〃 （熊本地方裁判所八代區裁判所） 〃 七、一、二五 總督府法院書記（台南地方法院書記） 昭和一九、八、五 〃 〃 書記長（台南地方法院書記長）
平岡亀吉		五四	六等	〃 台中地方法院		明治四四、 普通文官試驗合格 〃 四五、五、二四 總督府法院書記（台北地方法院書記） 昭和一〇、九、二七 〃 〃 書記長
小野眞盛	大分縣	六二	四等 二級	法院通譯		明治三六、一〇、二二 總督府法院通譯（台中地方法院檢察局通譯） 昭和一六、一〇、一九 〃 （高等法院通譯）

一七

學歴	略歴	現官職	官等俸級	氏名	年令	本籍
明治三六 高等小學校卒	大正七、八、二三 総督府法院通訳（台中地方法院検察局通訳） 昭和一八、六、二一 〃 （高等法院検察局通訳兼台北地方法院検察局通訳）	法院通訳	六等 三級	東方孝義	五七	石川縣
第八高等学校 中退	奈良縣工業学校教諭、宮城縣立高等女學校教諭、宮城縣立図書館司書、新潟縣立図書館司書、新潟盲唖学校長、日本図書館協会評議員 新潟縣立図書館長、新潟市主事、社會課長	台湾総督府図書館長	三等 一級	山中樵	六四	宮城縣

六、青年特別錬成所錬成官

學歴	略歴	現官職	官等俸給	氏名	年令	本籍
海軍兵學校卒	海軍大佐 豫備役 台湾総督府海軍兵志願者訓練所教官	海軍兵志願者訓練所長	三等 一級	杉本宇市	五八	広島縣

陸軍歩兵学校卒	陸軍大佐 豫備役 台湾総督府 陸軍志願者 訓練所教官 青年特別錬成所錬成官 中央青年特別錬成所長	陸軍兵志願者 訓練所長	二等 一級	五十君 直彦	五四	福岡縣
陸軍士官學校卒	陸軍歩兵大尉 待命被仰付 陸軍兵志願者訓練所教官 青年特別錬成所錬成官 中央青年特別錬成所勤務	〃 訓練所教官	五等 六級	川崎 俊治	五二	東京都
台北師範学校 小学師範部演習科 卒	花蓮港小學校、鳳林小學校 訓導 花蓮港廳郡視學、花蓮港市視學 青年特別錬成所錬成官 中央特別錬成所 勤務	同右	七等 九級	森本 大一	四二	
〃 研究科修了	宜蘭廳員山公學校、龍山公學校、台北第三高女 訓導 西松山公學校長 台北州郡視學、台北州訓属、台北高商書記 臺湾総督府属	台湾総督府 青年特別錬成所錬成官	七等 九級	中北 繁	四七	香川縣
福岡縣立 田川農林学校卒	北港公學校、虎尾農業補習學校助教諭教諭 虎尾國民農業學校長	同右	七等 十一級	吉松 胤房	四四	福岡縣
台北師範学校公學師範部演習科 卒	台中公學校、草屯公學校、新庄公学校 訓導 台中郡視學	同右	七等 十一級	大平 政光	四〇	東京都
早町尋常高等小学校高等科 卒	帝國在郷軍人会 台北支部書記 台北市旭青年訓練所指導員 第三回台湾特設勞務奉公団長	同右	七等 十一級	長田 兼輔	四八	鹿児島縣
兵庫縣農学校 卒	試驗檢定ニ依リ尋常小学校准教員免許、尋常小學校本科正教員免許	同右	七等	三谷川 力	三九	

六

學歴	畧歴	現官職	官等俸給	氏名	年令	本籍
陸軍戸山学校 卒	台北州巡査、陸軍中尉		十一級			
福岡縣立大川工業学校卒	台南一中教務嘱託 陸軍歩兵中尉	台湾総督府青年特別錬成所錬成官	七等	東次吉	五三	
陸軍士官学校卒	陸軍歩兵少佐、仰付豫備役 廣島市山中高女教諭	同右	四等五級	正岡正市	六一	愛媛縣
國語學校 卒	新荘第一公教諭、五股公学校長 台北市蓬萊公学校訓導、 大安公学校長 西松山公學校長、 三峡國民学校長兼台湾公立青年學校長	同右	六等九級	井口静夫	五〇	福岡縣
台北師範学校公学師範部演習科卒	湖口、大渓、北埔、竹東、三湾、新竹第一公学校訓導 新竹州郡視學州郡属、 新竹市視学、州視學、新富國民学校長	同右	七等九級	田中右丘	四四	
東洋大學専門部 論理漢文學科卒	師範中学、女学校修身科教員免許 富山中学、福井縣丸岡商女 教諭 高雄商工専修学校 教諭	同右	七等十級	松田辰行	四二	
陸軍士官学校卒	陸軍歩兵大尉、依願豫備役被仰付 南満洲鉄道調査課嘱託 神奈川縣警察部外事課通訳(露語) 台北市立青年学校指導員 台北青年学校長	同右	六等六級	小貫博	六一	岐阜縣
台北師範学校公學師範演習科 卒	台灣公立公学校 訓導 〃 青年学校長	同右	七等十級	赤水早力	四二	

學歷	略歷	現官職	官等俸給	氏名	年令	本籍
長野縣立長野中学校卒	小學校本科正教員免許狀受領 長野縣訓導 成蹊学園小學校訓導 少年団日本聯盟理事主事、參事	同右	六等七級	細野浩三	六〇	長野縣
廣島文理科大學文學科卒	大阪府立四條畷中学校教諭 愛知縣小牧中學校教諭 台中商業、彰化商業 〃	同右	五等八級	有福友好	四三	鳥取縣
台北師範学校小学師範部演習科卒	高雄州訓導、台中州訓導 台中州郡視学	同右	七等十級	宮本能文	四三	長野縣
東京府青山師範学校卒	東京府訓導、台北州訓導 高雄州訓導 陸軍少尉	同右	七等十二級	北條一角	四六	栃木縣

四、國民精神研修所指導官

學歷	略歷	現官職	官等俸給	氏名	年令	本籍
昭四 東京帝大本科卒 昭六 國學院大学学部道義学科卒	昭和六、四、一 巣鴨高商教授 〃 七、四、一 上智大学専門部教授 〃 一一、四、一 台北高商教授 〃 一三、一〇、六 總督府國民精神研修所指導官兼台北高商教授 〃 一八、一二、三一 南方要員錬成所々員	國民精神研修所指導官	四等六級	中西旭	四一	東京都

一九

五、拓士道場指導官

氏名	年令	本籍	学歴	略歴	現官職	官等俸給
中山武三	五八	千葉県	大正三 東京高師 博物学部卒	大正三、五、一〇 静岡県賀茂郡立中学言陽学校教諭 〃 一〇、二、一四 師範学校教諭（長崎県師範） 〃 三、四、三 依願免本職並兼職 〃 五、四、一九 千葉県視学、昭三、三、九 労務学官（千葉県） 昭七、四、一六 依願免本職並兼職 〃 一九、一、二四 総督府拓士道場指導官（拓士道場長）	拓士道場指導官	五等 四級
小川正行	三九	福岡県	昭和三 台北高等農林学校 農学科卒	昭八、三、三一 総督府中央研究所技手 〃 一四、四、二八 〃 農業試験所技手 〃 一九、六、二一 〃 拓士道場指導官	〃	六等 七級
神田恒助	五四	〃	大正五 福岡農学校卒	大正九、九、一 台中州郡技手 昭和六、六、一九 依願免本官 昭一七、六、二 台中州技手（州立農事試験場） 〃 一七、七、一 総督府技手（殖産局拓士道場） 〃 一八、一二、二五 〃 拓士道場官補 〃 二〇、一〇、二 〃 指導官	〃	七等

六、台北帝國大學

學歴	略歴	現官職	官等俸給	氏名	年令	本籍
小學校卒	台湾総督府巡査、台湾総督府属 台北帝大書記、会計課長	台北帝大事務官 大学会計課長	五等 四級	杦　國松	五三	佐賀県
奈良県 師範學校卒	台北市壽尋常小學校訓導 台北帝大書記 台湾総督府属 台北帝大庶務課長	〃 大学庶務課長	五等 四級	森本　留治郎	五〇	奈良県
台北帝大 文政学部政学科卒	台湾総督府 雇 属 }文教局労務課勤務 〃 医學部附属医院事務長	〃 大学医院事務長	七等 九級	中村　富夫	四〇	福岡県
熊本県尋常高等 小學校高等科卒	台北帝大書記、台北医専書記 陸軍主計少尉 台北帝大附属医院事務長	〃 大学会計課兼庶務課(大学医院事務長)	六等 六級	笠間　喜万太	五一	熊本県

七、試験所、気象台、癩療養所

学歴	略歴	現官職	官等俸給	氏名	年令	本籍
市立東京中学校卒 統計局統計職員養成所修了	昭二、台南州産業書記 〃一四、総督府交通局書記 〃一六、一二、九 農業試験所事務官	農業試験所事務官 〃 総務課長	七等 八級	佐多英雄	四六	鹿児島県
	大正一五、普通試験合格 中央研究所属 昭四 総督府気象台書記	気象台事務官 総務課長	六等 六級	稲留勇雄	四六	福島県
大正一三 台北商商卒	大正一三、総督府属 昭一六 工業試験所事務官	工業試験所事務官 総務課長	五等 四級	井上正夫	四三	京都府
大分県立 [illegible]農林学校卒	大正二 総督府巡査 昭六 台北州警部 〃八 総督府地方警視	癩療養所事務官 (地方警視)	六等 六級	河野肇	四八	
	郡守 市長 昭一八、九、八 農業試験所総務課長	(農業試験所事務官) 民政官 農商局農務課	三等 二級	矢野榮治	五二	

八　警察官及司獄官練習所

學歴	経歴	現官職	官等俸給	氏名	年令	本籍
北京同文会語学学校卒、	大分縣支那語通訳、巡査、台北州巡査、通訳、台湾総督府通訳、属、地方警視台南州高等警察課長、台湾総督府理事官、	警察官練習所教官兼府理事官兼外事部理課（廣東駐在）	六等 六級	笠原喜太郎	四五	京都府

刑務所（典獄、典獄補、教誨師）

學歴	経歴	現官職	官等俸給	氏名	年令	本籍
熊本縣立中學卒	大正四、台湾総督府看守　昭和一五、〃　作業技師	典獄　台南刑務所長	五等 五級	本田乙松	五八	熊本縣
総督府警察官及司獄官練習所修了	大正五、〃　看守　昭和八、〃　典獄補	典獄補　新竹少年刑務所長	六等 五級	佐藤正三	五一	宮城縣
司獄官部甲科修了	大正一一、〃　看守　昭和七　看守長	〃　台北刑務所	六等 五級	山本榮三	四七	大阪府
〃　乙科修了	大正一〇　総督府看守　昭和一五、看守長	〃　台北刑務所花蓮港支所長	七等 六級	伊東銀藏	四九	大分縣

學歴	略歴	現官職	官等等級	氏名	年令	本籍
司獄官練習所甲科修了	大正四 總督府看守 昭和八 看守長	典獄補 台北刑務所勤務	六等 五級	今野四郎	五五	宮城縣
私立平安中學校卒	大正二 本願寺布教師補 昭和七 總督府教誨師	教誨師 台中（教務課長）	六級	池田志幹	五一	鹿兒島縣
龍谷大學文學部卒	昭和五 本願寺布教使 〃 五 奈良刑務所囑託	〃 新竹少年刑務所	七級	久長興仁	四〇	島根縣
平安中學卒	大正四、總督府監獄教誨師	〃 台南（教務課長）	六級	寺町實順	五〇	岐阜縣
平安中學卒 [illegible]院卒	大正二、本願寺布教師補 〃 三、總督府監獄教誨師	〃 台北（〃）	五級	宍戸了要	五一	廣島縣
	昭和一九、九、一 典獄（新竹少年刑務所） 台南刑務所長	典獄 （台北刑務所長）	四等 四級	牟田万次郎	五九	
	昭和一九、九、二 典獄（新竹少年刑務所長） 台中刑務所長	〃 （台中刑務所長）	五等 六級	鶯海六郎	五九	

五、地方理事官

三

一、台北州

氏名	年令	本籍	現官職	官等俸給	略歴	學歴
小林 厚吉	五七	埼玉縣	地方理事官 台北州調停課長	三等 二級	明治四五、五、二〇 普通文官試験合格 大正元、八、二〇 總督府法院書記 〃 九、一〇、三〇 台中州属 〃 一四、三、四 總督府属 昭和八、一〇、三 總督府地方理事官、台北州調停課長	
築地 憲治	五三	鹿児島縣	〃 宜蘭市長	四等 四級	大正八、五、二三 台東廳属 昭和四、八、〃 總督府地方理事官、彰化市助役、桃園郡守、彰化郡守 〃 一〇、二、一四 宜蘭市長	大正二 台湾總督府中學校卒
谷垣 藤三郎	五三	兵庫縣	〃 台北州教育課	四等 三級	大正二、三、三一 台湾公学校教諭 〃 四、八、一〇 台北州視学 昭和七、二、一 高等官八等待遇、社会教育主事 〃 八、六、二四 總督府地方理事官 台北州教育課	大正二 總督府國語学校卒
寺島 重之	五四	福岡縣	〃 台北市商工課長	四等 四級	大正一〇、三、三一 台南州技手 昭和七、八、二五 台南市属 〃 一〇、七、三〇 台湾産業主事(七等待遇) 〃 一八、六、二四 總督府地方理事官 台北市商工課長。	大正二 福岡縣立 福岡農学校卒
藏原 喜太郎	五二	鹿児島縣	〃 淡水郡守	五等	大正一〇、四、一 台南州警部補 昭和九、三、二八 總督府属 〃 一四、一二、二七 〃 地方警視	大正一〇 警察官及司獄官練

二三

學歴	略歴	現官職	官等俸給	氏名	年令	本籍
習所警察官部 甲科修了	昭二〇、二、一九 總督府地方理事官 台北南警察署長 新竹州高等課長 高雄州高等課長		五級			
明治四五 佐賀縣立 佐賀中學校 卒	大正一五、六、一四 高雄州警部 昭和五、五、二九 總督府地方警視 〃 一八、三、三一 〃 地方理事官(台北州羅東郡守)	地方理事官 羅東郡守	五等 五級	大串孫作	五四	佐賀縣
大正三 總督府 中學校 卒	大正四、二、一〇 宜蘭郡庭 〃 八、二、八 宜蘭廳税務吏 〃 一〇、七、八 台北州屬 昭和八、六、一 總督府屬 〃 一五、七、八 〃 地方理事官 〃 一八、三、三一 台北州税務課長	〃 台北州 税務課長	五等 四級	日下部丕正	五一	岐阜縣
大正五 鹿児島縣立 加治木中學校 卒	昭和七、七、一〇 台北州屬 〃 一五、七、三〇 總督府地方理事官 基隆税務出張所長、總督府税務官 〃 二〇、三、二〇 台北州金融貯蓄課長	〃 〃 金融貯蓄課長	五等 五級	東 松雄	四七	鹿児島縣
明治四〇 岡山縣 金光中學校 中退	昭和一三、五、四 台北州警部 〃 一五、一〇、一八 總督府地方理事官(能高郡守) 〃 一七、四、一五 基隆郡守	〃 基隆郡守	五等 五級	荒川美根太	五六	岡山縣
大正一三 日本大學法文學部 法律学科 卒	大正六、一二 熊本縣税務署屬 昭和四、九、三〇 基隆市屬 〃 一五、二、二九 總督府地方理事官 〃 一七、八、三 台南州北門郡守 〃 一九、一一、一八 台北州宜蘭 〃	〃 宜蘭郡守	五等 五級	綾部慎平	五〇	熊本縣

大正 総督府 台北中学校 卒	大正一二、三、三一 総督府属 昭和五、二、三 台北帝大 事務官 〃 一七、一、一四 総督府 地方理事官（屏東市助役） 〃 一九、五、三 台北州海山郡守	〃 海山郡守	五等 五級	倉澤 政 夫	四四	福岡県
明治四五 宮崎県 師範学校 第二部卒	明治四五、四、一〇 宮崎県小学校訓導 大正七、五、一五 台湾小学校教諭 昭和七、三、三一 台北州郡視学 〃 一五、九、三〇 高等官七等待遇 台北市社会教育主事 〃 一八、六、二四 総督府地方理事官 〃 二〇、四、一三 台北市援護課長	〃 台北市 援護課長	五等 五級	柿原 宗 寛	五三	宮崎県
大正四 総督府 中学校 卒	大正四、四、二二 総督府雇 〃 七、三、三一 台北庁技手 昭和一九、二、一八 総督府 地方理事官 基隆税務出張所長	〃 基隆税務 出張所長	五等 五級	園田 次 郎	五一	熊本県
大正一〇 警察官及司獄官練習所警察官部甲科修了	大正二、四、一二 台北州警部補 昭和二、六、八 〃 警部 〃 一六、一〇、三〇 総督府地方警視 台南州刑事課長、台北消防署長 〃 二〇、一、一九 総督府地方理事官	〃 蘇澳郡守	六等 六級	金丸 繁 治	五三	宮崎県
大正四 熊本県立 熊本農学校卒	大正一一、三、三一 新竹州技手 昭和一七、四、一五 総督府地方理事官 新高郡守 〃 一九、一二、二六 台北州 新荘郡守	〃 新荘郡守	六等 五級	楠原 美 積	五三	熊本県
大正七 鹿児島県立第二 鹿児島中学校卒	大正一三、一二、二〇 総督府医学書記 昭和二、一二、一九 〃 属 〃 一七、四、一五 〃 地方理事官 〃 一九、四、二〇 台北州 文山郡守	〃 七星郡守	六等 六級	牧 誠 吾	四七	鹿児島県

二四

氏名	年令	本籍	官等俸給	現官職	學歴	略歴
						昭和二〇、七、二七 台北州 七星郡守
川崎 悠	四五	茨城県	六等 五級	地方理事官 台北市 戦災課長	大正一二 日大専門部 法律科卒	大正一四、二、二〇 台南州属 昭和一六、二、二四 台湾社会事業主事(七年待遇) 〃 一八、六、二四 総督府 地方理事官(台北市援護課長) 〃 二〇、四、一三 台北市戦災課長
田宮 良策	三六		六等 十級	〃 台北市 助役	昭和九 東京帝大 法学部卒	昭和一五、三、三 総督府属 〃 一八、一二、三〇 〃 地方理事官(台北市助役)
吉開 三郎	四八	福岡県	六等 六級	〃 台北州 教育課	大正八 総督府 国語学校卒	大正八、三、三一 台湾公学校 教諭 昭和一六、一、二一 総督府属 〃 一八、一二、二〇 〃 地方理事官(新竹州教育課) 〃 二〇、七、二七 台北州教育課
新藤 茂延	四三		六等 七級	〃 宜蘭税務出張所長	明治四二 岐阜県立 斐太中学校 三年中退	大正一一、九、三〇 台中州属 昭和一〇、五、三〇 総督府 地方理事官 〃 一九、三、九 宜蘭税務出張所長
當木 兵衛	四四	島根県	七等 七級	〃 基隆市 助役	大正一二 島根県師範 学校本科一部卒	大正一二、三、三一 島根県師範学校 訓導 昭和三、一、一七 台湾公立小学校 〃 〃 一六、七、一〇 総督府属 〃 一九、四、二〇 〃 地方理事官(基隆市助役)
大林 宗治	四〇		七等 八級	〃 台北州 税務課	昭和三 彦根高商卒	昭和六、二、一三 台南州 属 〃 一三、五、三一 総督府 〃 〃 一九、五、三〇 〃 地方理事官
速水 國彦	四〇		七等	〃 〃 国民動員課	昭和五 早大法学部卒	昭和七、八、三一 総督府文教局 雇 〃 一〇、五、一 〃 属 〃 二〇、三、一八 〃 地方理事官

	大正三、三、二一 熊本県小学校訓導 昭一〇、三、三一 台北州視学 〃 一〇、一二、一九 総督府地方理事官	〃 宜蘭市助役	七等	遠山 泉	五〇	熊本県
	地方理事官（郡守） 工業研究所総務課長 昭一七、八、七 台北市助役	〃 （台北市助役）	四等 三級	田部 貢	五四	
	地方理事官（台北市教育課 新竹州 〃 ） 昭一八、一二、三〇 台北州教育課	〃 （台北州教育課）	三等 三級	古市 梗	五六	
	総督府土木事務官 昭一九、一二、六 淡水郡守	〃 （淡水郡守）	五等 四級	井上 由己	四四	
	地方理事官（蘇澳郡守） 昭一九、五、五 七星郡守	〃 （七星郡守）	六等 六級	吉澤 政治	五六	
昭五、東京帝大法学部	淡水郡守 昭一九、一二、一六 宜蘭市助役	〃 （宜蘭市助役）	六等 七級	高野 義武	四〇	
	昭一九、五、五 地方理事官（蘇澳郡守）	〃 （蘇澳郡守）		堤 肝	五六	

三五

六 新竹州

學歷	略歷	現官職	官等俸給	氏名	年令	本籍
	昭二、三、三一 高雄州屬 〃 一二、七、一 總督府〃 〃 一四、一〇、一八 〃 地方理事官 北港税務課長、彰化税務出張所長 〃 一九、五、三〇 新竹州税務課長	地方理事官 新竹州税務課長	四等三級	日永 光雄	五六	熊本縣
大正九 警察官及司獄官練習所警察官部甲科修了	大正一四、三、五 台南州警部 昭和一三、一二、六 總督府地方警視(嘉義警察署長) 〃 一六、一〇、三〇 〃 地方理事官(高雄州潮州郡守) 〃 二〇、七、二七 新竹市長	〃 新竹市長	四等四級	赤 清吉	五三	石川縣
大正二 警察官及司獄官練習所特種科修了	昭和六、六、三〇 總督府屬 〃 一三、一二、一七 〃 地方警視 〃 一九、四、三〇 〃 地方理事官(新竹州苗栗郡守)	〃 苗栗郡守	四等四級	眞田 隆四郎	五四	廣島縣
大正二、警察官及司獄官練習所甲科修了	昭和一〇、九、七 總督府屬 〃 一五、五、二四 〃 癩療養所事務官 〃 一九、四、二二 〃 地方理事官(新竹州中壢郡守)	〃 中壢郡守	五等五級	松下 幸八	五六	—
大正一五、京都帝大法学部卒	昭和五、六、五 總督府屬 〃 一五、一〇、二八 〃 理事官 〃 一九、六、一 新竹州農務課長	〃 新竹州農務課長	五等四級	太田 重夫	四四	山梨縣
明治四五 熊本逓信管理局逓信養成所修了	大正二、七、二四 〃 郡屬 昭和一六、一、八 總督府地方理事官 曾文郡守 〃 一八、三、三一 新竹州竹東郡守	〃 竹東郡守	五等六級	長島 信	五四	鹿児島縣

大正七 総督府 国語学校卒	大正七、三、三一 台湾公学校 教諭 昭和四、七、一三 台南州 郡視学 〃 一六、六、九 総督府 地方理事官(高雄市助役) 〃 一九、一一、九 新竹州 桃園郡守	〃 桃園郡守	五等 五級	河野四郎	四九	長野縣
大正四 総督府中学校 補習科中退	大正九、一、三一 総督府 属 昭和一六、七、一九 〃 地方理事官 〃 一八、一二、三〇 新竹州 大渓郡守	〃 大渓郡守	五等 五級	園田三郎	五一	熊本縣
昭和四 京都帝大 法学部 卒	昭和八、三、一五 台中州 郡属 〃 一七、一、三一 総督府 属 〃 一七、八、七 〃 地方理事官(竹山郡守) 〃 一九、六、一九 新竹州国民動員課長 〃 二〇、七、二七 新竹郡守	〃 新竹郡守	六等 七級	後藤震治	四三	宮城縣
昭和三 台北高商卒	昭和五、六、一九 台北州 郡属 〃 一五、三、三一 総督府 交通局 書記 〃 一八、二、三〇 〃 地方理事官 新竹州国民動員課長	〃 (新竹州国民動員課長)	六等 七級	黒田尼雄	三九	
	大正六、六、六 小学校 教員免許 〃 六、六 佐賀縣小學校 訓導 〃 七、三、二 台湾公学校 教諭 昭和三、三、八 総督府 属 〃 一九、三、一六 〃 地方理事官(台南州教育課) 〃 二〇、七、二七 新竹州 教育課	〃 新竹州教育課	六等 六級	近藤勝一	四八	
大正九、台北私立成淵学校本科三年 卒	昭和二、六、六 総督府 属 〃 一九、三、一八 〃 地方理事官(竹南郡守)	〃 竹南郡守	六等 六級	田口虎藏	四二	佐賀縣
大正四 鹿児島縣立工業學校卒	大正九、六、三〇 〃 技手 昭和一三、九、三 〃 属	〃 桃園税務出張所長	六等 七級	松浦覚六	四九	鹿児島縣

二六

學歴	略歴	現官職	官等俸給	氏名	年令	本籍
	昭一九、五、三〇 総督府地方理事官（税関税務出張所長）					
大正四 宮崎縣立師範學校卒	大正四、四、一〇 宮崎縣小学校訓導 〃 一一、四、一〇 台湾公立新竹州公学校訓導 昭一〇、七、八 新竹州視学 〃 二〇、三、三一 総督府地方理事官（新竹州）	地方理事官 新竹州社会教育課	六等 七級	重信 政敏	五四	宮崎縣
昭二 中央大学法学部卒	昭七、八、二 〃 属 〃 一九、四、二〇 〃 地方理事官（新竹州大渓郡守）	〃 大渓郡守	七等 七級	櫻井 一雄	四四	
昭四 京都帝大法学部卒	〃 一〇、三、三一 台北州警部 〃 一九、五、三〇 総督府地方理事官（新竹市助役）	〃 新竹市助役	七等 八級	中野 巌	四一	
昭五 東京帝大経済学部経済科卒	〃 一一、一、一〇 総督府属 〃 一八、六、一二 〃 理事官	〃 新竹州商工課	七等 八級	井坂 良和	四一	茨城縣
昭九 中央大学法学部二年中退	〃 九、一二、一 海軍属 〃 一一、七、二六 総督府法院書記 〃 二〇、三、二八 〃 地方理事官	〃 〃 教育課	七等 七級	長谷川 政雄	四八	長崎縣
昭一〇 九州帝大法文学部卒	〃 一四、三、三一 台中州属 〃 二〇、二、一九 総督府地方理事官	〃 〃 国民動員課	七等	柴田 正之	三六	福岡縣
大正一五 台北高等商業卒	〃 六、一〇、七 〃 属 〃 一七、八、七 〃 地方理事官	〃 新竹市勤務	六等 七級	上田 敏久	五二	山口縣
	〃 一七、八、七 地方理事官（新竹郡守、苗栗郡守） 新竹市長	〃 （新竹市長）	四等 二級	松崎 格	五六	

三、台中州

學歴	略歴	現官職	官等俸給	氏名	年令	本籍
	陸軍司政官 昭一九、一二、一六 總督府地方理事官（台中市長）	地方理事官 台中市長	三等二級	佐藤武	五一、五	
	明四二、八、一五 普通文官試験合格 〃 四二、一一、一 總督府法院書記 大正八、八、二一 〃 屬 昭一〇、九、一 〃 地方理事官 台中州調停課長	〃 台中州調停課長	三等三級	永松赤學	五八	大分縣
大正三、佐賀縣立佐賀中學校卒	大正四、八、一六 新竹广屬 昭三、九、七 總督府地方理事官、蘇澳郡守、大甲郡守 〃 一六、一、三一 彰化市長	〃 彰化市長	四等三級	大井又次	五一	佐賀縣
大正一三 台北商商卒	昭四、六、一五 總督府屬 〃 一四、七、一 〃 地方理事官 〃 一九、一〇、二〇 台中州農務課長	〃 台中州農務課長	五等五級	川口羊	四四	鹿児島縣
明四三 鳥取縣立 邑美農業學校卒	大正一〇、九、三〇 總督府編修書記兼屬 昭一四、二、一六 〃 地方理事官 基隆市助役 新竹州竹南郡守 〃 一九、三、一八 台中州北斗〃	〃 北斗郡守	五等四級	加村政治	五一	鳥取縣
大正一四 日大専門部政治科卒	大正一三、二、二一 社会局雇 昭一四、三、一三 拓務理事官 〃 一六、一、三一 總督府地方理事官、屏東郡守 〃 一九、三、一六 台中州能高郡守	〃 能高郡守	五等四級	感上坦	四九	福岡縣

氏名	本籍	年令	官等俸給	現官職	略歴	學歴
吉田　致	山口縣	五二	五等 四級	地方理事官 台中州 金融課長	大正五、九、三〇 台中廳税務吏 昭和五、四、一六 總督府屬 〃 一五、三、六 〃 地方理事官	
尾崎　伸榮	島根縣	五〇	五等 四級	〃 彰化郡守	大正九、五、二六 普通文官試験合格 〃 一〇、七、八 總督府屬 昭和五、三、六 〃 地方理事官（高雄市助役） 〃 一六、六、六 台中州 南投郡守 〃 二〇、二、四 〃 彰化〃	
大西　富遼	愛媛縣	五五	五等 五級	〃 員林郡守	大正九、九、一 台南州 郡技手 昭和五、七、三〇 總督府地方理事官 屏東市助役 潮州郡守 〃 一九、五、二二 台中州 員林郡守	明治四一 愛媛縣宇摩郡甲種農林學校 卒
大東　太郎	香川縣	四九	五等 五級	〃 東勢郡守	大正一三、七、二〇 台南州 警部補 昭和六、七、一 總督府 屬 〃 一五、一〇、一八 〃 地方警視 基隆警察署長、高雄州經済警察課長 台東廳警務課長、台北北警察署長 〃 二〇、二、一九 總督府地方理事官	大正一二 警察官及司獄官練習所警察官部甲科修了
齊藤　茂	千葉縣	五五	五等 五級	〃 彰化税務出張所長	大正一四、九、三〇 台南州 屬 昭和一六、六、六 總督府 地方理事官 宜蘭税務出張所長 〃 一九、一二、九 彰化税務出張〃	明治四一 千葉縣立成東中學三年中退
清水　光司	群馬縣	四八	六等 六級	〃 新高郡守	昭和四、一二、一九 總督府 屬 〃 一七、四、一五 〃 地方理事官（宜蘭市助役） 〃 一九、一二、一六 台中州 新高郡守	大正七 東京府立工芸學校 採鉱科 卒

学歴	経歴	現職	等級	氏名	年齢	本籍
	大正一五、三、八 総督府属 昭和一七、四、一五 〃 地方理事官（総督府官房情報課） 〃 一八、一二、二〇 台中州 豊原郡守	〃 豊原郡守	六等六級	谷口龍夫	四二	東京都
大正九 台北師範学校公學師範部卒	大正九、三、三一 台湾公学校教諭 昭和四、五、三 高雄州 郡視學 〃 一七、五、八 総督府地方理事官（台中市助役） 〃 二〇、二、一四 台中州 南投郡守	〃 南投郡守	六等五級	天野雅樂之助	四五	〃
昭和四 東京帝大法學部卒	〃 四、七、九 拓務属 〃 一七、一二、一 総督府地方理事官 〃 一八、一二、一 新竹州 商工課長 〃 二〇、七、一七 台中州 国民動員課長	〃 台中州国民動員課長	六等六級	菅野貞雄	四二	富山縣
大正七 総督府国語学校卒	大正七、三、三一 台湾公立公学校教諭 昭和五、三、二五 台中州 郡視學 〃 一六、一〇、二九 社会教育主事（七等待遇） 〃 一八、六、一四 総督府地方理事官 台中州 教育課	〃 台中州教育課	六等六級	草間益美	四九	長野縣
大正七 〃 国語学校公学師範部卒	大正七、三、三一 台湾公立（公学校）教諭 昭和六、三、二五 台中州 郡視學 〃 一八、一、二九 台湾社会事業主事（七等待遇） 〃 一八、六、一四 総督府地方理事官 台中州 教育課	〃 〃	六等七級	新保祐八	四九	
昭和五 九州帝大法文学部法科卒	昭和一三、五、三一 台北州 郡属 〃 一八、一二、二〇 総督府地方理事官 〃 二〇、三、二八 台中州 大屯郡守	〃 大屯郡守	六等八級	村田富三郎	四二	
昭和三 明治大学法学部卒	昭和四、一二、一六 新竹州 属 〃 一八、三、三一 総督府地方理事官	〃 大甲郡守	六等七級	秋山文則	四三	茨城縣

二八

氏名	年令	本籍	官等俸給	現官職	略歴	学歴
					昭和一九、二、二六 台北州国民動員課長 〃 二〇、七、二七 台中州大甲郡守	
山本尚正	三九		七等 七級	地方理事官 台中州 商工課	昭和一〇、一、三一 総督府 技手兼属 〃 一三、三、三一 〃 属 〃 一九、一〇、一五 〃 地方理事官 台中州 商工課	昭和三 台北高商卒
田中茂彦	四九		七等 七級	〃 〃 税務課	大正一三、五、七 普通文官試験合格 〃 一五、八、二 総督府 属 昭和一九、五、三〇 〃 地方理事官 台中州 税務課	
布川雄二郎	四〇	新潟県	七等 七級	〃 彰化市助役	大正九、八、二六 嘉義庁 属 昭和一九、六、六 総督府 地方理事官（彰化市助役）	大正二 新潟県立小千谷中学校卒
植野澄雄	四四	山口県	七等 八級	〃 南投税務出張所長	昭和五、一、一四 高雄州 属 〃 一九、三、九 総督府 地方理事官 南投税務出張所長	高等小学校 卒
有馬一男	四八	鹿児島県	七等 七級	〃 台中市助役	大正八、三、三〇 台湾公立公学校教諭 昭和二、七、一七 台南州 視学 〃 一八、四、一七 〃 属 〃 二〇、四、二六 総督府 地方理事官 台中市助役	大正八 総督府国語学校公学師範甲科卒
松原晴彦	四九		七等	〃 台中州国民動員課	大正一五、三、八 台中市 属 昭和二〇、一〇、二 総督府地方理事官（台中州国民動員課）	大正三 熊本県立熊本農学校卒

大正八 教員検定	大正八、二、一五 台湾公学校教諭免許 〃 八、一二、五 〃 教諭 昭和五、一、三一 総督府交通局書記 〃 一〇、七、二七 台中州郡属 〃 一〇、一一、一九 総督府地方理事官 台中州竹山郡守	〃 竹山郡守	七等	中越榮二	四七	
	地方理事官(基隆市助役) 斗六郡守 昭和一七、四、五 大甲郡守	〃 (大甲郡守)	四等 四級	渡辺政恩	四八	
	陸軍司政官 地方理事官(竹山郡守)	〃 (竹山郡守)	六等 六級	関本鉄雄	四八	
	昭和一八、六、二四 地方理事官(東勢郡守)	〃 (東勢郡守)	六等 七級	斎藤今生	五七	
昭和三、日大専門部社会科卒 昭四 日大高等師範卒	昭和四、三、二七 台中州社会教育書記 〃 一三、一〇、八 総督府属(文教局社会課) 〃 一七、四、一〇 〃 陸軍兵志願者訓練所教官 〃 二〇、一、一三 〃 民政官 〃 二〇、三、一二 〃 工務官(鉱工局国民動員課) 〃 二〇、七、二七 〃 民政官(台中州)	民政官(工務官)(鉱工局国民動員課)台中州国民動員課	六等 七級	岡江貴	四六	鹿児島県

元

四、台南州

本籍	年令	氏名	官等 俸給	現官職	略歴	学歴
福井県	五一	竹中憲二	四等 三級	地方理事官 （民政官） 台南市長	大正七、四、一〇 福井県普通文官試験合格 〃 一三、八、一八 台北州 郡属 昭和二、一〇、二〇 総督府 地方理事官 嘉義郡守、新竹州農林課長 〃 一七、七、二三 基隆市長 〃 二〇、七、二七 台南市長	
鹿児島県	五六	本田武二	四等 四級	〃 嘉義市長	大正八、一〇、三一 宜蘭庁林務手 〃 一一、一二、四 台北州 郡属兼技手 昭和三、三、二三 総督府地方理事官、新高郡守、羅東郡守 〃 一八、三、三一 嘉義市長	明治四三 鹿児島県立 大島農学校卒
廣島県	四八	眞鍋雅省	四等 四級	〃 嘉義郡守	大正八、九、三〇 総督府法院書記 〃 九、四、九 〃 属 昭和三、八、二五 総督府地方理事官、大甲郡守、宜蘭郡守 〃 一七、二、一 台南州 嘉義郡守	大正六 台北中学校 第一部 卒
高知県	五一	角田喜聰	四等 四級	〃 台南州 税務課長	大正二、七、三一 台北州 属 昭和三、一〇、元 総督府属 〃 一四、一〇、一八 〃 地方理事官 高雄州税務課長、嘉義税務出張所長 〃 一八、三、三一 台南州 税務課長	大正四 徳島県立 徳島中学校卒
広島県	四六	天野精壮	四等	〃 〃	昭和五、八、二一 総督府属 〃 一三、六、二四 台湾産業主事（七等待遇） 〃 一五、一〇、二八 総督府地方理事官	大正一四

学歴	経歴	現職	等級	氏名	年齢	出身
	〃 一八、一一、二七 陸軍司政官 〃 一九、一〇、二〇 総督府地方理事官（台南州商工課長） 〃 二〇、五 台南州金融課長	金融課長	四級			
大正三 総督府国語学校卒	大正三、三、三一 台湾公学校 教諭 〃 一〇、三、七 総督府 属 昭和一〇、七、四 台湾社会教育主事（大年特選） 〃 一八、六、一四 総督府地方理事官 台南州教育課	台南州教育課	四等 三級	長谷川 榮	五四	茨城縣
大正九 警察官練習所 甲科修了	大正四、五、一五 総督府巡査 昭和四、三、六 〃 地方警視 〃 一八、一一、二一 〃 地方理事官（台南州新化郡守）	新化郡守	五等 五級	竹村 得城	五八	広島縣
明治四三 山口縣立農事試験所研究科修了	大正八、八、八 嘉義庁 属 昭和五、三、六 総督府 地方理事官 〃 一九、四、二〇 台南州 虎尾郡守	虎尾郡守	五等 四級	津田 健治	五五	山口縣
大正二 明治大学、日本大学 法律経済専修	昭和三、五、三一 復興局 属 〃 六、三、三一 拓務 〃 〃 一五、三、一八 〃 理事官 〃 一七、四、一五 総督府地方理事官（彰化市助役） 〃 一九、五、一三 台南州 新豊郡守	新豊郡守	五等 五級	藤越 禮敬	四八	山形縣
	大正一四、三、四 総督府 属 昭和五、一〇、二〇 〃 地方理事官（宜蘭市助役） 〃 一七、四、一五 台南州 斗六郡守	斗六郡守	五等 五級	中山 義男	五〇	山梨縣
大正二 台北中学会卒	大正五、六、一〇 普通文官試験合格 〃 七、九、一三 台北庁 属 昭和五、一一、二八 総督府 地方理事官 桃園税務出張所長	〃 斗六税務出張所長	五等 五級	平松 貞次	五〇	愛知縣

二〇

本籍	年令	氏名	官等俸給	現官職	履歴	學歴
					昭一九、五、三一、一六 〃 新竹税務出張所長	
高知縣	五二	五藤 勇	五等 五級	地方理事官 北門郡守	大正一三、三、三一 台中州 郡属 昭三、三、二一 總督府 属 〃 一六、七、八 〃 地方理事官 〃 一七、八、一三 台南州 北門郡守	大正三 日大専門部 法科一年中退
山口縣	五三	平井 巷	六等 三級	〃 台南市 商工課長	大正九、六、一〇 嘉義广 技手 昭三、三、三一 台南州 属 〃 一三、八、一〇 兼任 總督府地方理事官 〃 一六、九、一九 台湾産業主事（七等待遇） 〃 一八、六、二四 總督府地方理事官 台南市 商工課長	昭四五 大分縣立 農学校卒
広島縣	四四	新田 定雄	六等 六級	〃 東石郡守	大正五、二、八 總督府属 昭一六、一二、一六 〃 地方理事官 大渓郡守 〃 一九、四、一〇 台南州 東石郡守	大正一〇 愛知縣立 成章中學校卒
長野縣	五四	島洲 縁三	六等 六級	〃 北港郡守	明治四三、八、三一 長野縣小学校準訓導 大正一三、五、一五 台中州 書記 昭一七、四、一五 總督府地方理事官（台南州北港郡守）	明治四三 長野縣松本市教育 養成所修了
〃	四〇	唐澤 康男	六等 七級	〃 台南州 農務課長	昭八、六、三〇 總督府属 〃 一七、八、七 〃 地方理事官 恒春郡守 台南州 商工課長 〃 一九、一〇、二〇 〃 農務課長	昭和六 東京帝大 経済学部卒

昭和五 九州帝大 法文学部卒	昭和一〇、三、三一 台中州 部属 〃 一七、八、七 総督府 地方理事官 台北市助役、台南州農水産課長 〃 一九、六、一 台南州 農務課長	〃 （台南州 農務課長）	六等 七級	松藤 茂	四〇	福岡県
大正三、 総督府 中学校第二部卒	大正二、五、四 台北州 属 昭和五、七、一四 総督府 〃 〃 一八、三、三一 〃 地方理事官 斗六税務出張所長 〃 一九、五、三〇 嘉義、〃	〃 嘉義 税務出張所長	六等 六級	池田 宗平	五三	千葉県
	大正一五、六、八 総督府 法院書記 昭和一八、三、三一 〃 地方理事官 台南州 調停課長	〃 （台南州 調停課長）	六等 六級	岩切 武弘	四二	宮城県
高等小学校 卒	大正一〇、一〇、二 普通試験合格 昭和八、一、一八 総督府 属 〃 一八、三、三一 〃 地方理事官（新竹州調停課長） 〃 二〇、二、一五 台南州 調停課長	〃 〃	六等 六級	土岐 昇	五〇	和歌山県
大正三 沖縄県師範学校 卒	大正三、三、三一 沖縄県小学校 訓導 〃 一〇、三、五 台湾公立台南州小学校訓導 昭和九、三、三一 高等官 八等待遇 〃 一七、六、一五 台湾社会教育主事 〃 一八、六、一四 総督府 地方理事官 台南市 社会課長	〃 〃 社会課長	六等 五級	石垣 當次	五二	東京都
大正九 東京市 赤坂中学校 卒	大正一三、三、一五 総督府属 昭和一八、一二、一〇 〃 地方理事官（嘉義市助役） 曽文郡守	〃 曽文郡守	六等 六級	山本 將國	四七	

三一

學歴	略歴	現官職	官等俸給	氏名	年令	本籍
昭二 大分高商卒	昭和七、一〇、四 台北州 郡属 〃 一八、一二、二〇 總督府 地方理事官 台南州 國民動員課長	地方理事官 台南州國民動員課長	六等 七級	佐々木 草	三八	
大正四 鹿児島縣立 志布志中学卒	大正四、五、二五 總督府 税関監吏 昭和五、六、二〇 〃 〃 属 〃 一〇、一、五 〃 地方理事官 台南州 税関課	〃 台南州 税務課	六等 六級	東郷 忠志	四八	鹿児島縣
	大正九、九、一 台南州 技手 〃 一四、一〇、二三 〃 属 昭和一八、二、一六 〃 〃（高等官七等） 〃 二〇、一〇、九 台湾總督府地方理事官（嘉義市助役）	〃 嘉義市助役	六等 六級	村上 覺平	五〇	静岡縣
昭和五 慶大法学部 法律学科卒	昭和七、二、二〇 台北州 郡属 〃 八、一〇、一〇 〃 属 〃 一六、一、二五 總督府 〃 〃 一九、一、五 〃 地方理事官 台南州 商工課	〃 台南州 商工課	七等 八級	根本 良雄	四七	高知縣
大正一五 早大高等師範部 英語科卒	大正一五、六、二〇 千葉縣立千葉中学校教諭 昭和一〇、七、一 拓務 属 〃 一九、四、二〇 總督府 地方理事官（台南市助役）	〃 台南市助役	七等 七級	若代 辰夫	四二	
昭和五 早大商業部卒	昭和七、一、一三 總督府 属 〃 二〇、三、一二 〃 理事官 台南州國民動員課	〃 台南州 國民動員課	七等 八級	松本 源一	四三	
	府理事官（人事課兼秘書官） 昭和一七、四、五 台南市長	〃（台南市長）	三等 二級	羽烏 又男	五四	

五、高雄州

氏名	官等俸給	現官職	略歴	学歴	年令	本籍
中松乙彦	三等二級	地方理事官 高雄市長	大正五、八、三〇 総督府属 昭和八、九、三 〃 地方理事官 嘉義郡守、嘉義市長 〃 一八、三、三一 高雄市長		五七	熊本県
神田利吉	四等四級	〃 屏東市長	昭和四、八、二六 総督府属 〃 一一、一二、二六 〃 地方警視（嘉義警察署長） 〃 一三、一二、六 〃 地方理事官（台中州能高郡守） 〃 一五、一〇、二八 台中州員林郡守 〃 一八、一、二一 屏東市長	大正一〇 警察官練習所警察官部甲科修了	五四	福岡県
桅川義勇	五等四級	〃 岡山郡守	大正九、一二、一四 総督府属 昭和五、七、八 〃 地方理事官 嘉義市助役 〃 一七、四、一五 高雄州岡山郡守	大正四 熊本県立済々黌卒	五〇	熊本県
古城折嘉	五等四級	〃 潮州郡守	昭和二、一二、二五 総督府属 〃 一五、七、三〇 〃 地方理事官（彰化市助役） 〃 一七、四、一五 台南州新営郡守 〃 二〇、七、二七 高雄州潮州郡守 大正一四、三、一二 台北州属	大正一三 総督府高商卒	四四	大分県

三

學歴	略歴	現官職	官等俸給	氏名	年令	本籍
大正七 中央大学 専門部中退	昭一〇、六、一九 総督府屬 〃一五、七、三〇 〃 地方理事官 〃一九、一、二五 高雄州税務課長	地方理事官 高雄州 税務課長	五等 五級	井上公文	五一	福岡縣
大正三 長野縣立小縣 蚕業学校卒	大正七、五、一〇 台北廳農会技手 昭五、一〇、二八 総督府地方理事官 〃一七、八、七 高雄州旗山郡守	〃 旗山郡守	五等 五級	常田正	五三	長野縣
昭五 東京帝大 大學院卒	昭六、三、四 総督府屬 〃一六、二、一七 〃 地方理事官 鉱工局物資動員課 〃一九、一二、二 総督府民政官 〃一九、一二、二八 地方理事官(高雄州商工課長)	〃 (民政官) 高雄州 商工課長	五等 四級	川角道夫	四三	愛知縣
大正二 山口縣 師範学校卒	大正三、三、三一 山口縣小學校訓導 〃一三、四、五 台湾公立小学校訓導 昭二、二、八 高雄州社会教育主事(高等官八等待遇) 〃一八、六、二四 総督府地方理事官 高雄州教育課	〃 〃 教育課	五等 五級	田村保	五三	山口縣
	大正一五、七、二四 総督府屬 昭一五、一、二八 台湾産業主事(七等待遇) 〃一八、六、二四 総督府地方理事官 高雄市商工課長	〃 高雄市 商工課長	五等 五級	加藤一藏	五一	東京都
	大正七、三、七 総督府屬 昭一七、四、一五 〃 地方理事官、能高郡守 〃一九、一二、一六 高雄州屏東郡守	〃 屏東郡守	六等 五級	佐藤才幹	四七	長崎縣

昭和四 京都帝大 経済学部卒	昭和二、四、一七 総督府属 〃 一七、八、七 〃 理事官 大湖郡守 〃 一九、六、一 高雄州農務課長	〃 高雄州 農務課長	六等 七級	滝口英暁	四三	広島県
大正五 鹿児島県立 鹿屋農学校卒	大正四、六、二七 高雄州技手 昭和四、三、二四 総督府属 〃 一七、一、七 〃 地方理事官（嘉義市助役） 〃 一八、一二、三〇 高雄市国民動員課長	〃 高雄市 国民動員課長	六等 七級	吉見義男	四八	鹿児島県
明治四四 熊本県立 八代中学校卒	大正一一、六、三〇 高雄州属 昭和一八、三、三一 総督府地方理事官 屏東税務出張所長	〃 屏東税務 出張所長	六等 七級	草野半治	五四	熊本県
大正七 総督府国語学校卒	大正三、一、三一 台湾公学校教諭 昭和三、三、三一 新竹州郡視学 〃 一七、六、二 台湾社会事業主事（七等待遇） 〃 一八、六、二四 総督府地方理事官 高雄市社会課長	〃 高雄市 社会課長	六等 六級	中原定助	五八	鹿児島県
昭和四 大分高商卒	昭和九、一〇、一六 総督府属 〃 一八、四、一九 台湾産業主事（台北州） 〃 一八、六、二四 総督府地方理事官 台北州国民動員課長 〃 一九、一二、一六 総督府民政官 高雄市助役	〃 〃 〃 助役	六等 七級	麻又光雄	四〇	宮城県
大正一〇 総督府台南中学校卒	大正一〇、三、二三 総督府税関監吏 昭和一八、七、二六 高雄州属 〃 一九、二、三 総督府地方理事官 高雄州商工課	〃 高雄州 商工課	六等 七級	榊原景勝	四三	岡山県

三三

學歷	略歷	現官職	官等俸給	氏名	年令	本籍
大正五 台北高商卒	大正五、三、六 高雄州産業書記 昭八、三、三〇 〃 郡属 〃 九、二、一〇 総督府地方理事官 〃 一八、二、一〇 高雄州教育課	地方理事官 高雄州教育課	七等 八級	神保 孝藏	四六	
	大正二、四、九 普通文官試験合格 〃 四、三、一三 台北州属 昭一九、五、三〇 総督府地方理事官 〃 一九、一二、八 潮州税務出張所長	〃 潮州税務出張所長	七等 七級	永松 茂十	四七	
明治四四 市立高知商業二年修了	大正九、九、三〇 総督府属 昭三、五、三一 新竹州 〃 〃 一八、五、三〇 総督府地方理事官 〃 一九、五、三〇 高雄州税務課	〃 高雄州税務課	七等 七級	松岡 熊喜	五一	
昭二 台北師範学校演習卒	昭二、三、三一 台湾公立公学校訓導 〃 一三、一〇、一 台東庁郡視学 〃 一八、八、一四 総督府地方理事官(高雄州恒春郡守)	〃 恒春郡守	七等 八級	坪田 謙三	四〇	
	昭三、四、三〇 高雄州属 〃 二〇、二、一九 総督府地方事務官 高雄州東港郡守	〃 東港 〃	七等	加藤 信顯	四五	
昭五 京都帝大法学部卒	昭一八、一〇、三〇 総督府属 〃 二〇、六、一二 〃 地方理事官(高雄州国民動員課)	〃 高雄州国民動員課	七等 九級	藤井 茂三	四二	
	昭一三、九、二九 地方理事官 台北州調停課長 新竹州 〃 高雄州 〃	〃 (高雄州調停課長)	三等 三級	三神 豊之助	五八	

学歴	略歴	現官職	官等俸給	氏名	年令	本籍
	昭一七、五、八 地方理事官（東港郡守）	〃（東港郡守）	五等五級	吉津新藏	五〇	
	地方〃（花蓮港郡守） 昭一八、三、三一 鳳山郡守	〃（鳳山郡守）	五等五級	樋口亀次郎	五八	
	撫土木主事 東京市主事 昭一九、五、二二 屏東市助役	〃（屏東市助役）	六等五級	内藤元次	五五	
明治四五 鹿児島市立商業学校卒	大正八、九、三〇 総督府属 昭一四、一〇、三一 〃 地方理事官 〃一七、五、八 新竹州新竹郡守 〃二〇、七、二七 高雄州鳳山〃	鳳山郡守	五等四級	徳重種彦	五四	鹿児島県

六、花蓮港庁

学歴	略歴	現官職	官等俸給	氏名	年令	本籍
	大正八、一〇、一八 総督府通信手試験合格 〃八、一〇、一七 〃 通信手 〃一三、六、一三 〃 属 昭三、九、二九 〃 地方理事官 台北市助役 豊原郡守 〃一七、八、七 花蓮港庁総務課長	地方理事官 花蓮港庁 総務課長	四等四級	矢上純雄	四八	鹿児島県
	大正九、六、二六 澎湖庁属	〃				

二一四

學歴	經歴	現官職	官等俸給	氏名	年令	本籍
	昭和一三、一〇、一 総督府地方理事官 新港郡守、台東郡守、東石郡守 〃 一九、四、一〇 花蓮港市長	花蓮港市長	四等三級	稲島安太	五九	広島県
昭和二 京都同志社大学法学部卒	昭和三、四、一〇 総督府属 〃 一五、一〇、一八 〃 地方理事官 〃 一九、三、九 花蓮港庁勧業課長 〃 二〇、六、七 総督府民政官	〃(民政官) 花蓮港庁勧業課長	五等五級	家倉俊二郎	四六	福井県
明治四一、福岡県立中学修猷館卒	大正一二、一二、二五 台南州警部 昭和一八、三、三一 総督府地方理事官(花蓮港郡守)	〃 花蓮郡守	五等四級	佐野學	五八	福岡県
大正一三 警察官練習所甲科修了	昭和一二、一二、七 台南州警部 〃 八、七、二六 高等官七等 〃 一九、五、九 総督府地方理事官(花蓮港鳳林郡守)	〃 鳳林〃	六等七級	新井勝藏	五六	埼玉県
大正二、愛知県立豊橋商業卒	大正一一、七、三一 台北州属 昭和一九、三、六 総督府地方理事官 花蓮港庁税務課長	〃 花蓮港庁税務課長	七等七級	齋藤留嘉次	五二	
小学校卒	昭和三、五、一八 普通文官試験合格 〃 三、九、三〇 総督府属 〃 一九、一一、二八 花蓮港庁属(高等官七等) 〃 二〇、二、一九 総督府地方理事官(花蓮港市助役)	〃 花蓮港市助役	七等六級	隅田虎一	五〇	広島県
	昭和三、五、一八 普通文官試験合格 〃 三、一〇、一 高雄州属 〃 二〇、一一、九 総督府地方理事官(玉里郡守)	〃 玉里郡守	七等	本田義雄	四九	福岡県
	昭和一六、一一、二七 地方理事官(玉里郡守)	〃(〃)	六等五級	渡辺幸次郎	五二	

學歴	略歴	現官職	官等俸給	氏名	年令	本籍
	昭一七、八、七 地方理事官（花蓮港市助役）	〃（花蓮港市助役）	六等六級	田村清人	五三	

七、台東廳

學歴	略歴	現官職	官等俸給	氏名	年令	本籍
大正七 總督府國語学校卒	大正七、三、三一 台湾公学校教諭 昭八、三、三一 高雄州郡視学 〃一三、一二、一三 〃 郡属 〃一六、六、一九 總督府地方理事官 台南市助役 〃一九、四、一〇 台東庁總務課長	地方理事官 台東庁總務課長	五等五級	中澤佳一郎	四九	長野縣
	大正二、六、一七 台北州郡属 昭七、四、五 總督府地方理事官（台東郡守）	〃 台東郡守	六等五級	角田忠義	五三	福島縣
昭和四 京都帝大法学部・卒	昭和六、九、五 總督府交通局書記 〃一七、八、七 〃 地方理事官 台東庁勧業課長	〃 台東庁勧業課長	六等六級	小田原伯可	四四	神奈川縣
昭和二 警察官及司獄官練習所甲科修了	昭和二、三、三一 總督府庁、警部補 〃五、一二、一九 〃 警部 〃一〇、一二、一九 〃 地方理事官 関山郡守	〃 関山郡守	六等七級	廣重廣吉	五一	福岡縣

三五

學歴	略歴	現官職	官等俸給	氏名	年令	本籍
	大正三、七、四 普通文官試験合格 〃 三、四、一四 台南州税務吏 昭五、一、三一 〃 属 〃 五、一二、二六 総督府〃 〃 一六、九、二九 〃 地方理事官 台東庁税務課長	地方理事官 台東庁税務課長	七等 七級	吉田健次	四四	
大正三 師範學校	府属(社会課) 昭二〇、一、九 地方理事官(新港郡守)	〃 新港郡守	七等 五級	長田守	五一	
	昭一六、六、六 地方理事官(関山郡守)	〃 (関山〃)	五等 五級	金原幸三	五九	
	昭一八、三、三一 地方理事官(新港郡守)	〃 (新港〃)	六等 六級	古屋照邦	五二	

八、澎湖廳

學歴	略歴	現官職	官等俸給	氏名	年令	本籍
	大正一三、六、三 台中州属 昭一八、六、二六 總督府地方理事官 潮州税務出張所長 〃 一九、一二、九 澎湖庁税務課長	地方理事官 澎湖庁税務課長	五等 六級	坂田貞記	五九	熊本県

大正一〇 明大商科卒	大正五、三、一七 台北州 属 昭和八、一二、三〇 総督府 地方理事官 澎湖庁 総務課長	〃 澎湖庁 総務課長	六等 八級	小田 赤松	五一

二一八

六、地方警視

三七

六 台北州

本籍	年令	氏名	官等俸給	現官職	略歴	学歴
千葉県	五八	村田 安次郎	四等 四級	地方警視 台北州防空課長	大正一四、一〇、一六 任台南州警部 昭和一三、八、三 任台湾総督府地方警視 〃 一四、一二、一七 〃 地方理事官 花蓮港郡守 花蓮港警務課長 員林郡守 宜蘭市長	大正七、八、二九 警官練習所甲科修了
鹿児島県	五四	田畑 源水	五等 四級	〃 〃 兵事課長	昭和二、三、八 任台中州警部 〃 五、一〇、六 任台湾総督府地方警視 〃 一九、一二、一六 台北州兵事課長	大正二、一〇、二九 〃 〃
	四七	井手 進六	六等 六級	〃 〃 経済警察課長	昭和七、八、八 任台南州警部 〃 一八、一、二 任台湾総督府地方警視 高雄州経済警察課長 〃 一九、四、一三 台南州防空課長 〃 二〇、五、一三 台北州経済警察課長	昭和三、三、三一 〃 〃
	五二	脇元 種三郎	六等 六級	〃 〃 国民動員課	昭和五、七、一七 任台北州警部 〃 一八、一、一 任台湾総督府地方警視 花蓮港警察署長 〃 一九、五、一二 台南州刑事課長 〃 二〇、七、一七 台北州国民動員課	大正一五、一二、二九 〃 〃
					昭和一六、八、一二 任高雄州警部 〃 一八、一二、一 任台湾総督府地方警視	昭和二、三、二六

三八

學歴	略歴	現官職	官等俸給	氏名		
警官練習所 甲科修了	彰化警察署長 台南州 兵事課長 昭和一九、四、二〇 台東廳 警務課長 〃 二〇、七、二七 台北南警察署長	地方警視 台北南 警察署長	六等 六級	杉田 鐵吉	四五	
大正一四、三、二八 〃 〃	昭和六、三、三一 任台北州 警部 〃 一八、三、三一 任台湾総督府 地方警視 宜蘭警察署長	〃 宜蘭 〃	六等 六級	木村 佐吉	五三	福岡縣
大正一五、五、二二 〃 特科修了	昭和二、五、二八 任新竹州 警部 臨時司政官 〃 一九、三、一 任台湾総督府 地方警視 台北州 刑事課長	〃 台北州 刑事課長	六等 七級	池田 永記	五〇	
昭和四、三、二七 〃 甲科修了	昭和一二、二、二六 任台湾総督府属 〃 一八、九、一 〃 地方警視	〃 台北北 警察署長	六等 七級	新開 教	四四	
昭和三、三、二六 〃 〃	昭和一三、一〇、二六 任台湾総督府 属 〃 一八、一一、二六 敍高等官七等 〃 一九、七、六 任台湾総督府 地方警視	〃 (基隆水上署長) 戦時医療部	六等 八級	綿引 正	四六	茨城縣
昭和四、九、二六 〃 特科修了	昭和八、三、二〇 任台中州 警部 〃 一九、三、四 任台湾総督府 地方警視 基隆水上署長	〃 (民政官) 基隆警察署長 兼基隆水上署長 兼〃消防〃	七等 七級	土橋 強	四二	
〃 四、三、二七 〃 甲科修了	昭和一五、七、一九 任台湾総督府属 〃 一九、三、二八 任〃 地方警視	〃 台北州 警備隊長	七等 八級	川野 平二	四二	鹿児島縣
昭和五、三、二七 〃 〃	昭和一三、六、三 任〃 属 〃 一九、二、四 任〃 地方警視 澎湖庁警務課長	〃 台北 消防署長	七等 八級	塩田 清之助	四四	

二、新竹州

学歴	略歴	現官職	官等俸級	氏名	年令	本籍
昭和四、三、二七 警官練習所甲科修了	昭和六、一二、二六 任台中州警部 〃 一八、六、二四 任台湾総督府地方警視 新竹州高等警察課長	地方警視 新竹州高等警察課長	六等七級	近藤 馨	四三	広島県
昭和二、三、二六 〃 〃	昭和七、九、三〇 任新竹州警部 〃 一八、七、二六 叙高等官七等 〃 一九、五、一 任台湾総督府地方警視	〃 〃 兵事課長	六等七級	渡辺 義二	四三	佐賀県
昭和四、三、二七 〃 〃	昭和一〇、九、一九 任台南州警部 〃 一九、八、一〇 任台湾総督府地方警視 新竹警察署長	〃 〃 防空課長	七等八級	田中 清馬	四六	熊本県
昭和二、三、二六 〃 〃	昭和七、七、一 任台北州警部 〃 二〇、五、二五 任台湾総督府地方警視	〃 〃 警察署長	七等八級	山下 趣之助	四八	福岡県
昭和三、九、二八 〃 特科修了	昭和一三、一、一七 任台北州警部 〃 二〇、五、二五 任台湾総督府地方警視	〃 〃 経済警察課長	七等八級	赤峰 一男	四四	大分県
	昭和二〇、五、二五 警部 地方警視（新竹州刑事課長）	〃 〃 刑事課長	七等八級	上野 茂誉	四六	

三九

三、台中州

氏名	年令	本籍	官等俸給	現官職	学歴	略歴
杉山正平	五三	山形県	六等 六級	地方警視 台中州兵事課長	大正一四、三、六 警官練習所 甲科修了	昭八、二、一五 任台湾総督府属 〃一七、四、一五 任〃 地方理事官 〃一八、三、三一 任〃 地方警視 〃一八、四、一三 台中州兵事課長
宮本能武	四八	長野県	六等 六級	〃 〃 刑事課長	大正一二、三、二九 〃 〃	昭二、三、三一 任台中州警部 〃七、一、二九 任台湾総督府地方警視 高雄水上署長 花蓮港庁警務課長 〃九、一二、二六 台中州刑事課長
清水豊吉	五二	群馬県	六等 六級	〃 (台中州国民動員課)	〃 大正一三、三、二九 警部練習生修了	昭五、三、三一 任台北州警部 〃八、三、一五 任台湾総督府地方警視 台北消防署長 〃一九、五、一二 花蓮港警察署長 〃二〇、七、一七 台中州国民動員課
田村紋次	四八		六等 七級	〃 〃 高等警察課長	昭二、三、二六 〃 甲科修了	昭七、七、五 任台南州警部 〃一八、一、一二 任台湾総督府地方警視 高雄水上署長 〃一八、九、一 高雄東警察署長 〃二〇、七、二七 台中州高等警察課長

学歴	略歴	現官職	官等俸給	氏名	年令	本籍
	昭和七、六、八 任台中州警部 〃 一八、九、一 任台湾総督府地方警視 彰化警察署長	〃 台中 警察署長	六等 八級	土橋 兼遠	五四	
昭和五、三、二七 〃 〃	昭和一一、七、一〇 任台北州警部 〃 二〇、五、二五 任台湾総督府地方警視	〃 彰化 〃	七等 九級	高原 彰	四六	大阪市
	昭和一〇、六、二九 任台中州警部 〃 二〇、五、二五 任台湾総督府地方警視	〃 台中州経済 警察課長	七等 九級	辻 富聰	五五	佐賀縣

四、台南州

学歴	略歴	現官職	官等俸給	氏名	年令	本籍
昭和五、三、二七 警官練習所 甲科修了	昭和一一、三、三一 任台北州警部 〃 一九、五、一一 任台湾総督府地方警視 基隆消防署長	地方警視 台南州 経済警察課長	七等 七級	鞠丸 照男	四六	
昭和四、三、一七 〃 〃	昭和八、一〇、四 任台南州警部 〃 一九、五、一一 任台湾総督府地方警視 屏東警察署長	〃 台南警察署長 兼台南消防署長	七等 七級	薙原 圭二	四七	
大正三、六、二〇 東京私立工手学校 工科本科一種修了	大正九、二、一五 台湾総督府巡査 昭和八、五、三一 任台南州警部 〃 一九、一一、一八 叙高等官七等 〃 二〇、五、二五 任台湾総督府地方警視	〃 台南州 防空課長	七等 八級	萩谷 信之助	五一	

四四

學歴	略歴	現官職	官等俸給	氏名	年令	本籍
昭四、三、三 警官練習所特科修了	昭二、四、一 任台南州警部 〃二〇、五、二五 任台湾総督府地方警視	地方警視 台南州刑事課長	七等 九級	平田政一	四六	石川県
昭四、三、七 〃 警部練習生修了	昭四、九、二九 任台南州警部 〃二〇、五、二五 任台湾総督府地方警視	〃 兵事課長	七等 八級	松村佐文治	四九	佐賀県
	地方警視（澎湖庁警務課長） 昭一八、九、一 台南警察署長	〃（台南警察署長）	六等 六級	野里秀夫	五四	
	地方警視（基隆水上警察署長） 〃一八、九、一 嘉義警察署長	〃（嘉義警察署長）	六等 六級	内田清志	五五	

五、高雄州

學歴	略歴	現官職	官等俸給	氏名	年令	本籍
大正四、三、二八 警官練習所甲科修了	昭六、二、一六 任新竹州警部 〃一八、七、二六 任台湾総督府属 叙高等官七等 〃一八、九、一 任台湾総督府地方警視 高雄水上署長 高雄東警察署長	地方警視（高雄東警察署長） 戦時兵事部 本部	六等 七級	稲田一信	五三	広島県

昭三、三、二六 警官練習所 甲科修了	昭和八、八、一九 任新竹州警部 〃 一八、九、一 任台湾総督府地方警視 高雄水上警察署長 台南州 経済警察署長	〃 高雄州 経済警察課長	六等 七級	松本 敬信	四五	
昭二、三、二六 〃 〃	昭和七、九、三〇 任新竹州警部 〃 一八、二、一六 叙高等官七等 〃 一九、三、二八 任台湾総督府地方警視	〃 〃 防空課長	六等 八級	井上 高	四七	宮崎県
大正八、三、二〇 沖縄県立第二中学校卒	昭和七、二、九 任高雄州警部 〃 一九、九、二八 任台湾総督府地方警視	〃 高雄消防署長 兼高雄州警備隊長	七等 七級	宮城 久安	四七	
昭二、三、二六 警官練習所 甲科修了	昭和七、五、一四 任台北州警部 〃 一九、三、一八 叙高等官七等 台北州経済警察課長 〃 二〇、五、三一 任台湾総督府地方警視	〃 高雄州 兵事課長	七等 八級	門馬 広	五六	宮城県
昭三、三、三一 早稲田大学 法学部卒	昭和八、一〇、一二 任〃 警部補 〃 一六、一、一九 任〃 警部 〃 一九、四、三〇 任〃 地方警視 台南州 兵事課長	〃 〃 警務課長	七等 八級	後藤 辰夫	四二	
昭和五、三、二七 警察官練習所 甲科修了	昭和二、八、三一 任高雄州警部 〃 二〇、二、一九 任台湾総督府地方警視	〃 高雄東警察署長 兼 西〃 水上〃	七等 九級	三浦 彦治	四七	宮城県
昭五、三 東京帝大 経済学部卒	昭和三、二、一五 任高雄州警部 〃 二〇、二、一九 任台湾総督府地方警視	〃 高雄州 高等警察課長	七等	萩原 政雄	三九	静岡県
昭三、三、二六 警官練習所 甲科修了	昭和九、三、三一 任高雄州警部 〃 二〇、五、三一 任台湾総督府地方警視	〃 高雄州 刑事課長	七等	赤松 賢吾	四七	

四一

學歴	略歴	現官職	官等俸給	氏名	年令	本籍
大正八、三、一五 田村立実業補習学校卒	昭和九、三、三一 警部 総督府 属（警務局警務課） 〃 二〇、五、一五 地方警視（高雄水上署長） 〃 二〇、七、二七 屏東警察署長	地方警視 屏東警察署長	七等 八級	中村惣一	四四	京都市

六、花蓮港廳

學歴	略歴	現官職	官等俸給	氏名	年令	本籍
大正二、三、二九 警官練習所 甲科修了	昭和一三、三、三一 任台中州警部 〃 一五、一二、一六 任台湾総督府地方警視 屏東警察署長 台南州経済警察課長 〃 一九、一二、一六 花蓮港庁警務課長	地方警視 花蓮港庁 警務課長	五等 五級	伊藤竹次郎	五四	山口県
昭和五、三、一七 〃 〃	昭和一二、九、一〇 任台中州警部 〃 二〇、二、一九 任台湾総督府地方警視	〃 花蓮港警察署長	七等 九級	大澤兼太郎	四四	東京都

七、台東庁

学歴	略歴	現官職	官等俸給	氏名	年令	本籍
大正八、二、三〇 関西大学 法学科専門部 中退	昭和七、六、一八 任台中州警部 〃 一八、一、三一 任台湾総督府地方警視 屏東警察署長 〃 一八、四、一三 高雄州防空課長 〃 二〇、七、二七 台東庁警務課長	地方警視 台東庁 警務課長	六等 七級	栁藤源助	四七	

八、澎湖庁

学歴	略歴	現官職	官等俸給	氏名	年令	本籍
昭和五、三、二七 警官練習所 警部練習生修了	昭和一二、三、三一 任台湾総督府警部 〃 二〇、二、一五 任〃地方警視	地方警視 澎湖庁 警防課長	七等 九級	鈴木幸吉	四三	静岡県

四二

七、地方視學官

四三.

地方視學官（特進）

學歴	略歴	現官職	官等俸給	氏名	年令	本籍
大正七、三、二三 新潟県師範学校卒	大正七、三、三一 新潟県小学校訓導 昭和一〇、三、三一 任台北州郡視学 〃 一六、五、八 任台湾総督府地方視学官	地方視学官	六等六級	水澤宏一郎	四八	新潟県
昭和二、三、七 広島高等師範学校文科卒	昭和二、三、三一 北海道庁師範学校教諭 〃 五、五、一八 任台湾総督府師範学校教諭 〃 一〇、一〇、二八 叙高等官七等 〃 一八、二、一三 任台湾総督府地方視学官	〃 台中州教育課	四等四級	木原義行	四二	福岡県
大正七、三、二五 台湾総督府国語学校卒	大正七、三、三一 任台湾小学校教諭 昭和一三、三、二二 任新竹州属 〃 一八、三、三一 任台湾総督府地方視学官	〃	六等五級	守田留	四九	熊本県
昭和二、三、一五 東京高師理科部卒	昭和二、三、三一 長崎県中学校教諭、 〃 一三、三、三一 台湾公立高等女学校教諭 〃 一三、一二、二〇 叙高等官六等 〃 一九、一二、二八 任台湾総督府地方視学官	〃	四等五級	江頭清音	四九	福岡県
大正九、三、二五 台北師範学校卒	大正九、三、三一 任台湾公学校教諭 昭和八、一二、二〇 任台中州郡視学 〃 一九、四、一 任台湾総督府地方視学官	〃	六等六級	西川政藏	四七	福岡県
大正一一、三、二八 台湾総督府国語学校卒	大正三、三、三一 任台湾小学校教諭 昭和四、七、一五 任台北州郡視学 〃 一三、九、二九 任台湾総督府地方視学官	〃	四等四級	千葉元枝	五三	宮城県
大正一二、三、二四 台北師範学校演習科卒	大正一二、三、三一 任〃 師範学校訓導 昭和一五、九、二七 任高雄州郡視学 〃 一九、一二、一八 任台湾総督府地方視学官	〃	六等七級	小川勇	四五	鹿児島県

四四

八、優遇奏任官

一、總督府

學歷	略歷	現官職	官等俸給	氏名	年令	本籍
大正二、 台北中學校卒	大正八、二、一三 總督府税關監吏 昭和一〇、四、二〇 〃 屬 〃 一八、七、二六 〃 屬（高等官六等五級 財務局税務課）	總督府 屬	五等 四級	渡辺次郎	五四	山口縣
昭和二 京都帝大 經済学部選科卒	昭和七、三、二八 總督府屬（営林所造林課） 〃 一八、七、二六 〃 〃（高等官七等六級、食糧局） 嘉義食糧事務所台南出張所長） 〃 二〇、二、七 農商局食糧部米穀課	〃	六等 五級	西岡柴夫	五〇	熊本縣
明治四三 大分縣立 臼杵中学校卒	大正四、九、三〇 新竹州税務吏（財務課） 昭和一五、八、三一 總督府屬（米穀局） 〃 一八、七、二六 〃 〃（高等官七等六級、食糧局米穀課兼總務課） 〃 一八、一一、一 官制改正 農商局食糧部食品課	〃	六等 五級	斎藤敏	五二	大分縣
	大正一〇、四、一 台中州書記（内務部土木課） 昭和五、一二、一三 總督府屬（内務局〃） 〃 一八、一二、一六 〃 〃（高等官七等五級四局總務課） 〃 一八、一一、一 官制改正 農商局食糧部食品課	〃	六等 四級	吉弘鎮憲	四六	
	大正二、六、三 普通試驗合格 〃 五、七、八 總督府交通局書記（道路港湾課） 〃 一〇、七、一 〃 屬（財務局庶務係） 〃 一八、一二、一六 〃 〃（七等五級、財務局庶務係） 〃 二〇、一、四 兼〃 民政官（基隆港務局）	〃	六等 四級	大賀時雄	四五	
明治三八 鹿児島縣立	大正一五、六、三〇 總督府屬（殖産局商工課） 昭和一九、一二、二八 〃 〃（高等官七等四級）	〃	七等	吉見勝房	五七	鹿児島縣

學歴	略歴	現官職	官等俸給	氏名	年令	本籍
川辺中學校中退	鉱工局鉱務課）		四級			
大正一三 早大商学部卒	昭和四、八、二三 總督府屬（官房会計課） 〃 七、一一、一 事務分掌規程改正、財務局会計課 〃 九、一二、二八 總督府屬（高等官七等五級） 財務局会計課	總督府屬	七等五級	白石學	四九	長野縣
大正六 鹿児島縣立川内中学校卒	昭和八、三、三一 總督府税関監吏（監視部庶務課） 〃 一〇、四、二四 〃 屬 〃 一八、一二、一六 〃 〃（高等官七等五級 殖産局水産課） 〃 一八、一二、一 殖産局水産課兼鉱工局企業整備課	〃	六等四級	満尾元志	四六	
大正一三 總督府警察官司獄官練習所警察官部乙科修了	昭和六、一二、二六 台北州警部補（警務部衛生課） 〃 一三、九、三〇 〃 警部兼總督府屬（警務部警務課兼警務局防務掛） 〃 一九、二、一八 總督府	〃	七等六級	吉田鬼津之助	五一	宮城縣
昭和四 警察官及司獄官練習所 卒	昭和四、三、三一 台北州警部補 〃 八、一二、一三 總督府屬（警務局保安課） 〃 一〇、六 高等試験予備試験合格 〃 一八、七、二六 總督府屬（高等官七等七級、總督官房人事課兼文書課、東京出張所勤務） 〃 二〇、六、三〇 高等官六等	〃	六等六級	島田一郎	四四	茨城縣

二、交通局

学歴	略歴	現官職	官等俸給	氏名	年令	本籍
	大正六、九、二一 逓信書記補(門司郵便局) 〃九、九、三〇 總督府通信手(基隆郵便局) 昭和二、八、三一 〃 交通局書記(基隆無線電信局) 〃一九、二、二八 〃 〃 局(高等官六等四級) 逓信部監理課)	交通局局	六等 四級	田島　栄	五一	大分県
明治四四 熊本 東亜鉄道学校卒	大正一〇、六、三〇 總督府鉄道部書記(運輸課) 昭和八、三、八 官制改正 總督府交通局局 〃一九、二、二八 總督府交通局局(高等官六等五級) 高雄鉄道事務所)	〃	六等 五級	田川　清修	五〇	
	大正六、二、二〇 逓信書記補(佐賀郵便局) 〃五、三、三一 總督府通信手(台北〃) 〃一五、一二、二三 〃 交通局書記 (逓信部庶務課) 〃一八、七、二六 〃 〃 局(高等官六等四級) 逓信部経理課)	〃	六等 三級	永田　良一	五五	佐賀県
	大正一〇、六、三〇 普通試験合格 昭和六、九、一四 總督府交通局書記(鉄道部運輸課) 〃一九、二、二八 〃 〃 局(高等官七等六級) (鉄道部業務課)	〃	七等 六級	米山　昭平	五〇	
大正一三 逓信官吏練習所	大正一三、四、一六 逓信書記(長崎郵便局) 昭和三、一〇、八 總督府交通局書記(台北郵便局)	〃	六等	東郷　勝正	四四	鹿児島県

學歴	略歴	現官職	官等俸給	氏名	年令	本籍
卒	昭和一八、七、二六 総督府交通局属（高等官六等五級）（逓信部保険課） 〃 一八、一二、一 逓信部貯蓄課		四級			
明治四二 鹿児島縣 櫻山尋常高等小學校卒	大正一三、六 普通試験合格 昭和二、九、一四 総督府交通局書記（鉄道部運輸課） 〃 八、七、二六 〃 〃 属（高等官七等五級）（鉄道部運輸課） 〃 一八、一二、一 鉄道部経理課	交通局属	六等 四級	藤田信義	五二	鹿児島縣
大正三 明大法科専門部卒	大正一〇、一二、一三 鉄道局書記（東京鉄道局） 〃 一〇、一二、二七 総督府鉄道部書記（庶務課） 〃 一八、七、二六 〃 交通局属（高等官七等五級）（鉄道部経理課）	〃	六等 四級	西川小次郎	五四	北海道

三、港務局

學歴	略歴	現官職	官等俸給	氏名	年令	本籍
明治四七 山口縣 嘉万尋常高等小學校卒	大正一〇、六、二 総督府属（土木局基隆出張所） 〃 一四、六、二 普通試験合格 昭和一八、七、二六 総督府交通局属（高等官六等四級）基隆築港出張所	港務局属	六等 三級	森本恒一	五一	山口縣

学歴	略歴	現官職	官等俸給	氏名	年令	本籍
	〃 一八、三、一 官制改正 総督府港務局属（高等官六等四級） 基隆港務局築港部経理課長					

四、専売局

学歴	略歴	現官職	官等俸給	氏名	年令	本籍
大正二 台北州立 台北中学校卒	昭二、九、三〇 総督府専売局書記 （宜蘭出張所） 〃 一九、四、三〇 宜蘭支局長 〃 一九、二、二八 総督府専売局属（高等官七等五級）	専売局属	七等五級	岡本義弘	四二	山口県
大正一四 東京商大商業教員養成所卒	大正一四、六、三 仙台商業学校教諭 昭和五、九、三〇 総督府専売局書記（酒課） 〃 一九、二、二八 〃 〃 属（高等官七等六級）	〃	七等六級	神田義祐	四五	〃

四八

五、林業試験所、水産試験所

學歴	略歴	現官職	官等俸給	氏名	年令	本籍
明治四五 群馬縣立前橋中学校卒	大正八、九、三〇 総督府属（内務局學務課） 昭和四、四、一八 〃 林業試験所属（庶務課長） 〃 八、七、二六 〃 〃 属（高等官六等四級、庶務課長）	林業試験所属	六等三級	萩原正依	五四	群馬縣
大正九 總督府台北中學校卒	大正一三、五、一七 普通試験合格 昭和五、五、一七 高等試験予備試験合格 〃 七、三、六 総督府水産試験所属（庶務課長） 〃 八、七、二六 〃 〃 属（高等官七等五級 庶務課長）	水産試験所属	六等四級	則元庸一	四四	熊本縣

六、圖書館、法院、刑務所

學歴	略歴	現官職	官等俸給	氏名	年令	本籍
大正四、総督府認可私立土語専門学校卒	大正九、五、二一 総督府図書館司書 昭和八、七、二六 〃 〃 （高等官六等四級）	図書館司書	六等四級	市村榮	五三	福岡縣

學歴	略歴	現官職	官等俸給	氏名	年令	本籍
	大正一三、四、三〇 裁判所書記（横浜地方裁判所検事局書記） 昭八、四、一四 總督府法院書記（高等法院検察局書記） 〃 一八、二、一六 〃 書記（高等官七等四級、台中地方法院検察局書記） 〃 一八、二、一六 監督書記	法院書記	六等三級	鵜澤惣一	四三	千葉縣
昭二 總督府警察官及司獄官練習所司獄官科甲科修了	昭三、一二、二五 福建語甲種七等合格 〃 五、三、三一 總督府看守長（台中刑務所） 〃 八、五、五 〃 監獄通訳兼總督府看守長（台北刑務所戒護課長） 〃 一九、九、一四 總督府看守長（高等官七等七級、台中刑務所高雄支所長）	看守長	七等七級	唐川弘	五一	佐賀縣

七 地方廳

學歴	略歴	現官職	官等俸給	氏名	年令	本籍
明四三 長野縣立諏訪中学校卒 大三 總督府國語學校	大正三、三、三一 台灣公学校教諭（八芝蘭公学校） 昭和四、六、八 台北市屬（学務課長） 〃 八、七、二六 〃 屬（高等官六等四級）	台北市屬	六等	小宮山信二郎	五六	長野縣

四九

本籍	年令	氏名	官等俸給	現官職	略歴	学歴
			四級		昭和一〇、四、一三 台北市教育課長	公学師範部甲科卒
鹿児島県	五五	高田七郎	六等 五級	台北市属	大正八、九、三〇 花蓮港庁税務吏（財務課） 昭和九、三、三一 台北市属（税務官） 〃 一〇、二、一八 〃 属（高等官六等、台北市税務課長）	明治三八 鹿児島県肝属郡串木町串木尋常高等小学校卒
〃	五三	松田義一	六等 六級	新竹州属	大正五、八、一二 普通試験合格 昭和三、一、一〇 新竹州郡属（大湖郡） 〃 一八、七、二六 〃 属（高等官七等七級）	
高知県	五一	東山清繁	七等 五級	〃	大正三、九、一九 新竹州税務吏（知事官房税務課） 昭和一九、二、一八 〃 属（高等官七等三級 新竹州）	明治四三 私立高知商業学校中退
広島県	四九	山吉緻郎	六等 五級	台中州属	大正九、九、一 台中州税務吏（知事官房税務課） 〃 一〇、四、一五 〃 属（〃） 昭和一八、七、二六 〃 属（高等官七等六級）	
熊本県	四五	吉村正欽	六等 五級	〃	大正一四、一、一四 台中州産業技手（内務部勧業課） 昭和一五、八、二 〃 属（勧業課 庶務係長） 〃 一八、二、二六 〃 属（高等官七等六級）	大正九 熊本県立熊本農業学校卒
鹿児島県	六〇	後迫盛吉	六等 五級	台南州属	大正九、九、一 台南州郡属（曽文郡） 昭和一四、六、二二 〃 属（知事官房会計課） 〃 一八、七、二六 〃 属（高等官七等六級 総務部会計課長）	明治四三 鹿児島県垂水尋常小学校卒
長崎県	五一	塚本壽之	六等 六級	花蓮港庁属	大正二、六、二七 普通試験合格 〃 一五、四、二〇 台中州郡属（竹山郡） 昭和一八、七、二六 花蓮港庁属（高等官七等六級）	大正二 私立明善中学校卒 〃一〇、総督府警察官及司獄官練習所甲科修了

大正九、五、二六 普通試験合格
〃 九、一〇、三〇 新竹州 属（内務部地方課）
昭和八、一二、一三 澎湖庁 属（勧業課長）
〃 九、二、八 〃 〃（商業学校長 兼勧業課長）

澎湖庁

七等 五級

山田茂雄

五三

五〇

昭和二十年十月現在

技術官名簿

臺灣總督府

一、本府

(1) 總督府技師

學歴	略歴	現官職	官等俸級	氏名	年齢	本籍
昭三・東京帝大医学部医学科卒	昭六年八月樺太廳医院医官 〃一三・三・三一 財法・厦門博愛會医院外科医長 〃一四・七・二二 台湾總督府技师 警務局衛生課勤務	總督府技师	三等	倉橋次郎	四三	京都府
大正五東京帝大農科大学林学科卒	大正六・一・一〇 台湾總督府技手 〃七・九・二一 〃 技师 昭一八・一〇・二六 勅待・林業試験所長 〃一九・八・九・台湾總督技师・高等官二等兼任林業試験所技师 高等官三等 〃一九・二・一五 民政官	〃技師	二等四級	上野忠貞	五六	山形縣
大正七 東京帝大工科大学土木工学科卒	大正七・八・二 台湾總督府技手 〃九・九・七 〃 技师・土木局土木課 〃一四・六・二四（地方技师）台南州土木課長 昭一四・四・二一 興亜院技师（厦門連絡部） 〃一七・四・一四 總督府技师（内務局土木課） 〃二〇・九・二六 高等官二等	〃技師	二等	磯田謙雄	五四	石川縣
昭二・仙台高工土木工学科卒	昭二・八・三一 總督府技手（内務局土木課） 〃一五・八・一九 〃 技师（内務局土木課） 〃一八・一一・一 官制改正（農商局耕地課）	〃技師	五等八級	佐々木泰三	四〇	宮城縣
大正一五 金沢高工土木工学科卒	大正一五・八・六 總督府技手 昭一五・八・一九 總督府技师（内務局土木課） 〃一八・一一・一 官制改正 農商局耕地課	〃技師	五等八級	上出貞一	四三	石川縣
大正一三 水原高等農林卒	大正一三・五・五 忠清南道産業技手 昭一〇・四・三〇 總督府技手	〃技师	六等八級	浦川満	四四	佐賀縣

二

	昭一七・一〇・三〇陸軍技師（第一四軍々政監部付） 〃一九・一二・二五總督府技師（農商局農務課）					
昭七・東京帝大農学部獣医学科	昭七・五・三一・朝鮮總督府獣疫血清製造所技手 〃一四・一〇・三〇　〃　技師 〃一五・五・二〇　鹿児島高農教授 〃一八・九・一八　總督府技師（獣疫血清製造所）	總督府技師	五等七級	今井信實	三七	東京都
昭二・東京帝大農学部林学科	昭四・五・一五　営林署技手（熊本営林局管内） 〃一〇・七・九　営林署技師 〃一四・八・一〇　總督府技師（殖産局山林課） 〃一六・三・一　官制改正、農商局山林課	技師	三等四級	松本政一	四五	北海道
昭二・京都帝大工学部建築科卒	昭二・七・二　總督府技手（官房会計課営繕係） 〃七・一〇・一五　總督府技師（官房営繕課） 〃一七・一一・一　官制改正、財務局営繕課	〃	三等五級	安田勇吉	四二	京都府
昭六・東北帝大工学部機械工学科卒	昭七・五・二〇　福岡県技手（警察部工場課） 〃一〇・九・三〇　地方技師（總務部統計課） 〃一三・八・三一　總督府技師（殖産局商工課） 〃一八・一一・一　官制改正　鉱工局工業課	〃	三等六級	木下勇次	四一	福井縣
大正一二　九州帝大工学部撰科卒 大正一五　上田蚕糸専門学校絹糸紡績科卒	昭四・九・三〇　大甲水利組合技手 〃一四・八・三一　台北工業学校教諭 〃一六・五・二〇　總督府技手（農商局商政課） 〃一九・七・二〇　總督府技師（鉱工局企業整備課）	〃	七等十級	平田清親	四六	岡山縣
昭六　東京帝大農学部獣医学科卒	昭八・八・二〇　農林技手（畜産局馬政課） 〃一〇・四・二　台中州技手（内務部勧業課） 〃一三・二・一七　台湾産業技師（　〃　） 〃一四・一一・一〇　馬政局技師（資源部資源課） 〃一八・六・二〇　總督府技師（農商局農務課）	〃	四等六級	渡辺良敬	四〇	東京都

学歴	経歴	官職	等級	氏名	年齢	本籍
昭三、日大高等工学校専攻部卒	昭一二・一二・五 造神宮技手 〃一三・八・二〇 總督府技手（文教局） 〃一八・三・三 總督府技師（台湾神社臨時造営事務局）	技師	六等八級	小川永一	四九	静岡縣
大正八、盛岡高農農学科卒	大正八・五・二三 雇（民政部殖産局） 〃一一・六・三 總督府中央研究所技手 昭一四・四・二六 總督府農業試験所技手 〃一六・七・二二 總督府農業試験所技師 〃一七・一〇・三〇 陸軍技師（第一四軍々政監部付） 〃一九・二・一八 總督府農業試験所技師 〃一九・九・二 總督府技師（農商局農務課）	〃	五等七級	内山久	五〇	静岡縣
昭一四、東京工業大学紡績学科卒	昭一四・五・三 總督府技手（殖産局商工課） 〃一六・八・一八 地方技師（台北州産業部商工水産課） 〃一七・一二・二六 總督府技師（農商局商政課）	〃	五等八級	牟田武彦	三三	佐賀縣
大正六、熊本高工土木工学校卒 昭四、九州帝大土木工学科卒	大正七・五・八 總督府技手（民政部土木局） 昭五・六・一七 總督府交通局技手（道路港湾課） 〃七・七・二〇 總督府技師（鉱工局土木課）		三等三級	川上謹太郎	五一	熊本縣
昭八、台北帝大理農学部農学科卒	昭八・八・一 台中州技手 〃九・九・一 總督府技手（殖産局） 〃一八・一二・一七 總督府技師（農商局食糧部新竹事務所長） 〃二〇・二・七 民政官（台北州） 〃二〇・二・一五 農商局食糧部台北事務所次長	〃	六等九級	渡辺尚武	三八	東京都
大正八、京都府立医専卒	大正一一・八・二 總督府医専助教授 昭五・一二・四 医学博士 〃八・九・二九 台北医専教授 〃八・一〇・五 広東博愛会医院内科医長 〃一〇・九・三〇 總督府技師（警務局衛生課）	〃（医学博士）	三等	山中覚	四九	熊縣

三

昭三、東京農業大学農学部卒	昭四、五、二八 農林主事補（茨城県） 〃一二、一〇、一九 新竹州技手（内務部勧業課） 〃一四、八、一〇 總督府技手（農商局食糧部米穀課） 〃一九、四、二七 總督府技師（農商局食糧部食品課）	技師	七等十級	稲毛武雄	四一	茨城縣
昭九、台北帝大理農学部農学科農業経済学専攻卒	昭九、九、一四、台北州雇（内務部勧業課） 〃一二、二、六、台北州技手 〃一四、一〇、一九 總督府技手（殖産局） 〃一九、一、二九 總督府技師（鉱工局国民動員課）	〃	七等十一級	石橋俊治	三七	福岡縣
昭六東京帝大工学部造兵学科精密機械組卒	昭八、一、一七、總督府技手（殖産局度量衡所） 〃九、八、六、總督府技師（鉱工局工業課） 〃一七、七、一三、兼任府専売局技師（煙草課）	〃	三等五級	宇坪善太郎	四一	愛媛縣
明治四三、大分県立農林学校卒	明治四四、三、二四 總督府雇（殖産局） 大正八、七、二三 台中庁技手（庶務課） 昭一七、四、一六 總督府技師（財務局税務課）	〃	六等八級	中山忠雄	五三	大分縣
昭六、東京帝大農学部農学科卒	昭六、五、一五、總督府嘱託（内務局土木課） 〃八、五、一五 總督府技手（〃） 〃一五、二、一五 總督府技師（農商局耕地課）	〃	五等八級	中林敏雄	四〇	福井縣
昭二、鹿児島高農林学科卒	昭二、四、二七 總督府雇（殖産局） 〃一三、一〇、八 總督府技手（営林所） 〃一九、一二、一八 總督府技師（農商局山林課）	〃	七等十一級	宮川象三	四〇	大分縣
大正一四、金沢高工機械工学科卒	昭三、三、二六 交通局鉄道部雇 〃六、九、一八 高雄州技手（警務部保安課） 〃一三、三、三一 總督府技手（官房調査課） 〃一六、二、一八 總督府技師（鉱工業物資動員課）	〃	五等八級	津田辰雄	四二	石川縣
昭二東京帝大理学部鉱物学科卒（昭五・大学院中退）	昭一二、三、二五 總督府技手（殖産局鉱務課） 〃一四、一一、三〇 總督府技師（鉱工局地質調査所）	〃	五等七級	木村正	三四	秋田縣

大正一五 神戸高工、建築科卒	大正一五・七・二一 總督府技手（官房会計課） 昭一四・一一・三〇 總督府技师（財務局営繕課）	〃	五等七級	竹中久雄	四三	富山縣
昭七、北海道帝大、農学部農業経済学科卒	昭七・八・二一 南洋广技手 〃一二・二・三 總督府技手（殖産局農務課） 〃一四・七・一〇 總督府技师（農商局食糧部米穀課）	〃	五等七級	大山勝	四一	茨城縣
大正四、長崎県立農学校卒	大正九・九・三〇 總督府農事試驗場技手 〃一〇・一一・一〇 台中州郡技手 昭七・五・二五 台中州技手 〃一三・九・二 總督府技手（殖産局） 〃一四・七・一〇 總督府技师（花蓮港米穀事務所長）	〃	六等九級	手野茂	四九	長崎縣
昭四、熊本高工、土木工学科卒	昭一四・一二・一九 總督府技手（内務局） 〃一九・三・六 總督府技师（鉱工局土木課）	〃	七等八級	進藤喜久治	三九	秋田縣
大正二、茨城県立農学校卒	大正六・一・一〇 民政部殖産局雇 〃一五・七・二四 總督府技手（殖産局） 昭一四・七・一〇 總督府技师（農商局食糧部台中事務所） 〃二〇・二・七 民政官 〃二〇・二・一五 台中事務所次長	〃	五等	岡田保三	五三	茨城縣
大正一〇、北海道帝大、農学科第一部卒	大正一〇・九・七 北大副手嘱託 〃一一・三・一〇 北海道广技手 〃一二・九・二〇 總督府州技师（高雄州産業技师） 〃一五・六・八 總督府技师（農商局食糧部米穀課）	〃	三等三級	鳥居武男	五三	東京都
昭五、金沢高工、機械工学科卒	昭五・八・二一 台南州技手 〃一四・七・一 總督府技手（官房企画部） 〃一八・七・一五 總督府技师（鉱工局物資動員課）	〃	六等九級	直江友次	三七	石川縣
大正一一、香川県立農林学校卒	昭二・八・七 台北州産業技手 〃一三・八・一九 總督府技手 〃一八・七・一五 總督府技师（農商局食糧部米穀課）	〃	六等十級	藤本隅太	四一	香川縣

大正一二、京都帝大、工学部建築学科卒	大正一五・四・一 大阪高工講師 昭四・四・二〇 京都帝大技師（営繕課長） 〃 一五・一・一〇 總督府技師（財務局営繕課長）	技師	三等二級	大倉三郎	四六	京都府
大正一五、東京帝大医学部医学科卒	昭五・三・三一 總督府嘱託（警務局） 〃 七・六・一八 總督府技師（警務局衛生課） 〃 一二・九・二 医学博士 〃 一三・八・一七 台北帝大助教授兼總督府技師 〃 一六・七・八 總督府技師兼台北帝大教授 〃 一七・八・二七 警務局衛生課長	〃 医学博士	三等二級	曽田長宗	四四	新潟県
大正一二、東京帝大農学部農藝化学科卒	昭六・七・三一 總督府専賣局技手 〃 一五・三・三〇 總督府技師（農商局商政課）	技師	五等六級	梶井篤	四八	東京都
大正一四、台湾總督府高等農林学校卒	昭二・八・三一 總督府技手（殖産局農務課） 〃 一二・二・二六 總督府技師（〃） 〃 一五・六・八 府地方技師（新竹州内務部勧業課） 〃 一八・一〇・六 總督府技師（農商局農務課）	〃	四等七級	愛垣諄	四三	熊本県
昭五、熊本高工、採鉱冶金科卒	昭六・三・二〇 金瓜石鉱山株式会社々員 〃 一四・一二・一五 總督府技手（殖産局鉱務課） 〃 一五・一二・二六 總督府技師（鉱工局鉱務課）	〃	五等八級	廣瀬芳雄	三九	神奈川県
大正九、熊本高工、土木工学科卒	大正九・四・九 總督府技手（土木局土木課） 昭六・一・一五 台湾土木技師（新竹州内務部地方課） 〃 八・九・八 總督府技師（鉱工局土木課）	〃	三等四級	水尻倉太郎	四八	廣島県
昭五・東北帝大医学部卒	昭六・七・三一 宮城県衛生技師 〃 一一・八・一八 医学博士 〃 二〇・一〇・二 總督府技師	〃 医学博士	四等	西本源一郎	四六	和歌山県
昭三、東北帝大工学部化学工学科卒	昭三・六・八 總督府技手（殖産局商工課） 〃 八・一〇・一〇 總督府技師（鉱工局工業課）	技師	三等四級	加藤晴治	四八	愛知県

大正八、福岡県立福岡工業学校本科採鉱科卒	大正一〇・八・二 總督府雇(内務局地理課) 昭二・八・三一 總督府技手(殖産局商工課) 〃二〇・一〇・二 總督府技师	〃	七等	濱本勝巳	四五	福岡縣
昭五、東京帝大農学部林学科卒	昭九・七・一七 農林局営林局技手 〃一三・九・二九 總督府技师(鉱工局土木課)	〃	四等六級	出口一重	四五	神奈川縣
昭二、京都帝大医学部卒	昭二・四・一四 京都帝大医学部副手 〃一〇・一一・二五 医学博士 〃一二・五・八 總督府技师	医学博士 〃	四等三級	河田幸一郎	四四	山形縣
昭三、京都帝大工学部建築科卒	昭三・四・九 警視庁技手(保安部建築課) 〃三・一二・三〇 警視庁建築技师 〃一三・二・九 總督府技师(鉱工局土木課)	技师	三等五級	中村絅	四一	島根縣
昭一六、九州帝大工学部採鉱学科卒	昭一七・七・一 總督府技手(殖産局鉱務課) 〃二〇・九・二七 總督府技师	〃	七等	中川昌信	三二	愛知縣
大正三、名古屋高工土木課卒	大正六・一二・二〇 内務技手(内務省東京土木出張所) 昭二・二・一六 總督府技师(鉱工局土木課)	〃	三等二級	森志計理	五六	滋賀縣
大正七、東京帝大工科土木工学科卒	大正八・一二・二六 内務技师 〃一三・一〇・一三 復興局技师 昭二・三・七 總督府技师(鉱工局土木課)	〃	二等三級	浜田正彦	五一	高知縣
昭二、東京帝大農学部農学科第一部卒	昭四・五・六 農林省農事試験所技手 〃九・七・一四 農林省農事試験所技师 〃九・八・二五 總督府技师(府南方要員練成所) 〃一二・八・二七 農学博士	農学博士 〃	三等四級	三坂和英	四四	東京都
昭六、金沢高工・土木工学科卒	昭六・八・三一 總督府技手(内務局土木課) 〃一五・三・三〇 台湾土木技师(高雄市土木課長) 〃一七・三・一三 總督府技师(警務局兵事防空課)	技师	六等七級	青島勝三	四〇	富山縣
昭二、金沢高工・土木工学科卒	昭二・八・三一 總督府技手(内務局土木課) 〃一四・七・一五 總督府技师(鉱工局土木課)	〃	五等六級	向井治吉	四一	富山縣

五

昭一四、東京工業大学建築学科	昭一五・一〇・二 総督府技手（官房営繕課） 〃一八・二・二六 総督府技師（警務局）	技師	六等十級	前田義雄	三二	熊本縣
昭二、東京帝大農学部獣医学科卒	昭四・五・九 農林省種馬牧場技手 〃四・六・三〇 農林技手 〃七・三・九 種馬所技師（農林省） 〃一六・九・一二 総督府技師（府南方要員練成所員兼獣疫血清製造所長）	〃	四等五級	岸徳次	四五	神奈川縣
大正五、台湾総督府立高等農林学校農学科卒	大正一五・五・三 新竹州農会技手 昭三・三・三一 新竹州技手（内務部勧業課） 〃一〇・九・三〇 総督府技手（殖産局） 〃一九・三・三一 総督府技師（農商局食糧部）	〃	六等九級	古賀照行	四二	佐賀縣
昭三、東京農業大学農学部卒	昭四・三・三〇 静岡県農林技手 〃七・七・五 総督府技手（殖産局） 〃一六・四・一〇 総督府技師（農商局食糧部米穀課）	〃	五等七級	天野武則	四五	静岡縣
昭八、東京帝大医学部医学科卒	昭八・四・一 東京帝大医学部副手 〃一四・七・八 医学博士 〃一八・五・一五 博愛会病院医長 〃一九・三・三一 総督府技師（警務局衛生課）	〃 医学博士	五等	羽田貞郎	三八	
昭一三、東京帝大農学部獣医学科卒	昭一三・四・一五 総督府雇（殖産局農務課） 〃一五・一・三一 総督府技手 〃二〇・二・五 総督府技師（民政官）	技師	七等十一級	神谷義勝	三八	東京都
昭二、九州帝大工学部電気工学科	昭六・七・一 台湾電力株式会社技手 〃一四・四、 台湾電力株式会社技師 〃一六・五・三〇 総督府技師（鉱工局工業課）	〃	四等四級	朝井元貞	四四	廣島縣
昭一三、京都帝大理学部地質学鉱物科卒	昭一六・三・六 総督府嘱託（殖産局鉱務課） 〃一六・六・三 総督府技師（鉱工局地質調査所）	〃	五等七級	安原彰一	四〇	岡山縣

大正一五、台湾總督府高等農林学校農学科卒	大正一五・五・二〇 總督府雇 昭五・一二・五 總督府技手（殖産局） 〃一六・六・一三 總督府技師（農商局農務課）	〃		前田穂濤	四七	高知縣
大正六、岩手県立農学校農科卒	大正一四・三・七 岩手県産業技手 〃一五・八・一六 總督府技手（内務局土木課） 〃一九・四・一九 總督府技師（農商局耕地課）	〃		工藤吉道	四九	
昭三、東京帝大農学部農藝化学科卒	昭五・一二・五 總督府技手（殖産局肥料検査所） 〃一四・一〇・六 台南州技手 〃一五・六・八 總督府技師（農商局農務課） 〃一九・一三・二八 府民政官（台南州）	〃	五等 七級	曽根旭	四四	大分縣
昭五、東京医学専門学校卒	昭五・四・一 日本赤十字社医院 〃一七・四・一四 医学博士 〃一七・七・七 總督府交通局嘱託 〃一九・一三・二八 總督府技師（警務局衛生課）	〃 医学博士	六等 六級	浅利正	四〇	滋賀縣
昭三、熊本高工、機械工学科卒	昭三・三・二六 交通局雇 〃八・一〇・四 交通局技手（鉄道部工作課） 〃一七・二・一三 總督府技師（鉱工局物動課）	技師	六等 八級	松野敏雄	三九	熊本縣
大正九、農商務省水産講習所遠洋漁業科卒	大正九・三・一四 徳島県水産試験場技手 〃一三・三・一〇 高雄州産業技手 昭九・五・二四 高雄州技手 〃一〇・九・一三 台湾産業技師（高雄州） 〃一五・五・三 總督府技師（農商局水産課）	〃	四等 五級	関口壽之助	五四	東京都
大正九、京都帝大工学部土木工学科卒	大正九・八・三一 總督府技手（土木局土木課） 〃一一・四・八 總督府技師（〃） 〃一三・一二・二五 府交通局技師（道路港湾課） 昭一七・一〇・三一 總督府技師 〃一七・一一・一 国土局道路課長 〃一八・一一・一 鉱工局土木課勤務	〃	三等 一級	北川幸三郎	五一	京都府

六

大正二、名古屋高工土木科卒	大正二、八、二 兵庫県土木技手 〃一四、八、二四 兵庫県土木技師兼道路技師 昭二、二、一七 總督府交通局技師 〃一七、一〇、三一 總督府技師（鉱工局土木課）	技師	三等二級	山田北男	五五	新潟縣
大正一三、東京帝大工学部電気科卒	昭四、五、一五 總督府交通局技師（逓信部電気課長） 〃一七、一〇、三一 總督府技師 〃一七、一一、一 国工局電力課長 〃一八、一二、一 鉱工局電力課長（官制改正）	〃	三等一級	佐々木英一	四六	廣島縣
昭二、熊本高工卒	昭二、五、二〇 總督府交通局技手 〃一六、六、五 總督府交通局技師（逓信部電気課） 〃一七、一〇、三一 總督府技師（鉱工局電力課）	〃	六等八級	井上正義	四二	福岡縣
昭四、仙台高工、土木工学科卒	昭四、三、二六 總督府交通局技手（道路港湾課） 〃一四、八、三 興亜院技手（厦門連絡部） 〃一六、九、一九 總督府交通局技師（道路港湾課） 〃一七、一〇、三一 總督府技師（鉱工局土木課）	〃	五等七級	今野覺治	四一	宮城縣
昭四、熊本高工、土木工学科卒（昭六、東京工業大学建築科中退）	昭七、三、三一 總督府交通局技手 〃一六、三、一〇 總督府交通局技師（基隆築港出張所） 〃一七、一〇、三一 總督府技師（鉱工局土木課）	〃	五等七級	上原榮人	三七	兵庫縣
大正一五、仙台高工、土木科卒	大正一五、七、八 總督府交通局技手（道路港湾課） 昭一四、九、一八 總督府交通局技師（〃） 〃一七、一〇、三一 總督府技師（鉱工局土木課）	〃	五等七級	鳥山貞雄	四二	宮城縣
大正一五、徳島高工、土木工学科卒	大正一五、六、八 總督府交通局技手（道路港湾課） 昭一二、一二、二〇 總督府交通局技師（〃） 〃一七、一〇、三一 總督府技師（鉱工局土木課）	〃	四等六級	若槻章一	四一	徳島縣
大正七、東京築地工手学校採鉱科卒	大正八、九、三〇 總督府技手（殖産局鉱務課） 昭一六、一二、一三 總督府技師（鉱工局鉱務課）	〃	五等八級	長谷裕	四九	岐阜縣

昭二・東京帝大医学部医学科卒	昭二・四・三〇 傳染病研究所技手 〃一一・一二・一五 東京市技師 〃一四・三・一三 医学博士 〃一八・三・二七 總督府技師兼台北帝大教授	〃 医学博士	三等 三級	滋賀秀俊	四四	東京都
大正一三・東京帝大理学部鉱物学科卒	昭二・九・七 總督府技手(殖産局商工課) 〃四・六・六 兼任總督府中央研究所技師 〃一〇・一〇・一五 總督府技師(殖産局鉱務課) 〃一九・五・五 鉱工局地質調査所長	技師	三等 四級	大江二郎	四六	福島縣
昭七・東北帝大医学部卒	昭七・四・一 東北帝大医学部副手 〃一一・二・九 〃 助手 〃一四・五・五 医学博士 〃一五・六・八 博愛会廣東医院婦人科医長 〃一九・六・一三 總督府技師(警務課衛生課)	〃 医学博士	五等	金澤實治	四三	
大正一四・京都帝大工学部土木工学科卒	昭二・五・一六 都市計画地方委員会技師(京都) 〃一〇・一二・一三 總督府技師(内務局土木課) 〃一九・三・一五 警務局防空施設課長	技師	三等 四級	早川透	四七	大分縣
昭六・東京帝大医学部医学科卒	昭七・八・三一 東京帝大助手 〃一二・一二・二 医学博士 〃一二・五・一三 總督府技師(警務局警務課) 〃一三・一〇・二六 兼任台北帝大助教授台北帝大附属医学専門学校教授	〃 医学博士	四等 四級	鎌倉正雄	四八	岐阜縣
大正一三・北海道帝大農学部林学科卒	大正一三・四・三 總督府技手(殖産局営林所作業課) 昭三・二・四 總督府技師(殖産局山林課) 〃六・九・九 總督府地方技師(台中州) 〃一〇・一一・一五 總督府技師(農商局山林課)	技師	三等 三級	倉田武比古	四七	茨城縣
大正七・東京高等蚕糸・養蚕科卒	大正七・四・五 山形県農業技手 昭三・五・一 栃木県農林技師 〃一〇・一二・一二 總督府技師(養蚕所)	〃	三等 四級	久米井義任	五二	山形縣

七

大正七、神奈川県立工業学校機械科卒	昭八、一一、二三 岩手県技手（警務部保安課） 〃一九、九、五 總督府技師（警務局警務課）	技師	七等十級	荻原慶吾	四六	神奈川縣
昭二、京都帝大工学部土木科卒	昭二、四、一六 總督府技手（内務局土木課） 〃五、三、一五 兼任總督府地方技師（台北市） 〃六、二、一〇 總督府技師（鉱工局土木課）	〃	三等四級	松下寛	四七	熊本縣
昭六、東京帝大医学部卒	昭六、四、一 東京帝大医学部副手 〃一三、一二、三 医学博士 〃一五、三、三 東京帝大医学部助手 〃一八、九、三 總督府技師（警務局衛生課）	〃 医学博士	五等	伊藤榮一	四〇	
昭六、北海道帝大農学部農藝化学科卒	昭七、六、四 總督府雇（殖産局特産課） 〃一〇、四、一六 總督府技手（殖産局茶業伝習所） 〃一六、二、八 總督府技師（茶業傳習所長）	技師	五等七級	清水利男	三八	愛知縣
昭九、京都帝大工学部建築学科卒	昭九、九、一五 總督府囑託（官房営繕課） 〃一二、三、三 總督府技手（〃） 〃一五、八、三 總督府技師（財務局営繕課）	〃	五等八級	大野庫二	三八	東京都
	大正一〇、一二、二 總督府技手（土木局土木課） 昭一九、六、九 總督府技師（鉱工局土木課）	〃	六等八級	大橋清人	五二	
大正一三、東北帝大理学部卒	大正一四、三 東北帝大工学部助手 昭一三、三、一八 總督府技師（殖産局鉱務課） 〃一九、五、五 鉱工局地質調査所	〃	三等四級	石崎正義	四八	東京都
昭四、東京帝大農学部獣医学科卒	昭七、二、一九 農林省種馬所技手 〃七、八、三 地方農林技師（高知県） 〃一二、二、一 總督府技師（殖産局農務課） 〃一六、九、一三 總督府種馬牧場長	〃	三等六級	小川薫	四三	東京都
大正一四、京都帝大経済学部選科卒	大正一五、七、二四 總督府技手（殖産局農務課） 昭一三、二、二六 總督府技師（〃） 〃一八、一二、一 農商局農務課（官正改正）	〃	四等六級	金澤吉次郎	四八	大分縣

昭二・北海道帝大農学部農業経済学科卒	昭二・六・一 總督府技手（殖産局農務課） 〃五・八・三 總督府地方技師（台北州） 〃一五・六・八 總督府技師（府東部棉作指導所） 〃一八・一二・一 農商局農務課（官制改正）	〃	三等四級	犬飼圓碩	四八	愛知縣
昭四・愛知医大卒	昭四・三・三一 愛知医大助手 〃八・九・六 医学博士 〃一二・八・七 広東博愛会医院医長 〃一三・六・九 總督府技師（警務局衛生課）	医学博士	三等	浅尾蒙	四二	愛知縣
大正一四・東京農業大学卒	大正一四・七・三一 大蔵省税関鑑査官補（神戸税関） 昭一二・六・九 總督府技師（財務局税務課）	技師	四等六級	松原翁之助	四八	愛媛縣
	昭九・三・三〇 都市計画北海道地方委員会技手 〃一〇・八・一七 台北州技手 〃一二・三・九 總督府技手（内務局土木課） 〃一九・六・一九 總督府技師（鉱工局土木課）	〃	七等九級	馬田尚	四一	
昭五・北海道帝大農学部農学科卒	昭六・七・一三 拓務省嘱託 〃一二・四・三〇 拓務技手 〃一三・一・二五 總督府技師（内務局地理課） 〃一八・一二・一 農商局農務課兼鉱工局工業課	〃	四等六級	伊勢田實	四三	神奈川縣
昭五・東京帝大工学部土木学科卒	昭五・五・一三 總督府技手（内務省土木課） 〃一〇・四・六 總督府技師（〃） 〃一七・四・一四 興亜院技師（厦门連絡部経済部） 〃一九・一・一三 總督府技師（鉱工局土木課）	〃	三等六級	青柳晴一	三九	新潟縣
明治四五・東京私立攻玉社工学校本科卒、大正七、名古屋高工土木科選科卒	大正八・五・一三 總督府技手（土木局土木課） 昭九・六・二六 台湾土木技師（台中州） 〃一四・一・一三 台湾産業技師（〃） 〃一五・一〇・一三 總督府技師（内務局土木課） 〃一八・一二・一 農商局耕地課	〃	三等五級	桑木權衛	五五	島根縣

八

大正三、米沢高工、応用化学卒	大正一四、三、三一 塩水港製糖株式会社技手 昭一〇、三、一 〃 技師 〃一三、五、三〇 總督府技師（殖産局特産課） 〃一六、七、二四 兼任總督府工業研究所技師 〃一八、一二、一 農商局農務課	技師	四等五級	田代豊	四四	山形縣
昭一四、京都帝大工学部採鉱冶金科卒	昭一四、四、二四 總督府技手（殖産局鉱務課） 〃一九、六、三〇 總督府技師（鉱工局鉱務課）	〃	七等十級	北本明信	三二	京都府
昭六、熊本高工、電気工学科第一部卒	昭八、七、二四 總督府交通局雇（逓信部電気課） 〃一三、一、三一 總督府交通局技手（〃 ） 〃一七、二、一 總督府技手（国土局電力課） 〃一九、六、二六 總督府技師（財務局用品課）	〃	七等十級	平本正義	三八	熊本縣
大正一〇、北海道帝大農学部卒	大正一一、九、三〇 台南州技手（内務部勧業課） 〃一三、三、一 總督府技師（台南州内務部勧業課） 昭四、九、一四 台湾産業技師（台南州） 〃一三、六、一四 總督府技師兼總督府地方技師 〃一八、一二、一 農商局農務課兼台南州産業部農水産課	〃	三等	三浦博亮	五三	岐阜縣
昭六、東北帝大理学部卒	昭六、一〇、三一 台湾公立中学校教諭（台南第二中学校） 〃九、一〇、三一 東北帝大講師（理学部） 〃一三、九、八 總督府技師（殖産局商工課） 〃一九、一、一九 鉱工局工業課	〃	四等六級	住谷自省	三八	茨城縣
大正一一、大阪高工、応用化学科卒	大正一一、六、一三 總督府中央研究所技手 昭一三、一一、一八 總督府技師（殖産局商工課） 〃一八、一一、一 鉱工局物資動員課	〃	四等七級	片山𢅽	四五	大阪府
昭二、台湾總督府高等農林学校農学科卒	昭一二、五、三一 總督府雇（殖産局） 〃一四、七、一六 總督府技手（〃 ） 〃二〇、五、一五 總督府技師	〃	七等	松長敏夫	四〇	

昭八、東京帝大医学部薬學科卒	昭八、四、二〇 東京帝大医学部副手 〃九、一、一一 東京薬学専门学校 〃一八、三、二七 總督府技师（警務局衛生課）	〃	五等 五級	黑柳惣十	四一	東京都
大正九、東北帝大医学部卒	大正九、九、三〇 東京帝大助手 〃一三、五、二八 東北帝大助教授 〃一四、二、九 医学博士 昭二、一、三一 東京市技师 〃一四、二、二 總督府技师（警務局衛生課長）	〃 医学博士	三等 二級	酒井菊雄	五二	東京都
昭二、東京農業大学専门部農学科卒	昭三、九、一七 總督府雇（殖産局） 〃五、六、六 總督府技手 〃二〇、五、一五 總督府技师	技师	七等	宇津宗文	四三	
大正一五、神戸高工建築科卒	大正一五、七、二一 總督府技手（官房会計課） 昭一四、九、八 總督府技师（官房営繕課） 〃一七、一一、一 財務局営繕課	〃	五等 六級	牛谷富美夫	四六	兵庫縣
昭四、北海道帝大農学部林学科卒	昭四、四、二六 總督府技手（営林所造林課） 〃一三、五、一五 台湾産業技师（新竹州内務部勧業課） 〃一五、三、三〇 總督府技师（殖産局山林課） 〃一八、一二、一 農商局山林課（官制改正）	〃	四等 六級	西海枝満壽夫	四二	山形縣
昭一〇、九州帝大農学部農藝化学科卒	昭一三、五、一八 總督府技手（殖産局鉱務課） 〃一九、四、二 總督府技师（農商局食糧部嘉義事務所長） 〃二〇、二、七 民政官（台南州） 〃二〇、二、一五 台南事務所次長	〃	七等 十級	青木秀馬	三九	鹿児島縣
昭四、東京帝大医学部医学科卒	昭六、九、三〇 宮城県衛生技师 〃一六、六、九 医長（博愛会海南島支部） 〃一七、四、一 医長（同仁会海口防疫班） 〃一八、一〇、六、医長（博愛会厦门医院） 〃一九、五、一一 總督府技师（警務局衛生課）	〃	四等	青木孝二	四四	神奈川縣

九

昭九、北海道帝大医学部卒	昭一〇・一〇・三一 北海道帝大助手 〃一六・六・三〇 日赤台湾支部病院皮膚科医長 〃一六・九・三〇 台北帝大医学部講師 〃一八・二・一六 台北帝大附属医学専門部教授 〃一九・五・二 總督府技師（警務局衛生課）	技師	五等 九級	小原菊夫	四四	山口縣
大正二、山梨県立甲府農林学校本科卒	大正一二・一一・三 總督府雇（殖産局農務課） 〃一五・八・六 總督府技手（内務局土木課） 昭一七・三・二七 台湾産業技師（台北州） 〃一七・九・一 總督府地方技師（〃） 〃二〇・三・一三 總督府技師（農商局耕地課） 〃二〇・三・一三 民政官（台北州産業部耕地課長）	〃	六等 七級	名取久政	四一	山梨縣
大正四、東京私立工手学校建築科卒	大正七・九・三〇 總督府技手（民政部土木局営繕課） 昭一〇・四・二三 台湾建築技師（新竹州） 〃一八・六・二四 總督府地方技師（〃） 〃一九・七・二七 總督府技師（財務局用品課）	〃	四等 六級	手島誠吾	五七	宮城縣
昭二、東京農業大学専門部農学科卒	昭二・二・二〇 熊本県農林技手 〃七・六・二一 總督府技手（殖産局） 〃二〇・五・一五 總督府技師	〃	七等	寄田節美	四三	
昭二、台北高農、農学科卒	昭七・一〇・四 總督府技手（殖産局米穀検査所） 〃二〇・五・一五 總督府技師	〃	七等	川井田新	四一	
大正九、早稲田工手学校建築課本科卒	大正一五・一二・二四 總督府税関技手 昭一六・五・六 總督府技手（官房営繕課） 〃二〇・五・一五 總督府技師	〃	七等	佐々木誠雄	四六	北海道
昭八、台北帝大理農学部農藝化学科卒	昭九・一二・二七 總督府技手（殖産局肥料検査所） 〃一五・六・八 總督府地方技師（新竹州） 〃一八・六・二四 總督府技師（殖産局農務課） 〃一八・一三・一 農商局農務課	〃	伍等 七級	伊澤郎	三七	栃木縣

昭六、京都帝大農学部林学科卒	昭六、九、三 總督府雇（殖産局山林課） 〃九、七、一九 總督府技手（ 〃 ） 〃一六、一、三一 總督府技師（農商局山林課）	技師	五等七級	佐野宗一	三八	滋賀縣
昭九、京都帝大農学部農林生物学科卒	昭一二、三、六 總督府糖業試験所技手 〃一三、一二、二〇 台南州技手（内務部勧業課） 〃一四、三、三一 總督府技手（棉作指導所） 〃一八、一〇、七 總督府技師（警務局警務課）	〃	六等九級	野田一郎	三七	熊本縣
昭四、金沢高工、土木工学科卒	昭四、一二、一九 總督府技手（内務局土木課） 〃一〇、一一、二五 總督府交通局技手（逓信部電気課） 〃一七、一二、一 總督府技手（国土局電力課） 〃一八、六、一三 總督府技師（鉱工局電力課）	〃	六等九級	橋　倫	四一	石川縣
昭四、東京帝大理学部鉱物学科卒	昭九、一、三一 總督府技手（殖産局鉱務課） 〃一一、四、一七 總督府技師（ 〃 ） 〃一九、五、五 鉱工局地質調査所	〃	三等六級	小笠原美津雄	四二	青森縣
昭二、仙台高工、土木工学科卒	昭二、八、三一 總督府技手（内務局土木課） 〃一五、八、一九 總督府技師（内務局土木課） 〃一八、一二、一 鉱工局土木課（官制改正）	〃	五等八級	塩　隆義	四〇	宮城縣
大正一四、鹿児島高農卒	昭三、一一、一九 總督府技手（殖産局山林課） 〃一五、三、三〇 總督府技師（ 〃 ） 〃一八、一二、一 農商局山林課	〃	五等八級	武元忠男	四二	鹿児島縣
昭二、北海道帝大農学部農業経済科	昭三、五、四 台中州技手 〃七、七、三〇 總督府地方技師（台中州） 〃九、一〇、一二 台湾産業技師（台中州） 〃一七、三、一三 總督府技師（殖産局特産課） 〃一八、一二、一 農商局農務課	〃	三等五級	塩飽　茂	四四	香川縣
昭四、三重高農土木学科卒	昭六、一、三一 總督府技手（殖産局特産課） 〃一六、一二、二七 總督府技師（内務局土木課） 〃一八、一二、一 農商局耕地課	〃	六等八級	佐野銈爾	三八	三重縣

一〇

昭一三、東京帝大工学部・土木工学科卒	昭一三・四・一五 總督府技手（内務局土木課） 〃一六・一三・二七 總督府技師（〃） 〃一八・一三・一 鉱工局土木課（官制改正）	技師	七等 九級	久原中吾	三三	佐賀県
昭八、東北帝大工学部機械科卒	昭四・一三・一〇 總督府交通局（鉄道部工作課） 〃一七・一二・二三 總督府技師（企画部企画課） 〃一八・一二・一 鉱工局工業課（官制改正）	〃	六等 七級	佐藤信吉郎	三七	新潟県
大正一四、台湾總督府医学専門学校卒	昭二・六・三〇 總督府中央研究所技手 〃六・一二・一四 医学博士 〃七・四・三〇 台湾衛生技師（台南州） 〃八・一二・二 總督府保建技師（台南刑務所） 〃一九・五・三〇 總督府技師（警務局衛生課）	医学博士	四等 四級	並河汪	三二	大分県
昭二、三重高農・農業土木科卒	昭二・八・三一 總督府技師（内務局土木課） 〃一三・一二・二五 台湾産業技師（台南州） 〃一五・八・一九 總督府技師（農商局耕地課）	技師	五等 六級	芝田三男	四〇	三重県
昭四、日本大学高等工学校建築科全科選科卒	昭六・四・一 復興事務局技手 〃七・四・一 内務技手（内務大臣官房都市計画課） 〃一三・六・六 總督府技手（内務局土木課） 〃一九・五・三〇 總督府技師（鉱工局土木課）	〃	七等 九級	佐野源四郎	四六	茨城県
昭五、東京帝大工学部土木工学科卒	昭六・一・二二 總督府技手（内務局土木課） 〃一一・三・一二 總督府技師（〃） 〃一八・一二・一 鉱工局土木課（官政改正）	〃	四等 六級	牧野八郎	四二	福井県
昭六、東京帝大農学部農学科（農業土木学）卒	昭七・四・二三 總督府技手（内務局土木課） 〃一三・九・二九 總督府技師（〃） 〃一八・一二・一 農商局耕地課（官制改正）	〃	四等 六級	宮地末彦	四〇	石川県
昭四、早稲田大学理工学部建築学科卒	昭五・二・二〇 總督府交通局技手（基隆築港出張所） 〃九・七・三一 總督府技手（官房営繕課） 〃一四・九・八 總督府技師（〃） 〃一七・一一・一 財務局営繕課	〃	五等 六級	角地健次	四一	大阪府

(乙) 工務官（技術系統）

學歷	經歷	現官職	官等俸級	氏名	年齢	本籍
大正九、秋田鉱山専門学校採鉱学科卒	大正一二、九、三〇 北海道庁立釧路中学校教諭 昭八、四、一三 依願免本職並兼職 〃四、六、三 旅順工科大学助手、昭一五、七、五依願免本官 〃一五、七、五 總督府囑託（殖産局鉱務課） 〃一五、一二、二八 總督府技師（〃） 〃一九、一一、一四 總督府工務官兼總督府技師（鉱工局鉱務課）	工務官	五等六級	岡崎正路	五〇	山形縣
昭六、京都帝大、農学部農林化学科卒	昭一〇、九、九 總督府糖業試験所技手（製糖化学課） 〃一四、五、一七 總督府糖業試験所技師（〃） 〃一五、四、二六 總督府技師兼糖業試験所技師 〃一九、一一、一四 總督府工務官兼總督府技師兼糖業試験所技師（鉱工局工業課）	〃	五等八級	平田武次郎	四一	秋田縣
大正一三、秋田鉱山専門学校冶金学科卒	昭四、一二、二〇 台湾公立高女教諭（台北第一高女） 〃一四、七、二〇 總督府技手（殖産局鉱務課） 〃一五、一二、二八 總督府技師（殖産局鉱務課） 〃一九、一一、一四 總督府鉱務官兼總督府技師（鉱工局工業課兼鉱工局鉱務課）	〃	五等七級	和田恭孝	四二	福岡縣
昭九、台南高工、電気工学科卒	昭一〇、一〇、一五 交通局技手（通信部工務課） 〃一六、四、一五 總督府技手（企画部企画課） 〃一九、一一、一四 總督府工務官（鉱工局工業課）	〃	六等十級	竹原勝秀	三九	
昭七、秋田鉱山専門学校燃料学科卒	昭一三、一一、一六 總督府技手（殖産局鉱務課） 〃一九、一一、一四 總督府工務官（鉱工局鉱務課）	〃	六等十一級	久尾毅	三七	高知縣
大正一五、横浜高工、応用化学科卒	昭七、一一、九 台南州産業技手 〃一五、一二、二 總督府技手（殖産局商工課） 〃一九、一一、一四 總督府工務課（鉱工局国民動員課）	〃	六等十一級	岩本宗雄	四二	三重縣

二

二、各研究所、試験所、氣象臺

二

(1) 天然瓦斯研究所技師

學歴	略歴	現官職	官等俸給	氏名	生年年令	本籍
京都帝大理科大学卒	大正六年 工業試験所技手 仝 工業試験所技师	天然瓦斯研究所技师 天然瓦斯研究所長 民政官	二等 二級	小川亨	明二六年 五三才	山口縣
台北帝大理農学部卒	昭十六年總督府天然瓦斯研究所技手	天然瓦斯研究所技师	六等 九級	富永一郎	大六年 二十九才	鹿児島縣
横浜高工応用化学科卒	昭九年 東北帝大助手 昭十年 台湾總督府技师	天然瓦斯研究所技师 第二部勤務	三等 五級	絹巻熙	明三九年 四十才	兵庫縣
東京帝大理学部卒	昭三年 中央研究所嘱託 昭十年 台湾總督府技手	〃 第三部長	三等 五級	小倉豊二郎	明三九年 四十才	山口縣
北海道帝大工学部卒	昭四年 總督府交通局技手 昭十三年 交通局技师	〃 第三部勤務	四等 五級	露本辰治	明三十六年 四十三才	北海道
東京工大染料化学科卒	昭八年 保土谷曹達技师 昭十年、台湾總督府技手	〃 経済会部員	四等 六級	永井弘之	明四〇年 三十九才	東京都
東京物理学校高师理化学部卒	大正十四年第一高等学校副手 昭八年 北海道帝大助手	〃 第一部	五等 七級	大内一三	明三十八年 四十一才	茨城縣
東北帝大工学部卒	昭十四年總督府技手	〃 第三部	五等 七級	伊奈三次	大正四年 三十一才	愛知縣
東北帝大工学部卒	昭十五年總督府技手	〃 第二部	五等 九級	富樫喜代治	明四五年 三十四才	北海道
仝	大十五年專賣局技手	〃 第二部長	三等 四級	庄野信司	明三四年 四十五才	福岡縣
台北帝大理農学部卒	昭十三年台北帝大助手	〃 第二部	六等 七級	松村久	大四年 三十二才	福岡縣
東北帝大理学部卒	昭十三年台湾公立中学校教諭 昭十五年南満工専教授	〃 第二部	六等 九級	大賀健太郎	大二年 三十三才	長崎縣

三

學歴	略歴	現官職	官等俸級	氏名	生年年令	本籍
米沢高工応用化学卒	昭十三年高砂化学工業社員	天然瓦斯研究所技師 台北研究室主任	六等 八級	渡辺四郎	明四〇年 三九才	山形縣
台南高工応用化学卒	昭十二年台湾總督府技手	天然瓦斯研究所技師	七等 十一級	枝村一成	大三年 三十三才	山口縣
東京工大応用化学卒	昭十七年天然瓦斯研究所囑託 昭十八年仝技手	〃	七等 十二級	佐多敏之	大正九年 二十六才	鹿児島縣

(乙) 農業試驗所技師

學歴	略歴	現官職	官等俸級	氏名	生年年令	本籍
東京帝大農学部卒	昭四五年總督府農事試驗場技手 昭五年台北帝大教授	總督府民政官 農業試驗所技師	一等 三級	磯永吉	明一九年 六〇才	廣島縣
台北帝大農学部卒	昭一六年台北帝大助手	農業試驗所技師 嘉義	七等 十級	三屋壽夫	大正三年 三十二才	福井縣
仝	昭九年台北州産業技手	農業試驗所技師	六等 九級	秋谷良三	明四二年 三十七才	東京都
鹿児島高等農林卒	大四年總督府農事試驗場技手 昭十二年總督府地方技師	〃 種藝科	三等 六級	樋口三雄	明二六年 五十三才	東京都
北海道帝大農科大学卒	大八年北海道帝大助手 大十二年朝鮮水原高農教授	〃 農商局農務課	三等 三級	葛野浅太郎	明二五年 五十四才	福岡縣
北海道帝大農学部卒	昭三年台北帝大助手	〃 応用動物課長	三等 四級	三輪勇四郎	明三六年 四十三才	三重縣

仝	大十五年總督府中央研究所助手 昭五年總督府中央研究所技手	農業試驗所技師 魚池紅茶試驗支所長	五等九級	新井耕吉郎	明三七年 四十二才	群馬県
仝	昭三年北海道帝大助手	〃 種藝科長	三等五級	加茂巖	明三十九年 四十才	静岡県
仝	昭六年北海道帝大助手 〃一〇年總督府中央研究所技師	〃 南方要員錬成所々員	三等七級	蒔田德義	明三八年 四十一才	長野県
台北帝大理農学部卒	昭六年台北帝大助手	〃 農商局農務課	四等六級	鳥居崧	明四二年 三十七才	滋賀県
東京農業大学高等科卒	大一年埼玉県組合立幸手農業学校教諭 〃九年總督府技手 昭二年台北帝大農林專門部教授	〃 南方要員錬成所々員	六等五級	小河虎之介	明一九年 六十才	福岡県
盛岡高等農林獸医科卒	昭五年北海道帝大助手	〃 恒春	四等七級	館澤圓之助	明三四年 四十五才	岩手県
台北帝大農学部卒	昭九年高雄州産業技手 〃一四年總督府試驗所技手	〃 育種農藝科	七等十級	長谷川德久	明四一年 三十八才	富山県
北海道帝大農学部卒	昭三年台北帝大助手 昭五年台〃帝大農林專門教授	〃 民政官	三等五級	大野成雄	明三五年 四十四才	茨城県
千葉県立高等口芸卒	昭一〇年總督府中央研究所技手	〃 鳳山	五等六級	中尾鷹雄	明二八年 五十一才	愛媛県
北海道帝大農学部卒	昭十一年總督府中央研究所技手	〃 植物 理科長	四等七級	德永芳雄	明四一年 三十八才	福岡県
台北帝大農学部卒	昭十年中央研究所助手 〃十二年仝所技手	〃 土木口藝文	六等九級	平野昇一	明四四年 三十四才	千葉県
北海道帝大農学部卒	昭十四年北海道聯農敗賣利用組合聯合会 〃十五年總督府農業試驗所技手	〃 南方要員錬成所々員	五等八級	先本勇吉	大四年 三十一才	北海道
台北帝大理農学部卒	昭十五年台中州農会技手 〃十八年台中州技手	〃 台中	七等十一級	橋岡良夫	明四十四 三十五才	大阪府

一四

鹿児島県立大島農学校卒	明四十年神奈川県立農事試験場技手 大七年總督府技手	農業試驗所技師 農商局農務課	三等六級	貴島豊智	明一八年 六十一才	鹿児島県
東京帝大農学部卒	昭十一年農林省農事試驗場助手 〃十五年同技手	〃 鳳山	六等八級	福田仁郎	明四四年 三十五才	和歌山県
北海道帝大。農学部卒	昭十三年和歌山県農林技手 〃十七年總督府農業試驗所技手	〃 種藝科	六等十級	片山廣	大三年 三十二才	京都府
仝	昭十五年台南州技手 〃十八年總督府農業試驗所技手	〃 種藝科長心得	六等十級	鈴木直治	大三年 三十二才	神奈川県
仝	昭十三年總督府中央試驗所技手	〃 鳳山	七等十級	浅野秀雄	大二年 三十三才	愛知県
台北帝大理農学部卒	昭八年總督府中央研究所嘱託 〃九年新竹州産業技手 〃十三年台北帝大助手 〃十六年台湾産業技師 〃 地方技師	〃 農産部農産課	六等八級	松尾活氣	明三九年 四十才	高知県
台北帝大理農学部卒	昭九年台南州農会技手 〃十七年台北帝大農専教授	〃 鳳山支所長	六等八級	平尾新三郎	明四一年 三十八才	徳島県

(3) 工業試驗所技師

學歴	略歴	現官職	官等俸級	氏名	生年年令	本籍
廣島高工応用化学卒	大十四年中央研究所助手 昭八年中央研究所技手	工業研究所技師 化学分析部	五等八級	畑忠太	明三七年 四十二才	鳥取県

工手學校 応用化学科卆	大十三年 農商務省東京工業試験所技手	工業研究所技師 化学分析部	六等 七級	新海重行	明三〇年 四十九才	福岡県
東京帝大 理学部卆	昭三年 在台湾總督府中央研究所技師	〃 民政官	二等 三級	池田鐵作	明二八年 五十一才	東京都
東京高工 応用化学卆	昭五年總督府中央研究所技手	〃 有機化学工業部	五等 八級	藤田安二	明三六年 四十三才	廣島県
台北帝大 理農学部卆	昭十五年 工業研究所嘱託 仝 年 工業研究所技手	〃 化学分析部	七等 九級	松本勝悟郎	大四年 三十一才	栃木県
東京帝大 理学部卆	大十三年中央研究所技手 〃十五年中央研究所技師	〃 民政官	三等 三級	市川信敏	明三三年 四十七才	山形県
東京工業大 染料化学科卆	昭八年 東京工大研究助手 〃十一年 總督府技手 〃十五年 總督府技師	〃 有機化学工業部	五等 七級	川竹直作	明四二年 三十七才	東京都
台北帝大 理農学部卆	昭十六年 工業研究所技手	〃 無機化学工業部	六等 九級	岩永忠勝	明四四年 三十五才	長崎県
茨城県立 工業卆	大五年 東京電気工業技手 〃九年 總督府研究所技手	〃 鉱工局鉱務課	五等 七級	白土四郎	明二七年 五十二才	茨城県
台北帝大 理農学部卆	昭十年 台湾製塩嘱託 〃十四年 工業研究所技手	〃 民政官	五等 七級	倉岡圭二郎	明四一年 三十八才	福岡県
東京帝大 農学部卆	昭九年 中央研究所技手 〃十二年 總督府中央研究所技師	〃 酒課	四等 七級	中野政弘	明四〇年 三十九才	岩手県
仝	昭十二年 帝国製糖社員 〃十六年 工業研究所技手	〃 有機工業部	六等 八級	鄯花雄	明四四年 三十五才	茨城県
千葉医専 薬学科卆	昭三年 三重県女子師範教諭 〃十年 東北帝大助手 〃十二年 中央研究所技手 〃十三年 中央研究所技師	〃 〃	四等 六級	村越俊一	明三一年 四十七才	静岡県

一五

學歴	略歴	現官職	官等俸級	氏名	生年年令	本籍
鹿児島高等農林卒	大十一年 總督府専賣局技手	工業研究所技師 農業局食糧部	五等六級	勝田常芳	明三三年 四十七才	鹿児島県
大阪高工窯業科卒	明四十五年 陶器工業教諭 大十二年 中央研究所技手	〃 無機化学工業部	六等八級	松井七郎	明二二年 五十八才	大阪府
東京工大電気化学科卒	昭十六年 總督府工業研究所技手	〃 〃	七等十一級	小島林平	大五年 三十才	愛知県
東京帝大農学部卒	昭十四年 工業研究所技手	〃 醗酵工業部	六等八級	島田四郎	明四四年 三十五才	東京都
北海道帝大工学部卒	昭十年 總督府専賣局技手	〃 無機化学工業部	五等六級	山本豊雄	明四一年 三十八才	北海道
東京帝大理学部卒	昭七年東京工大助手 〃十年總督府技師	〃 民政官	三等五級	塩見賢吾	明四一年 三十八才	岡山県
台北帝大理農学部卆	昭十年台湾總督府技手	〃 化学分析部	五等八級	羽室亨	明四十三年 三十六才	佐賀県
仝	昭七年台北帝大助手	〃 醗酵工業部	五等八級	霜 三雄	明四二年 三十七才	茨城県

(4) 糖業試験所技師

學歴	略歴	現官職	官等俸級	氏名	生年年令	本籍
東京帝大農科大学卒	大十年 農商務省農事試験所技手 〃十二年 同 技師	糖業試験所技師 農商局農務課	二等四級	山崎守正	明二九年 五十才	群馬県

東北帝大農科大学卒	大四年 東北帝大助手 〃七年 北海道庁技師	糖業試験所技師 農藝化学科長	三等(勅待) 一級	斉藤鉄造	明二一年 五十八才	北海道
北海道帝大農学部卒	大十三年中央研究所囑託 大十四年中央研究所技手	〃 農商局農務課	三等 三級	高野秀三	明三一年 四八年	石川県
京都帝大農学部卒	昭七年 京都帝大囑託 〃十六年 京都帝大助教授	〃 製糖化学科長	五等 五級	今木喬	明三九年 四十才	和歌山県
仝	昭十三年糖業試験所技手	〃 纖維化学科	六等 十級	立野恒夫	明四三年 三十六才	大阪府
北海道帝大農学部卒	大十五年北海道帝大農学部囑託 昭二年中央研究所技手	〃	三等 五級	坂本敏雄	明三一年 四十八才	
東京帝大農学部卒	昭八年 糖業試験所助手 〃十年 糖業試験所技手	〃 纖維化学科長	四等 七級	岩田茅	明四〇年 三十九才	岐阜県
總督府高等農林卒	昭五年 台湾總督府技手 〃十年 兼任糖業試験所技手	〃 醗酵化学科	六等 九級	萱島秀樹	明三五年 四十四才	宮崎県
台北帝大理農学部卒	昭七年 糖業試験所助手 〃八年 仝 技手	〃 育種科長	五等 七級	中村迎	明三九年 四十才	鹿児島県
東京帝大農学部卒	昭十年 糖業試験所助手 〃十二年 仝 技手	〃 醗酵化学科長	五等 八級	鈴木信一	明四四年 三十五才	宮城県
鳥取高農農藝化学卒	大三年中央研究所技手	〃 醗酵化学科	六等 八級	村雲謙次郎	明三四年 四十五才	愛知県
九州帝大農学部卒	大十四年和歌山県師範教諭 昭七年 台湾總督府糖業試験所技手	〃 農商局農務課	四等 六級	桐生知次郎	明三五年 四十四才	長野県
鹿児島高等農林卒	昭五年 台湾總督府技手	〃	七等 九級	前野藤吉	明三七年 四十二才	
九州帝大農学部卒	昭十一年九州帝大助手	〃 耕種科長	六等 八級	藤田光	明三八年 四十一才	茨城県

一六

(5) 林業試驗所技師

學科	略歴	現官職	官等俸級	氏名	生年年令	本籍
總督府高等農林卒	昭三年中央研究所助手 〃五年 〃 技手	林業試驗所技师 パルプ部長	五等 八級	野仲忠彦	明三七年 四十二才	大分県
東京帝大農学部卒	昭七年愛知県安城農林教諭 〃十五年大日本木材工業会社	〃 木材部長	五等 八級	高橋四十夫	明四〇年 三十九才	愛知県
仝	昭八年任台湾總督府技手	〃 林産部長	五等 七級	天野正名	明四〇年 三十九才	廣島県
仝	昭七年任台湾總督府技手 〃十四年任台湾總督府技师	〃 施業部長	四等 七級	神原一喜	明三六年 四十三才	廣島県
仝	昭十三年任台湾總督府技手	〃 木材課	六等 九級	斉藤栄吉	明四二年 三十七才	福島県
北海道帝大農学部卒	昭六年總督府技手 〃十二年台湾總督府技师	〃 施業部	三等 六級	三井四郎	明三五年 四十四才	北海道
九州帝大農学部卒	昭十六年總督府林業試驗所技手	〃 パルプ部	六等 十級	武井斉	明四二年 三十七才	福岡県
東京帝大農学部卒	昭五年總督府中央研究所助手 〃九年 〃 技手	〃 農商局山林課	五等 七級	飯塚肇	明三九年 四十才	島根県

(6) 水産試験所技師

學歴	略歴	現官職	官等俸級	氏名	生年年令	本籍
水産講習所漁撈科卒	昭七年水産講習所助教授 〃十四年台湾總督府技師	水産試験所技師 漁撈科長	五等 七級	安原良男	明三四年 四十五才	山形県
東京帝大農学部卒	大十三年東京帝大助手 昭十六年總督府嘱託	〃 農商局水産課	三等 三級	鉄本總吾	明二七年 五十二才	東京都
水産講習所漁撈科卒	昭十一年總督府技手	〃 殖産局水産課	六等 十級	牧重昂	明四一年 三十八才	愛知県
東京帝大農学部卒	昭七年總督府技手	〃 農商局水産課	六等 八級	中村廣司	明三九年 四十才	長野県

(7) 熱帯医学研究所技師

学歴	略歴	現官職	官等俸級	氏名	年齢	本籍
満洲医大卒	傳染病研究所技手 医博	熱帯医学研究所技師	五等 六級	桑嶋謙夫	四〇	山梨県

一七

(8) 氣象台技師

学歴	略歴	現官職	官等俸級	氏名	生年年令	本籍
東京帝大理学部卒	大十二年 附属測候技術官養成所講師 〃十四年 気象台技師	氣象台技師 氣象台長	二等 三級	西村傳三	明二六年 五十三才	三重縣
中央気象台測候技術官養成所	昭六年 気象台技手	〃 予報課長	六等 八級	岡四四亥	明四四年 三十五才	新潟県
大分県立宇佐中学卒	大元年 總督府測候所技手	〃 観測課長	九等 六級	橋本敬藏	明二四年 五十五才	大分県
日本大学商科中退	大七年 總督府測候所技手	〃 新竹測候所長	五等 八級	磐井一	明二三年 五十七才	東京都
第十臨時教員養成所物理化学科卒	昭五年 佐賀県立伊萬里商業教諭 〃十六年 總督府気象台技手	〃 台北出張所	六等 十級	末岡勝馬	明三九年 四十才	石川縣
中央気象台測候技術官養成所卒	昭七年 気象台技手 〃 年 總督府測候所技手	〃 阿里山測候所長	五等 八級	藤澤正義	明四三年 三十六才	熊本県
〃	昭八年 總督府測候所技手	〃 台北飛出張所長	五等 八級	橋本梅治	明四四年 三十四才	大分県
〃	昭五年 関東廳観測所技手 〃十二年 台湾總督府測候所技手	〃 調査課長	五等 七級	田辺三郎	明四〇年 三十九才	静岡県
〃	昭九年 總督府測候所技手 〃十三年 總督府気象台技手	〃 航空気象課長	五等 八級	樺澤實	明四四年 三十五才	群馬県
	大十二年 總督府測候所技手 昭十三年 總督府気象台技手	〃 調査課	六等 九級	河内健三	明二九年 五十才	廣島県
郡立農蚕学校卒	大十二年 總督府測候所技手 昭十二年 〃 気象台技手	〃 台北飛出張所	七等 九級	石川政勝	明三四年 四十五才	

三、総督府醫院、各療養所

精神病院、刑務所醫

一八

(1) 總督府医院医長、医官

学歴	略歴	現官職	官等俸級	氏名	年令	本籍
九州帝大医学部卒	大一四年久留米市立病院外科部長 昭二年県立大島病院長	澎湖医院長	三等三級	西　靖	明三二年 四十七才	熊本県
名古屋医大卒	昭一〇年 名古屋医大講師 〃一三年台北帝大助手	總督府医院医長 新竹医院	四等五級	森　直之	明四二年 三十七才	愛知県
台北医専卒	私立嘉義国生医院耳鼻咽喉科部長 （昭八年）	〃 花蓮港医院	五等五級	森　龍雄	明三七年 四十二才	富山県
熊本医大卒	昭一五．台湾總督府癩療養所医官	〃 嘉義医院	五等六級	佐藤忠夫	明四二年 三十七才	大分県
千葉医専卒	昭十一年傳染病研究所技手	〃 新竹医院長	三等二級	新見　勝	明二八年 五十一才	岡山県
台北医専卒	昭七年 私立兵庫病院奉職 〃十三年台北帝大助手	〃 屏東	五等七級	成原則雄	明四三年 三十六才	大分県
大阪医大卒	昭六年台湾電力会社技師 〃十年 医院医官補	〃 宜蘭	四等五級	早川満雄	明三六年 四十三才	熊本県
京都帝大医学大学卒	明四一年鹿児島県鹿児島市結核療養所奉職	〃 台南医院長	一等一級	野村精策	明一五年 六十四才	新潟県
台湾医専卒	昭二年總督府医院医官補	〃 台東医院勤務	三等五級	畠山和夫	明三七年 四十二才	山梨県
慶応大医学部卒	昭六年恩賜財団済生会赤羽乳児院嘱託	〃 屏東医院長	三等三級	中川雅美	明三四年 四十五才	岐阜県
台北医専卒	昭十年 医院医官補	医院医官	六等六級	廣津武夫	明四五年 三十四才	山口県
九州帝大医学部卒	昭六年 九州帝大副手	医院医長 屏東勤務	四等五級	原田　均	明四一年 三十八才	鹿児島県

九州帝大医科大学卒	大正八年九州帝大助手 〃十五年佐賀県好生館外科医長	医院医長 台南勤務	三等一級	德山克己	明二四年 五十五才	長崎県
熊本医大卒	昭四年日赤鳥取支部勤務 〃七年日本鋼管病院勤務	〃 台中勤務	三等五級	林秋廣	明三八年 四十一才	福岡県
金沢医大卒	昭六年金沢医大助手 〃九年医院医官補	〃 基隆勤務	四等六級	伏田雅	明三八年 四十一才	石川県
九州帝大医学部卒	昭二年九州帝大助手 〃三年九州医専教授	〃 高雄医院長	三等二級	權藤竹藏	明三一年 四十八才	福岡県
東京歯科医学校卒	昭六年東京女子医専助手 〃日大歯科医専講师	〃 台南勤務	四等六級	上國料與市	明三四年 四十五才	鹿児島県
北海道帝大医学部卒	昭一五 台北帝大助手	〃 高雄勤務	五等六級	篠原貞雄	明四四年 三十五才	秋田県
台湾医専卒	昭十四年医院医官補	〃 台中	三等七級	池間昌紀	明三三年 四十六才	沖縄県
東京帝大医学部卒	昭四年東京警察病院	〃 台中	四等三級	兒玉保	明三七年 四十二才	神奈川県
九州帝大医学部卒	大十五年愛媛県今治市今治病院外科部長	〃 宜蘭医院長	二等二級	笹川正路	明二七年 五十二才	東京都
熊本医大卒		〃 嘉義	五等六級	筒井喜三	明四二年 三十七才	愛知県
東京帝大医学部卒	大十一年東京帝大副手	〃 台中医院長	三等二級	長谷川亀之助	明二七年 五十二才	新潟県
九州帝大医学部卒	昭四年九州帝大副手	〃 嘉義	三等三級	河東洸	明三八年 四十一才	愛媛県
台北医専卒	昭七年日赤台湾支部医員 〃十五年医院医官	〃 高雄勤務	五等七級	伊藤正一	明四〇年 三十九才	長野県
台北医専卒	昭八年医院医官補 〃十九年医院医官	医院医官 台東医院長	七等六級	八代醇二	明四二年 三十七才	岐阜県

東京帝大医学部卒	昭三年宮城県公立組合病院	医院医長 基隆医院長	三等二級	森輝夫	明三五年 四十四才	兵庫県
総督府医専卒	昭九年医院医官補	医院医官 高雄勤務	六等七級	中園一雄	明四三年 三十六才	鹿児島県
台北医専卒	昭八年総督府技手 〃十年医院医官補	〃	五等六級	宜保之春	明三八年 四十一才	沖縄県
九州帝大医学部卒	昭六年基隆医院嘱託	医院医長 新竹勤務	三等三級	渕香一	明三〇年 四十九才	佐賀県
東京医専卒	昭五年広東博愛会医院医長ヲ嘱託	〃 花蓮港勤務	五等六級	井範弘	明三三年 四十六才	岐阜県
台北医専卒	昭八年医院医官補	医院医官 花蓮港勤務	五等六級	小林金次郎	明三九年 四十才	熊本県
〃	昭九年医院医官補	〃 宜蘭兼澎湖	六等七級	中島義雄	明四五年 三十四才	山口県
京都帝大医学部卒	昭十三年日赤台湾支部医員	医院医長 台南勤務	六等六級	渡嘉敷一郎	明四三年 三十六才	沖縄県
長崎医大専門部卒	大十五年医院医官補 昭十二年医院医官	〃 宜蘭勤務	四等六級	勝山喜矩衛	明三七年 四十二才	長崎県
京都府立医専卒	大十一年京都医専附属病院医員	〃 嘉義医院長	三等三級	苗加寛三	明三二年 四十七才	京都府
長崎医大卒	昭二年長崎医大助手	〃 台南	三等三級	永山正巳	明三一年 四十八才	鹿児島県
熊本医大卒	昭五年熊本医大助手 〃六年医院医官補	〃 台中	三等四級	成瀬博人	明三四年 四十五才	福岡県
九州帝大医学部卒	昭三年山口県萩町横山病院 〃五年屏東医院嘱託	〃 屏東	三等三級	吉武三郎	明三二年 四十七才	佐賀県
台北医専卒	昭八年医院医官補	医院医官 花蓮港	五等六級	大黒武三郎	明四三年 三十六才	大阪府

二〇

長崎医専卒	大十年県立長崎病院医院補 〃十二年 医院医官補	医院医官 澎湖	五等 五級	筒井剛一郎	明二九年 五十才	福岡県
台北医専卒	昭七年医院医官補	〃 台東	五等 六級	梅本万里	明四一年 三十八才	大分県
〃	昭十二年医院医官補	〃 〃	六等 六級	東山義雄	明四四年 三十五才	長崎県
京都帝大医学部卒	大十四年大日本武徳会京都武道専門校医	医院医長 花蓮港医院長	三等 一級	春田操	明二八年 五十一才	熊本県
九州帝大医学部卒	昭八年九州帝大附属病院医員	〃 台南	三等 四級	江崎一良	明三五年 四十四才	岐阜県
京都帝大医学部卒	大十五年横須賀市海軍共済会病院医長	〃 嘉義	三等 三級	中井叔夫	明三〇年 四十九才	愛知県
新潟医大卒	昭六年台南医院嘱託	〃 基隆	三等 四級	鷲尾了諦	明三四年 四十五才	東京都
台北帝大医専卒	昭十四年医院医官補	医院医官 新竹	七等 八級	太野兼弘	明四一年 三十八才	鹿児島県
長崎医大卒	昭七年県立鹿児島病院	医院医長 新竹	四等 五級	尾立六次郎	明三六年 四十三才	鹿児島県
台北帝大医専卒	昭十八年台北帝大専門部助教授	医院医官 基隆勤務	七等 八級	大城毅	大二年 三十三才	沖縄県
總督府医専卒	台南医専嘱託 昭五年 台北帝大副手 昭一八年	医院医長	五等	本生良柱	明三六年 四十三才	福井県
九州薬専卒	昭一二年台湾總督府医院調剤师	医院薬局長 高雄	六等 五級	山内茂弘	明三三年 四十六才	愛知県
東京帝大医学部薬学科卒	東京薬学専門学校女子部教授（昭八年）	〃 台南	四等 五級	山根好美	明三八年 四十一才	山口県

(2) 癩療養所（医長、医官）

学歴	略歴	現官職	官等俸級	氏名	生年年令	本籍
長崎医専卒	大六年県立長崎病院医院 昭五年總督府嘱託	癩療養所医長 楽生院長	三等一級	上川豊	明二五年 五十四才	廣島県
總督府医専卒	昭七年總督府嘱託	癩療養所医長 楽生院	三等四級	廣瀬秋壽	明三二年 四十七才	台南州
日本大学専門部医学科卒	昭六年總督府癩療養所医官補	癩療養所医官 楽生院	四等四級	馬嶋四郎	明三九年 四十才	石川県

(3) 結核療養所（医長、医官）

学歴	略歴	現官職	官等俸級	氏名	生年年令	本籍
東京帝大医学部卒	昭三年台湾總督府技師	結核療養所医長 松山療養所長	三等二級	佐藤敏	明三〇年 四十九才	新潟県
東北帝大医学部卒	昭一六年台湾總督府結核療養所医員	結核療養所医官 松山療養所勤務	六等七級	塩澤精一	大一年 三十四才	宮城県

二

(4) 精神病院（医長、医官）

學歴	略歴	現官職	官等俸級	氏名	生年年令	本籍
總督府医専卒	大十四年日赤台湾支部医院囑託	精神病院医官 養神院長	四等七級	分島俊	明三六年 四十三才	岡山県
九州帝大医学部卒	昭六年福岡県立筑紫保養院医員	精神病院医長 養神院長	三等四級	村岡正雄	明三八年 四十一才	佐賀県
日本医大専卒	昭六年台南總督府医院医官補	精神病院医官 養神院勤務	七等七級	勝田英夫	明三八年 四十一才	福島県

(5) 刑務所医官

学歴	略歴	現官職	官等俸級	氏名	生年年令	本籍
台北医専卒	昭十年總督府交通局囑託 〃十九年總督府保健技師	刑務医官 台北	六等六級	中嶋正	大元年 三十四才	熊本県
慈恵医専卒	昭五年基隆港東医院囑託	〃 台中	四等三級	池田廣	明二四年 五十五才	鹿児島県
東京医専卒	昭八年神奈川県防疫医 〃十二年總督府保健技師	〃 台北	五等五級	岡本鐘一	明四一年 三十八才	愛知県

四、交通局、港務局

三

(ノ) 交通局技師（鐵道部）

學歴	略歴	現官職	官等俸級	氏名	年齢	本籍
昭四、九州帝大工学部土木工学科卒	昭四・六・一〇 交通局技手（鉄道部改良課） 〃九・八・二五 交通局技師（鉄道部工務課） 〃一八・一二・一 高雄鉄道事務所長	交通局技師	三等五級	浜崎優二	四四	長崎縣
大正一四、北海道帝大附属土木専門部卒	大正一四・四・二九 札幌鉄道局雇 昭二・六・一六 鉄道局技手（札幌鉄道局） 〃一八・六・三 鉄道官 〃一八・七・八 交通局技師（鉄道部工務課） 〃一八・一二・一 台北鉄道事務所	〃	六等七級	國澤舜二	四四	北海道
大正一三、長崎医大附属医学専門部卒	大正一五・九・二三 鉄道医（鉄道省神戸鉄道病院大阪分院） 昭八・八・三〇 医学博士 〃一五・六・二〇 鉄道省広島鉄道病院耳鼻咽喉科医長 〃一九・六・二一 官制改正、運輸通信省鉄道医官 〃二〇・四・一四 交通局技師	〃 医学博士	四等二級	石川旭丸	四五	富山縣
昭五、旅順工科大学本科第一類卒	昭八・二・一四 交通局技手（鉄道部工作課） 〃一六・一・一三 交通局技師（台北機関庫長） 〃一七・九・一〇 陸軍技師（一四軍司令部付） 〃一九・六・二 交通局技師（鉄道部自動車課）	交通局技師	五等七級	平川康喜	四〇	熊本縣
昭四、東京帝大工学部土木工学科卒	昭四・六・二〇 交通局技手（鉄道部改良課） 〃七・一二・一九 交通局技師（〃　〃） 〃一八・一二・一 鉄道部施設課	〃	三等四級	坂本敏一	四一	鹿児島県
大正一四、名古屋高工機械科卒	昭二・九・一四 交通局技手（鉄道部工作課） 〃一八・一二・一 台北鉄道工場技術第二課長 〃二〇・五・三〇 交通局技師	〃	七等	本田敬一	四三	鹿児島県

二三

大正一一、京都府立医学専門学校卒	大正一四・八・一六 總督府医院医官補 昭一三・七・六 医学博士 〃一六・八・一二 交通局技师 〃一八・一二・一 官制改正、鉄道部總務課	交通局技师 医学博士		速水保彦	四七	東京都
大正二、熊本高工土木工学科卒	大正二・九・三〇 總督府鉄道部技手（工務課） 昭四・八・二 交通局技师（鉄道部建設改良課） 〃八・一二・一 台北鉄道工事々務所 〃一九・三・九 兼任總督府技师（鉱工局土木課）	交通局技师	五等 六級	八ケ代政市	四六	鹿児島県
大正一一、名古屋高工卒	大正一一・九・三〇 總督府鉄道部技手（汽車課） 昭四・八・二 交通局技师（鉄道部工作課）	〃	五等 六級	大町偉徳	四六	長崎県
大正一四、早稲田大学理工学部建築学科卒	昭六・七・三一 交通局技手（鉄道部改良課） 〃一六・三・三一 交通局技师（鉄道部建設改良課） 〃一八・一二・一 官制改正、鉄道部施設課	〃	五等 六級	磯部政雄	四五	東京都
大正一〇、東京帝大工学部土木科卒	大正一〇・四・一六 總督府鉄道部技手 〃一三・二・二八 總督府鉄道部技师 〃一三・一二・二五 官制改正、交通局技师（鉄道部工務課） 〃一八・一二・一 鉄道部施設課長	〃	二等 四級	谷口廣三	五二	愛知県
大正一一、旅順工科大学附属工学専門部卒	大正一二・六・三〇 總督府鉄道部技手（工務課） 昭一七・三・四 交通局技师（鉄道部工務課） 〃一八・一二・一 官制改正 鉄道施設課	〃	六等 七級	小畔禎一	四九	山口県
大正一〇、熊本高工、土木工学科卒	大正一五・九・九 交通局技手（鉄道部工務課） 昭一三・五・一二 交通局技师（鉄道部建設改良課） 〃一八・一二・一 高雄鉄道事務所	〃	四等 六級	神村孝太郎	四九	沖縄県
大正三、台湾總督府中学校第二部卒	大正九・一〇・七 總督府鉄道部技手（汽車課） 昭一八・七・二六 交通局技手（鉄道部運転課） 〃一九・六・一三 交通局技师（高雄鉄道工場長）	〃	六等 八級	小泉幸一	五一	静岡県

昭二、熊本高工、土木工学科卒	昭二・九・一四 交通局技手（鉄道部改良課） 〃 一九・六・一二 交通局技師（台北鉄道工事々務所）	〃	七等九級	村松岩一	四四	熊本県
昭五、早稲田大学理工学部建築科卒	昭八・一〇・四 交通局技手（鉄道局改良課） 〃 一九・六・一二 交通局技師（鉄道部施設課）	〃	七等九級	木口吉弘	四七	静岡県
大正一五、金沢高工、機械工学科卒	昭四・三・三一 交通局技手（鉄道部工作課） 〃 一九・六・一三 交通局技師（海務部） 〃 一九・三・一〇 鉄道部自動車課	〃	七等九級	吉野明	四三	熊本県
大正一四、九州帝大工学部機械科卒	大正一五・九・一 交通局技手（鉄道部汽車課） 昭四・一二・四 交通局技師（高雄鉄道工場長） 〃 一四・七・六 花蓮港鉄道出張所長 〃 一七・一〇・二九 鉄道部工作課長	〃	三等三級	東春一	四八	佐賀県
昭二、京都帝大工学部土木工学科卒	昭一三・六・二〇 交通局技手（鉄道部建設改良課） 〃 一六・七・一八 交通局技師（〃 〃） 〃 一八・一二・一 鉄道部施設課	〃	五等八級	川口源九郎	三四	愛知県
大正一三、早稲田大学理工学部機械工学科卒	大正一四・一二・六 鉄道局技手（神戸鉄道局） 昭一三・一〇・二九 鉄道局技師（広島鉄道局） 〃 一六・一二・一三 鉄道技師（鉄道大臣官房幹線調査課） 〃 一七・一〇・二九 交通局技師（鉄道部運転課） 〃 一八・一二・一 鉄道部業務課	〃	四等五級	出口芳雄	四八	奈良県
昭八、九州帝大工学部土木工学科卒	昭八・四・一七 鉄道技手（鉄道省建設局） 〃 一三・三・七 鉄道技師（鉄道省岡山建設事務所） 〃 一四・八・三〇 鉄道局技師（門司鉄道局） 〃 一七・一〇・二九 交通局技師（鉄道部建設改良課） 〃 一八・一二・一 台北鉄道工事々務所長	〃	四等四級	四十万小祐	三六	富山県
昭九、京都帝大工学部卒	昭一三・四・三〇 交通局技手（鉄道部工作課） 〃 一九・一二・七 交通局技師（〃 〃）	〃	五等七級	住吉敏明	三八	廣島県

二四

昭二、京都帝大工学部機械科卒	昭四・九・一 交通局技手（鉄道部運転課） 〃 一二・六・九 交通局技師（〃） 〃 一五・九・一四 台北鉄道工場長	交通局技師	四等 六級	糠塚英次郎	四三	秋田県
大正一五、金沢高工、機械工学科卒	昭三・六・一六 鉄道局技手（大阪鉄道局） 〃 一六・八・二六 鉄道局技師（〃） 〃 一八・三・一六 交通局技師（鉄道部工作課）	〃	五等 七級	世良田健一	四二	石川県
大正九、大阪高工、機械科卒	大正一三・九・三〇 総督府鉄道部技手（汽車課） 〃 一三・一二・二五 交通局技手 昭十六・三・三一 交通局技師（鉄道部工作課） 〃 一八・一二・一 鉄道部監理課	〃	五等 七級	岡本七太郎	四八	福井県
昭二、金沢高工、土木工学科卒	昭二・九・一四 交通局技手（鉄道部改良課） 〃 一七・三・四 交通局技師（鉄道部工務課） 〃 一八・一二・一 官制改正 鉄道部施設課	〃	六等 八級	梅澤友二郎	四七	新潟県
昭三、長岡高工、機械科卒	昭五・一二・一六 鉄道局技手（東京鉄道局） 〃 一二・三・三 鉄道技手（鉄道省運輸局自動車課） 〃 一八・四・三〇 鉄道官（仙台鉄道局） 〃 一八・九・一七 交通局技師（鉄道部運転課） 〃 一八・一二・一 官制改正 鉄道部監理課	〃	七等 八級	小林正直	四〇	新潟県
昭四、金沢高工、土木工学科卒	昭四・五・一〇 交通局技手（鉄道部改良課） 〃 一七・二・五 交通局技師（鉄道部建設改良課臨時在勤）第二十三軍司令部付 〃 一八・一二・一 鉄道部施設課	〃	六等 七級	俵正	四〇	石川県
大正一一、旅順工科大学附属工学専門部機械工学科卒	大正一三・六・三〇 総督府鉄道部技手（汽車課） 昭一七・五・八 交通局技師（鉄道部監督課臨時在勤）第二十三軍司令部附 〃 一八・一二・一 鉄道部監理課臨時在勤	〃	六等 七級	小川章	四八	佐賀県

學歷	略歷	現官職	官等俸級	氏名	年令	本籍
大正一四、鉄道省教習所高等部機械科卒	大正七・三・一六 鉄道院技手 大正九・五・一五 鉄道局技手（名古屋鉄道局） 昭八・四・四 交通局技師（鉄道部運転課） 〃一六・一〇・二三 第二十三軍司令部附 〃一八・三・一 鉄道部業務課臨時在勤	〃	三等 四級	丸田登	五三	茨城県
明四二、京都帝大医学部卒	大正三・五・二一 總督府医院医長 〃一五・七・三 樺太庁医院医官 昭一七・一〇・二八 交通局技師（鉄道部總務課臨時在勤） 第二十三軍司令部附	〃	三等 五級	細見仁	六一	東京都
大正一四、日本大学高等工学校建築本科卒	昭三・一一・三〇 復興局技手（東京第三出張所） 〃四・一二・二五 交通局技手（鉄道部改良課） 〃一八・一〇・一三 交通局技師（鉄道部建設改良課臨時在勤） 第二十三軍司令部附 〃一八・一二・一 鉄道部施設課臨時在勤	〃	六等 八級	宮村弘	四九	滋賀県

（乙）交通局技師（逓信部）

學歷	略歷	現官職	官等俸級	氏名	年令	本籍
	大正九・七・一五 總督府通信技手（逓信局） 〃一三・一二・二五 交通局技手（官制々定） 昭一七・九・一七 交通局技師（逓信部工務課）	交通局技師	五等 八級	小原一二	五二	鹿児島県

二五

大正一〇、逓信官吏養成所技術科卒	大正一一・九・八 總督府通信技手（通信局工務課） 〃一三・一二・一五 交通局技手（官制々定） 昭一三・三・一五 交通局技師（逓信部工務課） 南支派遣通信隊付 〃一七・九・一七 交通局技師（逓信部工務課）	交通局技師	六等 八級	竹村今朝次	四八	栃木県
昭三、熊本高工、土木工学科卒	昭三・三・三一 熊本県立工業学校教諭 〃八・七・二四 總督府技手（内務局土木課） 〃九・一二・三 交通局技手（逓信部航空課） 〃一九・三・一八 交通局技師（〃）	〃	七等 九級	中本茂	四一	島根県
昭二、名古屋高工、建築科卒	昭二・九・一四 交通局技手（鉄道部改良課） 〃一七・三・六 逓信部工務課 〃一七・六・一五 交通局技師（逓信部工務課兼経理課）	〃	七等 七級	玉井和夫	四一	島根県
昭一三、九州帝大工学部電気工学科卒	昭一三・一・三一 交通局技手（逓信部工務課） 〃一三・一二・二七 淡水無線受信所長 〃一四・九・八 交通局技師（逓信部工務課）	〃	五等 七級	井上力夫	三三	京都府
	大正七・一二・二 總督府通信技手（民政部通信局） 〃一三・一二・一五 官制改正、交通局技手 昭四・三・二二 依願免本官 〃六・七・一三 交通局技手（逓信部工務課） 〃二〇・九・六 交通局技師	〃	六等	前田筆次	五五	熊本県
大正一四、逓信官吏練習所技術科卒 一五、無線電信技術科卒	大正一五・四・一 交通局技手（逓信部工務課） 昭二〇・二・一 逓信部台北線路工務出張所長 〃二〇・一〇・二 交通局技師	〃	七等	青木義臣	四三	岡山県
大正一五、逓信官吏練習所技術科卒、昭三同無線電信技術科卒	大正一五・九・三〇 交通局技手（逓信部工務課） 昭二〇・一〇・二 交通局技師	〃	七等	光武勝巳	三九	佐賀県
昭二、逓信官吏練習所技術科卒、昭三、同無線電信技術科卒	昭二・九・一五 交通局技手（逓信部） 〃二〇・一〇・二 交通局技師	〃	七等	佐藤芳三	四五	新潟県

大正五、逓信官吏練習所卒	大正六、三、三 總督府通信技手（民政部通信局） 〃一三、一二、二五 官制改定、交通局技手 昭一五、四、二六 交通局技師（逓信部工務課） 〃一九、二、一五 海軍技師（海南海軍特務部） 〃一九、一二、二三 交通局技師	〃	四等五級	田辺彝亮	五六	山口県
大正四、早稲田工手学校電工科卒	大正八、二、二八 陸軍技手（済南無線電信所） 〃一三、六、二六 總督府通信技手（逓信部工務課） 〃一三、一二、二五 官制改定、交通局技手 昭一三、三、二五 交通局技師（逓信部工務課）	〃	四等六級	橋本義明	五六	福島県
大正一五、大阪高工、造船科卒	昭五、三、二七 交通局技手（基隆築港出張所） 〃一七、六、一五 交通局技手（基隆海事出張所） 〃一七、一〇、一三 總督府高等海員審判所審判官 〃一八、一二、一 逓信部工務課	〃	七等七級	瀬戸又芳	四一	石川県
大正一五、仙台高工、電気工学科卒	昭四、四、一八 交通局技手（逓信部工務課） 〃一九、一、一四 交通局技師（逓信部工務課）	〃	七等九級	松田熊人	四二	
大正十二、逓信官吏練習所無線電信通信科卒	大正九、九、三〇 總督府通信属（淡水郵便局） 昭二、六、一五 交通局技手（逓信部工務課） 〃一三、一二、一五 交通局技師（〃）	〃	五等七級	花光照藏	五二	和歌山県
昭三、広島高工電気工学科卒	昭八、二、一〇 交通局技手（逓信部工務課） 〃一七、六、一七 交通局技師（逓信部工務課臨時在勤） 電信第十四聯隊附	〃	六等八級	完田秀雄	四〇	廣島県
大正一五、逓信官吏練習所無線電信技術科卒	昭二、九、一五 交通局技手兼總督府交通主事（逓信部工務課） 〃一八、六、一六、交通局技師（逓信部工務課臨時在勤） 第七固定通信隊附	〃	六等九級	豊福國藏	四五	福岡県

二六

(3) 交通局技師（海務部）

學歴	略歴	現官職	官等俸級	氏名	年令	本籍
大正七、東京帝大工科大学土木工学科卒	大正九、三、三一 台湾電力株式会社技師 〃一五、八、九 交通局技師（道路港湾課） 〃一八、三、一 港務局技師（高雄港務局築港部長） 〃一九、二、八 交通局技師（海務部港湾課長）	交通局技師	二等三級	篠原國憲	五二	鹿児島県
大正六、名古屋高工、土木科卒	大正一三、一二、二五 交通局技手（高雄築港出張所） 昭六、二、一〇 交通局技師（〃） 〃一九、二、八 新高築港出張所長	〃	三等四級	黒田愛之助	五二	徳島県
大正三、旅順工科学堂機械科卒	大正五、三、三一 總督府技手（民政部土木局土木課） 昭四、一二、四 交通局技師（高雄築港出張所） 〃一八、一二、一 港務局技師（高雄港務局築港部工務課） 〃二〇、八、一五 交通局技師	〃	三等三級	木原清次郎	五七	鹿児島県
昭五、山梨高工、土木工学科卒	昭五、三、二八 交通局技手（基隆築港出張所） 〃一五、五、二〇 交通局技師（〃） 〃一五、六、一 新竹築港出張所 〃一九、一二、一 高雄港務局築港部駐在	〃	五等八級	長谷川榮	三六	愛知県
昭四、徳島高工、土木科卒	昭四、一二、八 交通局技手（高築港出張所） 〃一五、五、二〇 交通局技師（基隆築港出張所） 〃一七、一二、一六 新高築港出張所	〃	五等七級	永渕光次	四二	佐賀県
昭九、九州帝大工学部土木工学科卒	昭九、七、三 交通局技手（道路港湾課） 〃一二、七、一四 交通局技師（〃） 〃一五、六、一 新高築港出張所	〃	四等六級	村上義彦	三五	大分県

大塚成	昭五、東京帝大工学部土木工学科卒	昭五・五・一三 交通局技手（道路港湾課） 〃九・一一・二七 交通局技師（高雄築港出張所） 〃一六・四・一 花蓮港埠頭出張所長 〃一八・一三・一 海務部港湾課	〃	三等五級	四五	佐賀県
大崎享	昭二、東京高等商船学校航海科卒	昭三・三・三 辰馬汽船株式会社入社 〃一三・一・一〇 交通局技手（高雄海事出張所） 〃一六・五・五 交通局技師（逓信部海事課） 〃一六・七・三 總督府地方海員審判官 〃一八・一三・一 海務部船舶課長心得	〃	五等七級	四三	長崎県
亀井英夫	大正一三、山口県立大島商船学校練習科航海科終了	大正一三・四・一 辰馬汽船株式会社入社 昭九・七・一八 交通局技師（新高築港出張所）	〃	七等五級	四六	福岡県
楠元巖	昭八、東京高等商船学校機関科卒	昭一五・一一・一三 交通局技師（逓信部海事課） 〃一八・七・一五 交通局技師（〃） 〃一八・九・二三 總督府高等海員審判所審判官 〃一八・一二・一 官制改正、海務部船舶課	〃	六等九級	三九	大分県

（ム）交通局標識技師

氏名	學歴	略歴	現官職	官等俸級	年令	本籍
中村幸次		明四〇・四・三〇 總督府燈台看守（漁翁島燈台） 昭一三・一三・二八 官制改正、交通局標識技手 〃二〇・九・二七 交通局標識技師	交通局標識技師	六等	六〇	東京都

二七

(5) 交通局医官

学歴	略歴	現官職	官等俸級	氏名	年令	本籍
昭九、東京帝大医学部医学科卒	昭三・七・二〇 台北帝大附属専門部助教授 〃一五・一〇・二八 医学博士 〃一七・二・二四 交通局鉄道医（鉄道部庶務課） 〃一九・一一・二一 交通局医官（勅令六四三号）	交通局医官 医学博士	五等 五級	徳永幹雄	三八	東京都
昭八、京都府立医科大学本科卒	昭一〇・六・一五 京都府立医科大学助手 〃一五・七・一七 医学博士 〃一七・二・二四 交通局鉄道医（鉄道部庶務課） 〃一九・一一・二一 交通局医官（勅令六四三号）	〃	五等 五級	大河譲吉	四〇	静岡県
昭二、千葉医大卒	昭一六・一一・六 台北鉄道医院内科医長 〃一七・二・二四 交通局鉄道医（鉄道部庶務課） 〃一九・一一・二一 交通局医官（勅令六四三号）	交通局医官	五等 五級	崎山毅	四六	東京都
昭五、京都府立医科大学卒	昭七・三・一七 京都府立医科大学助手 〃一一・一二・八 医学博士 〃一七・二・二四 交通局鉄道医（鉄道部庶務課兼花蓮港鉄道出張所） 〃一九・一一・二一 交通局医官（勅令六四三号）	交通局医官 医学博士	五等 五級	迫間忠義	四三	和歌山県
昭二、日本歯科医専卒	昭三・一・二 総督府医院医官補（台北医院） 〃一三・一・一五 医学博士 〃一六・一〇・一 台北鉄道医院歯科医長 〃一八・一二・一〇 交通局鉄道医 〃一九・一一・三 交通局医官（勅令六四三号）	〃	六等 六級	松村晋	四一	富山県
昭九、日本医大卒	昭一五・一〇・一三 医学博士 〃一五・一二・三 総督府医院医長（高雄医院） 〃一九・二・一 交通局鉄道医	〃	五等 五級	石渡宜郎	四〇	千葉県

二八

	一九、一一、二 交通局医官（勅令六四三号）					
昭九、名古屋医大卒	昭一二、八、三 名古屋医大助手 〃一六、一、二四 医学博士 〃一六、一〇、一 台北鉄道医院外科医長 〃一七、二、二四 交通局鉄道医（鉄道部庶務課） 〃一九、一二、三 交通局医官	交通局医官 医学博士	五等 五級	安井倉一	三〇	愛知県
昭二、台湾総督府医学専門学校卒	昭三、一二、一 総督府医院医官補（台北医院） 〃一三、四、二 台北帝大助手 〃一九、八、五 交通局嘱託（鉄道部総務課） 台北鉄道医院産婦人科医長 〃二〇、五、三〇 交通局医官	交通局医官	六等	田村達治	四一	東京都
昭五、日本医大専門部卒	昭一六、六、一〇 交通局技手（鉄道部庶務課） 〃一八、八、二七 花蓮港鉄道医院内科医長 〃二〇、一、一七 彰化鉄道診療所長 〃二〇、五、三〇 交通局医官	〃	七等	三池巌	四三	東京都
大正五、京都帝大医科大学	大正一五、一、二 医学博士 昭七、三、二五 総督府逓信保健技師（逓信部保健課） 〃一八、七、一 台南簡易保険診療所長 〃一九、一二、二 交通局医官（勅令六四三号）	〃 医学博士	三等 一級	米山義績	五二	三重県
大正九、京都帝大医学部卒	大正一四、四、一五 京都帝大助教授 〃一五、四、六 医学博士 昭七、三、二五 総督府逓信保健技師（逓信部保健課） 〃一八、七、一 台北簡易保険診療所長 〃一九、一二、二 交通局医官（勅令六四三号）	〃	三等 二級	上井敬三	五三	京都府
昭三、台湾総督府台北医専卒	昭一七、一〇、一 総督府逓信保健技師（逓信部保健課） 〃一八、七、一 基隆簡易保険診療所長 〃一九、一二、二 交通局医官（勅令六四三号）	交通局医官	六等 五級	内田馨	四八	宮崎県

學歴	略歴	現官職	官等俸級	氏名	年齢	本籍
昭八、長崎医大卒	昭一七・三・二五 總督府逓信保健技師（逓信部保険課） 〃一八・七・一 嘉義簡易保険診療所長 〃一九・一一・二一 交通局医官（勅令六四三号）	〃	五等四級	花城純	四二	沖縄県
大正九、熊本医専医学科卒	大正一三・一二・二五 熊本県防疫医（警察部衛生課） 〃一四・二・三 熊本県衛生技師（〃） 昭一七・三・二五 總督府逓信保健技師（逓信部保険課） 〃一八・七・一 台中簡易保険診療所長 〃一九・一一・二一 交通局医官（勅令六四三号）	〃	五等四級	狩野直幸	五〇	熊本県
昭一一、熊本医大卒	昭一四・七・一七 台北帝大助手 〃一九・三・六 總督府逓信保健技師（台南簡易保険診療所） 〃一九・一一・二 交通局医官（勅令六四三号）	〃	六等	翁方光明	三六	

(6) 海員養成所教官

學歴	略歴	現官職	官等俸級	氏名	年齢	本籍
神戸高等商船学校航海科卒	台湾總督府技手 交通局技手 陸軍予備少尉	台湾總督府海員養成所教官	七等十級	岩元武典	三六	鹿児島県

二九

港務局技師

氏名	年令	本籍	官等俸級	現官職	學歴	畧歴
圖子武八	五三	香川県	二等四級	港務局技師	大九、七、東京帝国大学工学部土木工学科卒	大正九、八、一六任台湾総督府技手 大正一二、四、八任台湾総督府技師 昭八、八、一五欧米各国ヘ出張 〃九、五、一七帰朝 〃二〇、三、二三補台湾総督府民政官
松本留吉	五七	茨城県	三等四級	〃	大四、九、一東北帝国大学、医学専門部医学科卒	大正四、一〇、四医師免許證登録第三七、五二号 大正八、三、二〇防疫医務嘱託 大正九、六、八任台湾総督府医院医官補 〃一〇、九、三任台湾総督府医院医官
吉村善臣	四九	福岡県	三等三級	〃	大一五、三、三一九州帝国大学工学部土木工学科卒	大正一五、四、二一任台湾総督府交通局技手 昭四、五、二三任台湾総督府交通局技師
小原己代志	四二	鹿児島県	七等		昭六、三、一五熊本高等工業学校土木工学科卒	昭六、四、一六技手ニ任ス（鹿児島市） 〃二〇、八、一五任台湾総督府港務局技師
松末勇	五七	東京都	三等五級	〃	大一〇、一二、七帝国日本官立商船学校機関科卒	大一〇、一二、一四一等機関士免状 昭七、六、二五任台湾総督府交通局技手 〃一〇、一〇、二任台湾総督府交通局技師 〃一八、一二、一任台湾総督府港務局技師
北川正勝	四一	熊本県	四等六級	〃	大一五、三、一五、熊本高等工業学校土木工学科卒	大一五、七、八任台湾総督府交通局技手 昭四、一二、二三任台湾総督府交通局技師 〃一八、一二、一官制改正
佐崎稔	四一	長崎県	四等七級	〃	大一四、三、一五、熊本高等工業学校土木工学科卒	昭四、三、二〇任台湾総督府交通局技手 〃一四、二、二三任台湾総督府交通局技師 〃一八、一二、一官制改正

大六・三 岡山県立工業学校土木科卒	大八・八・三 台湾総督府技手 昭一六・三・一七 台湾総督府交通局技師 〃 一八・一一・一 官制改正	〃	五等七級	石尾　進	四七	岡山県
昭四・三・九 山梨高等工業学校土木工学科卒	昭四・三・三〇 任台湾総督府交通局技手 〃 一五・五・二〇 任台湾総督府交通局技師 〃 一八・一一・一 官制改正	〃	五等七級	赤津　德	四〇	茨城県
大四・三 金沢高等工業学校機械科卒	大五・七・一七 任台湾総督府交通局技手 昭一六・三・一〇 任台湾総督府交通局技師 〃 一八・一一・一 官制改正	〃	五等七級	松井時治	四四	京都府
昭一一・三・三〇 東京帝国大学工学部土木工学科卒	昭一二・一・九 任台湾総督府交通局技手 〃 一六・五・一〇 任台湾総督府交通局技師 〃 一八・一一・一 官制改正	〃	五等七級	内田寿雄	三二	埼玉県
昭一三・三・三〇 京都帝国大学工学部土木工学科卒	昭一三・五・二 任台湾総督府交通局技手 〃 一八・九・七 任台湾総督府交通局技師 〃 一八・一一・一 官制改正	〃	六等九級	小川　元	三二	千葉県
昭一八・九・二五 台北帝国大学医学部卒	昭一八・一一・八 任高雄州港務部医官補 〃 二〇・九・二七 任台湾総督府港務局技師	〃	七等	野元淳孝	二八	鹿児島県
大一三・四 台湾総督府医学専門部熱帯医学専攻卒	昭六・一一・七 任台湾総督府医院医官補 〃 八・八・三 任台湾衛生技師 〃 一一・一・八 任台湾総督府州港務医官 〃 一八・一一・一 官制改正	〃	三等五級	岡根大舜	五九	香川県
明四〇・三・二三 山口県立岩国中学校卒	明四三・四・一八 任台湾総督府税関監吏 昭一七・四・六 任台湾総督府税関鑑定官 〃 一八・一一・一 官制改正	〃		牧島　進	五八	山口県

三〇

明四三・三・鹿児島県立加治木中学校卒	大元・一二・七 任台湾総督府税関監吏 昭一八・七・二六任台湾総督府税関鑑定官補 〃一八・一二・一、官制改正	港務局技師		湯川重規	五七	鹿児島県
大一五・三・二〇 大阪高等工業学校造船科卒	昭五・一二・二七任台湾総督府交通局技手 〃一七・六・一五任台湾総督府交通局技師 〃一八・一二・一八 任台湾総督府港務局技師 兼交通局技師	〃		瀬戸文芳	四一	石川県

五、專賣局

三一

(ﾛ) 專賣局技師

學歴	略歴	現官職	官等俸級	氏名	年齢	本籍
昭六、三、三一東京帝國大学工学部応用化学科卒	昭六、七、一五 專賣局雇ヲ命ス 〃九、六、三〇 任台湾總督府專賣局技手 〃一三、五、二〇 任台湾總督府專賣局技師	專賣局技師	四等七級	物井彌八郎	三九	栃木県
大一四、六東京帝国大学農学部農藝化学科卒	大一五、三、三 任台湾總督府專賣局技手 〃二、一〇、一三 任台湾總督府專賣局技師	〃	三等三級	星野不二男	四七	東京都
昭三、三東京帝國大学農学部農藝化学科卒	昭三、八、一五 任税務監督局技手 〃一二、一一、二四 任台湾總督府專賣局技師 〃一九、三、一〇 兼任台湾總督府工業研究所技師	〃	四等五級	鈴木一夫	四五	愛知県
大一一、三、三一大阪高等工業学校醸造科卒	大一一、九、五 任台湾總督府專賣局技手 昭一三、二、七 任台湾總督府專賣局技師	〃	四等六級	井上住太郎	四七	大阪府
昭八、三、二五台北帝国大学農学部農芸化学科卒	昭一一、三、三一 任台湾總督府專賣局技手 〃一五、五、二四 任台湾總督府專賣局技師	〃	五等七級	守田富吉	三八	和歌山県
大一四、三、三一東京帝国大学農学部農芸化学科卒	大一四、九、三〇 任台湾總督府專賣局技手 昭一一、七、二四 任台湾總督府中央研究所技師兼台湾總督府專賣局技師 〃一五、六、二四 兼任台湾總督府工業研究所技師 〃一九、三、 免兼官	〃	三等五級	野本只勝	四八	愛媛県
昭二、三、三一九州帝大農学部林学科卒	昭二、九、六 任台湾總督府技手 〃八、一一、二五 任台湾總督府地方技師 〃一三、九、二六 任台湾總督府專賣局技師	〃	三等五級	森太三郎	四四	滋賀県
昭六、三 台北帝大理農学部化学科卒	昭九、七、一 任台湾總督府專賣局技手 〃一四、九、一八 任台湾總督府專賣局技師	〃	五等七級	内藤力	三七	茨城県
大一五、四京都帝大工学部工業化学科卒	昭九、七、三 任台湾總督府專賣局技師	〃	三等五級	廣田直憲	四四	兵庫県

三二

大五・三・三一北海道帝大農学部農芸化学科卒	大五・四・二〇任台湾総督府専売局技手 昭七・三・三一任台湾総督府専売局技師	専売局技師	三等四級	安達良之助	四五	京都府
昭九・三・二四台北帝大理農学部農芸科卒	昭四・一二・一九任台湾総督府専売局技手 〃一八・七・一五任台南総督府専売局技師 〃一九・三・二三兼任台湾総督府技師	〃	六等九級	倉岡藤一	三五	鹿児島県
大一四・三・二三台湾総督府高等農林学校卒	大一五・三・二五任台湾総督府専売局技手 昭一八・七・二六任台湾総督府専売局技師	〃	六等六級	手島龍雄	四一	長崎県
大一四・三・一六千葉県立高等園芸学校卒	昭二・六・三〇任台湾総督府専売局技手 〃一九・七・二五兼任台湾総督府専売局属 〃一九・九・八任台湾総督府専売局技師	〃	七等	花香恭胤	四五	千葉県
大三・三・二〇佐賀県立中学校卒 大九・三・一四鹿児島高等農林学校卒	昭九・七・一任台湾総督府専売局技手 〃一九・六・二六任台湾総督府専売局技師	〃	七等十級	成富篤	五一	佐賀県
大一〇・三・二四鹿児島高等農林学校農学科卒	大一〇・三・三一大分県宇佐郡立農業学校教諭ニ任ズ 大一二・八・五任台湾総督府専売局技手 昭一五・七・九任台湾総督府専売局技師	〃	五等六級	村田吉熊	四八	鹿児島県
大一四・三・三一北海道帝大農学部農学実科卒	昭二・三・三一任台湾総督府専売局技手 〃一四・二・三一任台湾総督府専売局技師	〃	五等八級	蔭山市治	四四	千葉県
昭二・三・一六明治専門学校機械工学科卒	昭三・六・三〇任台湾総督府専売局技手 〃一七・二・二三任台湾総督府専売局技師	〃	六等八級	岩田安麿	四二	三重県
昭七・三・三一九州帝大農学部農芸化学科卒	昭一二・四・一任台湾総督府専売局技手 〃一九・一・六任台湾総督府専売局技師	〃	七等十級	藤本紫郎	四〇	兵庫県
大一五・三・一五金沢高工機械工学科卒	昭二・九・三〇任台湾総督府専売局技手 〃一五・九・一任台湾総督府専売局技師	〃	五等八級	川平則義	四五	鹿児島県
昭四・三・三〇京都帝大農学部農学科卒	昭四・九・一二奈良県立磯城農学校教諭 〃一四・一・九任台湾総督府専売局技手 〃一五・一二・三任台湾総督府専売局技師	〃	五等八級	東元樹	四二	廣島県

大五・四・五岩手県立工業学校建築科卒	大八・九・二任台湾総督府技手 昭一二・五・九任台湾建築技師 〃一七・四・六任台湾総督府専売局技師	〃	四等七級	畠山喜三郎	四九	岩手県
昭六・三・二五台北帝大理農学部農学科卒	昭六・四・一三理農学部副手 〃一六・四・一任台湾総督府専売局技手 〃一六・一二・六任台湾総督府専売局技師	〃	六等九級	平根誠一	三八	茨城県
昭一〇・三・二三台北帝大理農学部農学科卒	昭一五・六・六任台湾総督府専売局技手 〃一八・七・一五任台湾総督府専売局技師	〃	六等十級	名城堯	三三	沖縄県
昭四・三・三一東京帝大農学部農芸化学科卒	昭六・一二・五東大農学部副手 〃一三・五・三一任台湾総督府専売局技手 〃一七・四・六任台湾総督府専売局技師	〃	六等七級	大谷嘉久	四一	島根県
昭九・三・一七北海道帝大農学部林学科卒	昭一二・四・一任台湾総督府専売局技手 〃一八・三・三一任台湾総督府専売局技師	〃	六等十級	岡本堯	五〇	神奈川県
昭二・三・一五、大阪高工応用化学科卒	昭七・八・一〇台湾総督府専売局技手 〃一四・六・四兼任工業試験所技手 〃一八・二・九任台湾総督府専売局技師	〃	六等	金山尚明	四〇	山口県
昭二・三・三〇京都帝大農学部農林生物学科規定ノ学試験ニ合格	昭二・四・一京都帝大農学部副手 〃六・一六任専売局技手 〃八・一二・二任専売局技師 〃一七・六・一六兼任台湾総督府専売局技師	〃	三等五級	中村壽夫	四二	岐阜県
大一三・四東京帝大農学部農藝化学科卒	大一二・八・二五任専売局技手 昭三・八・一七任専売局技師 〃一九・九・一二兼任台湾総督府専売局技師	〃	三等二級	仁尾正義	四九	東京都

三三

大一四・三・三一 東京帝大工学部建築科卒	大一五・八 神奈川県建築技師 昭一〇・七・六 任商工技師 〃一八・三・三 兼任台湾総督府専売局技師	専売局技師	三等四級	池部宗薫	四四	三重県
昭八・三・三一 九州帝大医学部卒	昭一三・八・一四 医学博士学位授与 〃一七・二・一四 任台湾総督府専売局医	専売局医官	五等四級	村上忠美	三八	愛媛県

六、地方廳

三四

地方技師（台北州）

本籍	年齢	氏名	官等俸級	現官職	略歴	學歴
岐阜県	五一	中西誠意	六等六級	地方技师	大正一二・七・六 台北州郡技手（七星郡） 昭八・三・三一 台北州技手（内務部勧業課） 〃一五・六・八 台湾産業技师（台北州産業技师） 〃一八・三・二〇 總督府地方技师（産業部農林課） 〃二〇・二・一九 産業部農産課	大正九、東京農大本科卒
	四五	吉田長治	七等	〃	大正一五・六・三〇 山梨県道路技手兼土木技手 昭一〇・四・一〇 台北州産業技手（産業部土地改良課） 〃一七・六・二四 台北州技手（〃） 〃二〇・六・二六 總督府地方技师	大正一四、工手学校土木学科卒
北海道	四七	杉浦朝太郎	七等十級	〃	昭二・九・八 神奈川県土木技手 〃八・三・一七 台南州技手 〃一五・五・四 總督府技手（内務局土木課） 〃一九・一二・八 總督府地方技师（台北州警察部防空課）	昭三、日本大学専工部土木科卒
北海道	四八	下手米政行	三等二級	〃	昭四・一・二九 總督府技师（殖産局農務課） 〃八・三・三〇 總督府地方技师（台北州） 〃二〇・二・一九 産業部農産課長	大正一三、北海道帝大農学部農芸化学科卒
長野県	五五	安達敬智	二等二級	〃	大正一二・七・三 總督府州警察医 〃一三・三・二七 台湾衛生技师（新竹州） 〃一五・一・一五 總督府地方技师（新竹州衛生課長） 昭七・六・三 台中州衛生課長 〃一一・七・九 台北州警察部衛生課長	大正二、金沢医専医学科卒
熊本県	四八	坂本吉雄	六等十級	〃	昭七・三・二八 總督府技手（営林所造林課） 〃一八・八・一〇 總督府地方技师（台北州産業部林務課） 〃二〇・二・一九 産業部鉱工課	大正九、鹿児島高農林学科卒

三重県	四〇	渡辺正一	六等八級	地方技師	昭一〇・四・一六 總督府技手 〃一六・七・一〇 台湾産業技師（高雄州） 〃一七・一二・一五 總督府地方技師（台北州）	昭六・台北帝大理農学部農学科卒
岡山県	五二	磯崎義演	七等十級	〃	昭五・二・二二 台北市技手（土木課） 〃七・六・二 兼任總督府技手（内務局） 〃一二・一二・二六 台北市技師（土木課） 〃一九・六・二 總督府地方技師（基隆市土木課長）	大正七・岡山県立工業学校土木科卒
兵庫県	四〇	加地謙三	四等七級	〃	昭九・一〇・一六 總督府技手（殖産局） 〃一四・三・一七 總督府技師（總督府棉作指導所） 〃一五・六・八 總督府地方技師（台北州内務課勧業課）台北州農事試験場長兼務 〃二〇・二・五 總督府農事試験所技師兼任 〃二〇・二・九 産業部農産課	昭六・北海道帝大農学部農芸化学科卒
福岡県	四九	桑名次郎	四等五級	〃	大正一三・四・三〇 復興局技手 昭五・三・一八 總督府技手（内務局土木課） 〃一〇・九・三〇 台湾土木技師（高雄市土木水道課長） 〃一五・三・三〇 總督府地方技師（台北市土木課長）	大正二・日大高等工学校専攻部都市工学科卒
千葉県	四三	香取清之助	七等	〃	昭三・七・三一 台北州技手（内務部勧業課） 〃二〇・六・一五 台北州属（産業部管理課） 〃二〇・九・二七 總督府地方技師	大正一五・千葉県立高等園芸学校卒
長崎県	四四	八坂茂	三等五級	〃	昭二・三・二三 東京帝大助手（農学部） 〃五・一・二〇 台湾産業技師（高雄州内務部勧業課） 〃一五・四・六 台北州産業技師（内務部勧業課） 〃一八・六・二四 總督府地方技師（台北州産業部農水産課） 〃一九・六・一 産業部水産課長	大正一五・東京帝大農学部水産学科卒
鹿児島県	五二	篠原武男	四等七級	〃	大正六・九・三〇 總督府技手（民政部土木課） 昭一〇・六・五 台湾建築技師（台北州） 〃一八・六・二四 總督府地方技師（台北州）	大正三・工手学校建築科卒

昭五・仙台高工・土木工学科卒	昭一三・五・二七 台北市技師（衛生課兼土木課） 〃一四・九・八 台湾土木技師（台北市土木課） 〃一八・六・二四 總督府地方技師（台北市）	地方技師	五等八級	曽根武夫	三八	宮城県
大正一五・東京医専卒	昭五・九・二三 東京市技師 〃一三・八・五 医学博士 〃一五・四・六 台湾衛生技師（台北市衛生課長） 〃一八・六・二四 總督府地方技師（台北市厚生課長） 〃二〇・四・一三 台北市衛生課長	地方技師 医学博士	五等四級	富永兼忠	四五	奈良県
大正四・工手学校土木学科卒	大正六・九・三〇 台北庁技手 昭一二・七・三一 台北州技手（内務部土木課） 〃一六・三・一〇 台湾土木技師（基隆市土木技師兼台北州土木技師） 〃一八・六・二四 總督府地方技師（台北州）	地方技師	六等九級	大塚源十郎	五五	岐阜県

地方技師（台北州）

學歴	略歴	現官職	官等俸級	氏名	年齢	本籍
昭八・北海道帝大農学部畜産科第二部卒	昭一一・八・三一 總督府中央研究所技手 〃一三・九・三〇 台南州技手（内務部勧業課） 〃一六・九・八 台湾産業技師（産業部農林課） 〃一八・六・二四 總督府地方技師（台北州産業部水産課） 〃二〇・一・三〇 産業部畜産課長	地方技師	六等八級	吉富秀雄	三九	大分県

昭二、台湾總督府高農、農学科卒	昭三・七・三一 新竹州属 〃九・八・三一 總督府技手（殖産局農務課新竹出張所） 〃一八・五・三 台湾産業技師（台北州） 〃一八・六・二四 總督府地方技師（台北州） 〃二〇・二・二九 産業部農産課	地方技師	六等九級	小沼常雄	四八	茨城県
昭九、台北帝大理農学部化学科卒	昭一一・七・三一 台湾公立実業学校教諭 〃一三・七・五 總督府技手（殖産局商工課） 〃一八・九・三 總督府地方技師（台北州産業部商工課） 〃二〇・二・一九 産業部鉱工課	〃	六等九級	緒方鼎	四〇	
昭五・京都府医大卒	昭一四・七・一 台北州嘱託 〃一六・二・一七 總督府州警察医（台北州警察部衛生課） 〃一八・一二・一 總督府地方技師（〃）	〃	五等七級	中川昇	四四	兵庫県
昭四・東京帝大農学部林学科卒	昭一二・一・九 總督府技手（殖産局山林課） 〃一四・二・二七 總督府技師（殖産局山林課） 〃一八・一二・一 總督府地方技師（台北州産業部林務課長） 〃二〇・二・一九 産業部林産課長	〃	四等七級	武田義夫	四一	和歌山県
昭八、北海道帝大農学部林学科卒	昭一〇・三・三一 總督府技手（営林所） 〃一七・六・一七 總督府技師（殖産局山林課） 〃一九・一・一五 海軍技師 〃一九・八・一 總督府林業試験所技師 〃一九・一二・六 總督府民政官（台北州産業部林務部） 〃二〇・三・三 總督府地方技師兼林業試験所（台北州）	〃	六等七級	吉田三八郎	四一	
昭一五、大阪帝大工学部醸造学科卒	昭一六・四・三〇 總督府技手（殖産局鉱務課兼商工課） 〃一七・一二・二六 總督府地方技師（台北州産業部商工水産課） 〃二〇・二・一九 産業部鉱工課	〃	六等十級	二改末喜	三〇	島根県

昭九、東京慈恵医大卒	昭一〇・一・三一 中央研究所技手 〃一四・四・二八 熱帯医学研究所技手 〃一四・九・一九 台湾衛生技师（台北州警務課衛生課） 〃一八・六・二四 總督府地方技师（台北州）	〃	五等 八級	中川憲三	三六	岐阜県
大正二、福岡県立中学傳習館卒	大正九・一・二六 總督府技手（土木局土木課） 昭一六・九・三〇 台北市技師（土木課） 〃二〇・四・二六 總督府地方技师（台北州）	〃	七等 九級	永清恵吉	五三	福岡県
大正四、熊本高工土木工学科卒	大正七・三・三一、台中庁技手（庶務課） 昭四・一二・四、總督府交通局技师（道路港湾課） 〃一七・一〇・三一 總督府技师 〃二〇・三・一二 總督府民政官（台北州總務部土木課長） 〃二〇・七・一三 總督府地方技师	〃		諸岡明七	五二	佐賀県

地方技師（新竹州）

學歴	略歴	現官職	官等俸級	氏名	年齢	本籍
昭一〇、台南高工應用化学科卒	昭一五・七・六 總督府専賣局技手 〃一六・三・八 台南高工助教授 〃一九・一〇・四 總督府地方技师（新竹州）	地方技师	七等	尾形清	三二	福岡県
大正一五、金沢高工、土木科卒	大正一五・七・八 交通局技手（道路港湾課） 昭一三・四・二三 台湾土木技师（台北州内務部土木課） 〃一七・九・一六 總督府地方技师（新竹州總務部土木課長）	〃	六等 五級	辰巳造	四四	東京都

三七

大正三、東京攻玉社工業学校卒	昭四・七・二 總督府技手（内務局土木課） 〃一九・五・三一 新竹市技手（土木課長） 〃一九・六・二 總督府地方技師（新竹市）	地方技師	七等八級	糸井昇	五〇	
大正四、鹿児島高農農学科卒	大正一二・三・一三 新竹州技手（内務部勧業課 昭八・一〇・二、總督府地方技師（新竹州立農事試験場長） 〃一三・一・一 台湾産業技師（新竹州産業技師） 〃一六・七・八 總督府技師（殖産局農務課） 〃一九・一・一五 海軍技師 〃二〇・三・三〇 總督府地方技師（新竹州）	〃	四等六級	小野卯一	五五	鹿児島県
大正二、日本医学校卒	昭四・八・七 總督府州警察医（台北州警務部衛生課） 〃一六・三・一七 台湾衛生技師（台北州警察部衛生課） 〃一七・二・二三 總督府地方技師（新竹州警察部衛生課長）	〃	三等四級	渡辺房吉	五八	千葉県
大正五、東北帝大農科大学林学実科卒	大正六・九・三〇 總督府専売局技手（脳務課） 〃六・一二・一 依願免本官 〃八・一・二八 總督府専売局技手（脳務課） 昭二・六・四 總督府専売局技師（〃） 〃一三・九・二九 總督府地方技師（台中州内務部勧業課） 〃一八・三・一 新竹州産業部林務課長	〃	三等四級	青木繁	五三	大分県
大正一四、鹿児島高農、林学科卒	昭三・三・九 新竹州森林主事（内務部勧業課） 〃七・三・八 新竹州技手（〃） 〃一九・一・一五 總督府技師（新竹州産業部林務課）	〃	七等九級	木村一雄	四二	鹿児島県
明四五、攻玉社土木工学科土木科卒	大正七・三・三一 桃園庁技手 〃九・九・一 新竹州郡技手 昭六・一・二四 台湾土木技師（新竹州） 〃一八・六・二四 總督府地方技師	〃	三等七級	野上磯市	五九	山口県

山内源次	三五	京都府	七等 十二級	〃	昭一四・京都帝大農学部農林経済学科卒	昭一六・三・一四 総督府技手（殖産局） 〃一八・三・三一 新竹州技手（産業部農林課） 〃二〇・三・五 総督府地方技師（新竹州）
堺勝馬	四七	福岡県		〃	大正一〇、鹿児島高農林学科卒	大正一一・六・一六 総督府技手（殖産局） 昭五・三・三〇 台湾産業技師（新竹州内務部勧業課） 〃一八・六・二四 総督府地方技師（新竹州）
沖森政一	四〇	広島県		〃	昭四・福井高工・建築科卒	昭八・三・三一 総督府技手（官房営繕課） 〃一八・八・三一 兼任新竹州技手 〃一九・九・二〇 総督府地方技師（新竹州）
鈴木武雄	三八	宮城県		〃	昭七、台北帝大理農学部農学科卒	昭八・一二・七 高雄州技手（内務部勧業課） 〃一一・一二・九 総督府技手（殖産局） 〃一八・一〇・六 総督府地方技師（新竹州） 〃一九・六・一 産業部農務課
山口栄三郎	四七	栃木県		〃	大正一〇・北海道帝大水産専門部漁撈科卒	大正一四・一・一四 新潟県立能生水産学校教諭 昭九・一・二四 台南州技手（内務部勧業課） 〃一五・五・一六 台湾産業技師（新竹州内務部勧業課） 〃一六・七・八 総督府技師（水産試験場） 〃一九・一・一五 総督府技師（新竹州産業部農水産課） 〃一九・六・一 産業部水産課長
川口輝夫	三八	福岡県		〃	昭一〇・京都帝大農学部林学科卒	昭一三・一〇・一〇 総督府技手（営林所） 〃一九・八・三一 新竹州技手（産業部林務課） 〃一九・一一・一一 総督府地方技師（新竹州）
三村耕	三二	北海道		〃	昭一四・北海道帝大農学部畜産一部卒	昭一七・六・三〇 台湾産業技師（台北州） 〃一八・四・二六 新竹州産業技師（産業部農林課） 〃一八・六・二四 総督府地方技師（新竹州産業部水産課） 〃一九・六・一 産業部農務課

三八

學歴	略歴	現官職	官等俸級	氏名	年令	本籍
昭六金沢高工・土木工学科卒	昭八・八・二六 徳島県道路技手兼土木技手 〃 一一・一・八 高雄市技手 〃 一四・四・一 花蓮港庁技手 〃 一七・三・二五 台湾土木技師（新竹市土木課長） 〃 一八・六・二四 總督府地方技師（新竹州）	地方技師		酒井哲夫	三七	福井県
昭八・台北理農学部農学科卒	昭一一・七・三一 新竹州技手（内務部勧業課） 〃 一八・七・一五 總督府地方技師（新竹州） 〃 一九・六・一 産業部農務課	〃		彌富忠夫	四二	熊本県
昭八・總督府台北医專卒	昭一〇・二・一二 總督府警察医（台東庁） 〃 一六・六・一 總督府州警察医（新竹州） 〃 一八・一二・一 總督府地方技師（新竹州警察部衛生課）	〃		青崎敦	三六	鹿児島県

地方技師（新竹州）

學歴	略歴	現官職	官等俸級	氏名	年令	本籍
昭六・台北帝大理農学部農学科卒	昭七・六・二一 總督府技手（殖産局農務課） 〃 一三・五・一八 台湾産業技師（新竹州産業部勧業課） 〃 一五・六・八 總督府地方技師（ 〃 ） 〃 一九・六・一 産業部農務課	地方技師	四等八級	石橋普	三七	福岡県
昭四・總督府台北医專卒	昭九・三・一〇 總督府医院医官補（花蓮港医院） 〃 二〇・一・一四 新竹州嘱託 〃 二〇・七・一三 總督府地方技師	〃	六等	村山俊夫	三五	秋田県

地方技師（台中州）

學歷	略歷	現官職	官等俸級	氏名	年令	本籍
昭六・北海道帝大農学部農学科卒	昭一一・三・三一 總督府中央研究所技手 〃一四・四・二八 總督府農業試驗所技手 〃一五・七・八 台湾産業技师（台中州立農事試驗場長） 〃一八・三・三〇 總督府地方技师（〃） 〃一八・一二・一 産業部農水産課	地方技师	五等 八級	林 四郎	三九	東京都
大正一二・台湾總督府医專卒	大正一四・三・一八 總督府結核療養所医員 〃一五・一〇・二 總督府技手（警務局衛生課） 〃八・一・三〇 台湾衛生技师（台中州警務部衛生課） 〃一四・五・三一 總督府州港務医官（港務部検疫課長） 〃一九・一一・一二 總督府地方技师（台中州警察部衛生課長）	〃	三等 五級	旭 重雄	四五	静岡県
大正一二・東北帝大工学専門部土木工学科卒	大正一二・九・三〇 總督府工事部技手 昭六・九・三 台湾土木技师（高雄州内務部土木課） 〃八・五・二〇 總督府地方技师（台中州内務部土木課長）	〃	三等 三級	阿部 貞壽	五六	宮城県
大正八・東京帝大農学部林学実科卒	大正九・六・二三 總督府営林局技手 昭一六・二・六 總督府技手（殖産局山林課） 〃一六・二・二六 總督府地方技师（台中州産業部農林課） 〃一八・一二・一 産業部林務課	〃	五等 八級	野尻 昇生	五〇	熊本県
昭四・台北帝大附属農林専門部卒	昭六・九・八 新竹州郡技手 〃一六・八・二 總督府技手（殖産局） 〃一七・一二・二八 海軍技师 〃一九・四・三 總督府地方技师（台中州産業部農水産課） 台中州立種畜場長兼務	〃	六等 九級	梅田 進	四二	熊本県

三九

昭二、台北帝大理農学部農学科卒	昭八・五・七總督府技師（殖産局植物検査所） 〃一九・八・二六總督府地方技師（台中州産業部農務課）	地方技師	五等八級	岡千里	三四	宮城県
昭七、東京帝大農学部農藝化学科卒	昭一一・一二・二六總督府糖業試験所技手 〃一四・四・一七台湾産業技師（台中州工業試験所） 〃一八・六・二四總督府地方技師（台中州） 〃二〇・二・一〇台中州立工業試験所長	〃	五等	黒川昇	四一	廣島県
大正九、鹿児島高農農学科第二部（農藝化学部）卒	大正一三・一二・一七台中州技手（内務部勧業課） 昭一五・五・三台湾産業技師（台中州内務部勧業課） 〃一八・六・二四總督府地方技師（台中州産業部農水産課）	〃	七等	筒井諒庸	五二	三重県
昭一〇、昭和医専卒	昭一四・一二・二八台北帝大助手 〃一九・一〇・四總督府地方技師（台中州警察部衛生課）	〃		小西孝一	三五	石川県
大正二・一四白河郡立農学校卒	大正一〇・一二・一七總督府技手（殖産局農務課） 昭一五・八・九台湾産業技師（台南州内務部水利課） 〃一六・一二・二七台中州産業技師（産業部土地改良課事務取扱） 〃一八・六・二四總督府地方技師（台中州） 〃一九・五・二九産業部耕地課長	〃	五等八級	絲川五郎	五〇	福島県
昭三、農林省水産講習所漁撈科卒	昭七・七・一總督府技手（殖産局） 〃一四・五・二六總督府技師（殖産局水産課） 〃一五・四・六台湾産業技師（台中州立水産試験場長） 〃一八・六・二四總督府地方技師（台中州） 〃一九・六・一産業部水産課長	〃	五等九級	平塚均	四三	宮城県
昭九、台北帝大理農学部農学科卒	昭一五・七・三〇總督府技手（内務局土木課） 〃一九・六・二六總督府地方技師（台中州産業部耕地課）	〃	七等十級	柴村健吉	三五	東京都
昭七、九州帝大農学部林学科卒	昭一一・一一・三新竹州技手（内務部勧業課） 〃一三・八・一總督府技手（殖産局山林課） 〃一八・八・二〇總督府技手（殖産局高雄山林事務所長） 〃一九・一一・七總督府地方技師（台中州産業部林務課）	〃	六等九級	山下貞夫	三七	佐賀県

学歴	略歴	現官職	官等俸級	氏名	年令	本籍
大正三、日大高等工学校土木科専科卒	昭五・一・三 都市計画地方委員会技手兼東京都府技手 〃一六・二・二八 台湾土木技師（台中市土木技師）土木水道課長 〃一八・六・二四 總督府地方技師（台中州）	〃	五等七級	西池正	四六	京都府
昭五、東京帝大農学部農業経済学科卒	昭五・四・一五 總督府技手（殖産局特産課） 〃一三・六、總督府地方技師（台北州内務部勧業課） 〃一七・一〇・三〇 陸軍技師 〃一九・六・二七 總督府地方技師（台中州産業部農務課）	〃	三等六級	山中喜造	四二	福岡県
昭四、熊本高工、土木工業科卒	昭七・九・一七 大分県土木技手兼道路技手 〃一四・一・一七 台中州土木技手 〃一八・一・一三 台湾土木技師（台中州總務部土木課） 〃一八・六・二四 總督府地方技師（台中州）	〃	七等十級	坂本進	四一	大分県

地方技師（台中州）

学歴	略歴	現官職	官等俸級	氏名	年令	本籍
昭一〇、台北帝大理農学部農学科卒	昭一〇・一一・二一 台中州技手 昭一四・二・一六 總督府技手（殖産局） 〃一八・五・三 台湾産業技師（台東庁） 〃一八・六・二四 總督府地方技師（台東庁勧業課） 〃一九・六・二七 台中州産業部農務課	地方技師	六等十級	椎原岩男	三七	廣島県
昭三、名古屋高工建築科卒	昭一四・三・三一 總督府技手（官房会計課） 〃一七・四・六 台湾建築技師（台中州） 〃一八・六・二四 總督府地方技師（台中州）		六等八級	稲垣進	三九	三重県

四〇

昭八、總督府台北医專卒	昭一一・三・三 台北州檢疫医員 〃一三・一・一五 台北州港務医官補 〃一五・五・三一 台北市技师（台北市健康相談所） 〃一六・三・二五 總督府州警察医（台中州） 〃一八・一二・一 總督府地方技师（台中州）	地方技師	六等八級	小渡有静	三六	沖縄県
大正五・鹿児島高農農科卒	大正八・一〇・元 宜蘭庁技手 〃九・九・一 台北州技手兼台北州郡技手（内務部勧業課） 昭一〇・一〇・一六 台湾産業技师（台中州産業部勧業課） 〃一五・六・八 總督府地方技师（〃） 〃一七・一〇・三〇 陸軍技师 〃一九・一・二五 總督府地方技师（台中州産業部農水産課）	〃	四等七級	波越廉平	五二	高知県
昭四、九州帝大農学部農学科	昭七・六・三 總督府技手（殖産局肥料検査所） 〃一二・一二・七 總督府地方技师（台南州内務部勧業課） 〃一四・四・一五 興亜院技师（厦門連絡部） 〃一七・四・九 總督府地方技师（台中州） 〃一八・一二・一 産業部農水産課	〃	三等六級	砥上次雄	四一	福岡県
昭八、台北帝大理農学部農学科卒	昭一三・四・一 總督府技手（殖産局農務課） 〃一八・三・三〇 總督府地方技师（台中州産業部農林課） 〃一八・一二・一 産業部農水産課	〃	六等九級	前田長太郎	三八	栃木県
大正一四、金沢医大附属医学専門部卒	昭八・一〇・一四 總督府保健技师（台中刑務所） 〃一二・一〇・一五 台湾衛生技师（台中州警務部衛生課） 〃一八・六・二四 總督府地方技师（台中州）	〃	三等四級	瓦興兵衛	四九	石川県
昭六、總督府台北医学専門学校卒	昭六・四・二〇 台北州檢疫医員 〃七・四・三〇 台北州港務医官補 〃一二・一・一一 台湾衛生技师（台中市衛生長） 〃一八・六・二四 總督府地方技师（台中州）	〃	四等六級	藍田俊郎	三八	愛知県

地方技師（台南州）

學歴	略歴	現官職	官等俸級	氏名	年令	本籍
明四三、長崎医専卒	大正元、一〇、二 台湾公医（台南广） 〃一四、七、二四 總督府地方技師（台南州警務部衛生課） 昭二、五、一六 医学博士 〃一九、二、一 台南州警察部衛生課長	地方技師 医学博士	三等 二級	下村八五郎	六二	大分県
明三六、攻玉社工学校土木工学中級卒	明四一、三、一七 宜蘭广技手（總務課） 大正九、五、三 總督府技手（土木局土木課） 昭三、二、四 兼任總督府地方技師（台北州内務部土木課） 〃六、一〇、一二 總督府技師（内務局土木課） 〃九、一二、三 總督府地方技師（台南州内務部水利課長） 〃一五、一〇、一八 産業部土地改良課長	地方技師	三等 三級	難波義造	六六	廣島県
昭六、台北帝理農学部農学科卒	昭八、四、三〇 台中州技手（内務部勧業課） 〃九、一二、一 總督府技手（殖産局農務課） 〃一三、一二、三 台湾産業技師（台中州内務部勧業課） 〃一九、六、一 台南州産業部農務課	〃	五等 七級	三浦正三	三八	廣島県
昭七、台北帝大理農学部農学科卒	昭一一、一二、一四 總督府技手（殖産局特産課） 〃一八、三、三〇 總督府地方技師（台南州産業部農林課） 〃一九、六、一 産業部農務課	〃	六等 九級	高瀬文之	三八	茨城県
昭三、福井高工、建築科卒	昭三、六、三〇 台南州技手（内務部土木課） 〃一七、六、一五 總督府地方技師（台南州） 〃一七、六、一五 台湾建築技師（〃）	〃	六等 七級	安部正弘	四〇	大分県

四一

昭三、鹿児島高農、林学科卒	昭七、五、五 総督府技手（営林所） 〃一七、一〇、三〇 陸軍技師 〃二〇、三、三 総督府地方技師（台南州耕地防風林試験場長）	地方技師	六等八級	満留正夫	三九	鹿児島県
大正八、農商務省水産講習所本科漁撈科卒	大正八、五、五 愛知県水産試験場技手 昭三、二、二〇 高知県農林技師（経済部水産課） 〃四、二、一六 台湾産業技師（台南州水産試験所長） 〃一八、六、二四 総督府地方技師（〃）	〃	四等七級	近藤重質	五〇	高知県
明四四、徳島県立工業学校木工科卒	大正七、八、一七 内務技手（内務省大阪土木出張所） 昭二、四、二七 総督府技手（内務局土木課） 〃一五、一一、三〇 台湾土木技師（台南市土木課長） 〃一八、六、二四 総督府地方技師（台南市）	〃	五等七級	貴田馨	五三	徳島県
昭六、東北帝大医学部卒	昭七、三、二四 東北帝大助手 〃一三、四、六 医学博士 〃一七、九、一六 台湾衛生技師（台南州警察部衛生課） 〃一八、六、二四 総督府地方技師	〃 医学博士	四等五級	岡村宏雄	三九	宮城県
明三七、熊本五高工学部土木科中退	大正六、八、二 嘉義庁技手（庶務課） 〃九、九、一 嘉義州技手 昭八、四、五 嘉義市土木技師（土木水道課長） 〃一四、一、一三 台湾土木技師（嘉義市土木水道課長） 〃一八、六、二四 総督府地方技師（嘉義市）	地方技師	五等六級	井尻祐吉	六五	鹿児島県
明四一、攻玉社工学校土木工学科卒	大正六、一〇、二四 嘉義庁技手（庶務課） 〃九、九、一 台南州技手（内務部土木課） 昭一七、九、一六 台湾土木技師（台南州総務部土木課） 〃一八、六、二四 総督府地方技師（〃）	〃	五等七級	藤澤正藏	六一	熊本県
大正四、岐阜県立岐阜中学校卒	大正七、六、一五 群馬県農業技手 昭五、二、一二 台南州産業技手 〃二〇、三、一三 総督府地方技師（台南州産業部耕地課）	〃	七等九級	坂井茂	四九	岐阜県

学歴	略歴	現官職	官等俸級	氏名	年令	本籍
昭九、台北帝大理農学部農学科卒	昭一二・二・三 總督府技手（殖産局農務課） 〃一六・六・一〇 台南州技手（産業部農林課） 〃一七・六・三 台湾産業技師（台南州産業部農林課） 〃一八・六・二四 總督府地方技師（台南州産業部農務課）	〃	六等八級	中田稔	三八	京都府
大正五、東京農科大学高等科卒	大正六・九・一〇 新潟県農業技手 〃一二・五・一〇 高雄州技手（内務部地方課） 昭六・九・一六 總督府技手（警務局警務課） 〃一六・一二・二七 台湾産業技師（台南州産業部土地改良課） 〃一八・六・二四 總督府地方技師（〃） 〃一九・二・二一 産業部耕地課長	〃	六等七級	北村運治	五一	長野県
昭一二、台北帝大附属医学専門部	昭一三・四・三〇 台南州嘱託 〃一九・一二・二五 總督府地方技師（台南州）	〃	七等十級	安武成美	三三	大分県

地方技師（台南州）

學歴	略歴	現官職	官等俸級	氏名	年令	本籍
昭六、總督府台北医専卒	昭八・二・一 總督府技手（警務局衛生課） 〃一三・四・二四 總督府州警察医（台南州警務部衛生課） 〃一六・七・八 医学博士 〃一八・一二・一 總督府地方技師（台南州）	地方技師 医学博士	五等八級	杉田慶介	三七	宮城県
大正七、和歌山県立農林学校農業科卒	大正九・九・一 台南州郡技手 大一二・七・五 台南州技手（内務部勧業課） 昭一九・一二・九 總督府地方技師（台南州産業部農務課）	地方技師	七等八級	津村賢三	四六	

四二

大正一〇・鹿児島高農林学科卒	大正一一・六・二六 總督府技手（殖産局営林所） 昭一五・三・三〇 總督府技師（営林所台中出張所長） 〃一八・三・一 總督府地方技師（台南州産業部林務課長）	地方技師	五等 七級	宮竹 透	四七	鹿児島県
昭一〇・台北帝大理農学部農学科卒	昭一三・六・四 高雄州産業技師 〃一九・五・四 總督府地方技師（台南州立農事試験場）	〃	七等 十級	齋藤 巌	三〇	石川県

地方技師（高雄州）

学歴	略歴	現官職	官等 俸級	氏名	年令	本籍
大正六・大阪関西商工学校土木工学科卒	大正九・九・一 島根県土木技手 昭一五・二・一〇 高雄州土木技手（内務部土木課） 〃一九・八・一 總督府地方技師（高雄州總務部土木課）	地方技師	七等 十級	鈴木基夫	五二	和歌山県
昭六・台北帝大理農学部農芸化学科卒	昭八・二・八 總督府技手（殖産局） 〃一五・六・八 總督府地方技師（高雄州内務部勧業課） 〃一五・一〇・一八 産業部農林課 〃一九・七・三一 高雄州農事試験場長兼務	〃	五等 八級	新井信夫	三八	山口県
大正一三・盛岡高農獣医科卒	昭三・三・五 防疫獣医兼台南州技手（内務部勧業課） 兼警察部衛生課 〃一六・五・一六 總督府技師（殖産局農務課） 〃一八・一一・一八 總督府地方技師（高雄州産業部農林課）	〃	五等 九級	黒河 正	四三	廣島県
大正一三・鹿児島高農農芸化学科卒	昭三・三・三一 總督府専売局技手 〃一八・一一・一八 總督府地方技師（高雄州産業部農林課）	〃	五等 八級	内藤 巌	四四	宮崎県

香川県	四四	齋藤孔之	七等十級	〃	大正一五・八・三 福岡県八女工業学校教諭 昭一〇・四・六 台湾公立実業学校教諭（台北工業学校） 〃一九・八・二三 總督府地方技師（高雄州總務部国民動員課）	大正一五・大阪高工・電気科卒
奈良県	四三	小林正男	七等九級	〃	大正一五・八・六 總督府技手（内務局土木課） 昭七・五・八 高雄州技手（産業部土地改良課） 〃一九・五・九 總督府地方技師（高雄州産業部耕地課）	大正一一、奈良県立農林学校農科卒
熊本県	四一	有住佐武郎	三等三級	〃	昭五・一〇・一 總督府癩療養所医官（楽生院） 〃八・一一・八 總督府保健技師（台北刑務所） 〃一二・一〇・三一 台湾衛生技師（高雄州警察部衛生課） 〃一七・五・八 總督府地方技師（台中州） 〃一九・一一・一一 高雄州警察部衛生課長	昭五、熊本医大卒
佐賀県	四七	大坪清喜	六等七級	〃	昭五・六・一〇 沖縄県道路技師 〃七・一二・四 新竹州技手（内務部土木課） 〃一七・三・一三 台湾土木技師（高雄市土木課長兼水道課長） 〃一七・一二・一六 總督府地方技師（高雄市） 〃一八・六・一四 高雄市土木課長兼水道課長	大正一三、熊本高工・土木工学科卒
茨城県	四三	殿岡喜四郎	七等十一級	〃	昭六・九・八 新竹州技手（内務部勧業課） 〃九・九・一七 兼任總督府技手（殖産局農務課） 〃一九・八・二六 總督府地方技師（高雄州産業部農務課）	昭二、宇都宮高農卒
山形県	三八	西山義雄	五等	〃	昭一二・三・四 台南州技手（内務部勧業課） 〃一四・八・一 總督府技手（米穀課） 〃一五・九・三〇 台湾産業技師（高雄州内務部勧業課） 〃一六・四・一八 總督府地方技師（高雄州産業部農林課） 〃一八・一・一二 海軍技師 〃二〇・二・二 總督府地方技師	昭九、東京帝大・農学部農業経済学科卒
愛知県	三八	平野彰	六等八級	〃	昭一五・二・一 塩水港製糖株式会社技師 〃二〇・三・一二 總督府地方技師（高雄州） 〃二〇・五・一五 總督府農業試験所技師	昭七、北海道帝大・農学部農学科卒

四三

明四二・私立東医学校卒	明治四四・六・一五・文部省医術開業試験合格 大正八・一二・一二福岡県警察医 〃一五・四・一台北市技師（衛生課長兼稲江医院長） 〃一五・一〇・一八總督府地方技師（台北市衛生課長） 〃一六・二・二七台湾衛生技師 〃一八・六・二四總督府地方技師（屏東市衛生課長）	地方技師	四等 五級	渡辺七治	六三	福岡県
昭九・満洲医大卒	昭一三・四・一三台湾衛生技師（高雄市） 〃一八・六・二四總督府地方技師（〃）	〃	四等 六級	大谷泰	四〇	岡山県
大正一五・東京帝大農学部水産学科選科卒	昭三・三・三一山形県立谷地高女教諭 〃一一・一・一二高雄州技手（内務部勧業課） 〃一四・五・二六台湾産業技師（新竹州内務部勧業課） 〃一八・六・二四總督府地方技師（高雄州産業部商工水産課）	〃	五等 七級	副島伊三	四七	佐賀県
大正六・大分県立農業学校農科卒	大正一三・四・三〇高雄州技手（内務部勧業課） 昭一六・四・三〇台湾産業技師（高雄州産業部農林課） 〃一八・六・二四總督府地方技師（高雄州産業部農林課）	〃	六等	清水利彦	四八	大分県
大正八・攻玉社工学校本科卒	大正一〇・九・三〇總督府技手（土木局土木課） 昭一五・一〇・一三台湾産業技師（高雄州内務部地方課） 〃一八・六・二四總督府地方技師（高雄州産業部土地改良課） 〃一九・四・一三産業部耕地課長	〃	五等 七級	山口飛六	四七	長崎県
大正一〇・京都高等工芸学校図案科卒	大正一五・七・二三總督府技手（官房会計課） 昭一五・五・一三台湾建築技師（高雄州内務部土木課） 〃一八・六・二四總督府地方技師（總務部土木課兼警察部保安課）	〃	六等 七級	横光武夫	五二	大分県
大正四・日本工科学校土木科卒	大正八・五・三一沖縄県農業技手（内務部産業課） 〃一一・一二・八總督府技手（殖産局農務課）	〃	六等 七級	高橋祐之	四九	福岡県

略歴
昭一七・三・二七 台湾産業技師（新竹州産業部土地改良課） 〃一八・六・二四 總督府地方技師（新竹州） 〃一九・四・一三 高雄州産業部耕地課長

地方技師（高雄州）

氏名	年令	本籍	官等俸級	現官職	學歴	略歴
新山清吉	四三	鹿児島県	六等八級	地方技師	大正一四・鹿児島高農林学科卒	昭二・三・三一 總督府技手（殖産局山林課） 〃六・一一・一五 台南州技手（産業部農林課） 〃一七・六・三 台湾産業技師（台南州産業部農林課） 〃一八・六・二四 總督府地方技師（〃） 〃一九・一二・六 高雄州産業部林務課長
伊藤一之	五七	石川県	六等七級	〃	大正四・私立工手学校土木学科卒	大正七・九・三〇 總督府技手（民政部土木局） 昭九・一〇・三〇 總督府技師（内務局土木課） 〃一二・九・三〇 屏東市技師（土木水道課長） 〃一七・九・一六 台湾土木技師（屏東市） 〃一八・六・二四 總督府地方技師（屏東市土木課長）
小松小一郎	四七	兵庫県	六等八級	〃	大正一四・台湾總督府高農・農学科卒	大正一四・九・三〇 總督府高農助教授 昭一三・一・三一 總督府技手（殖産局東部農産試験場） 〃一六・五・二七 台湾産業技師（高雄州産業部農林課） 〃一八・六・二四 總督府地方技師（〃）

學歴	略歴	現官職	官等俸級	氏名	年令	本籍
昭八、台北帝大理農学部農学科卒	昭九・六・二三 高雄州産業技手 〃一八・一二・二六 總督府農事試験所技師 〃一六・八・一〇 總督府地方技師（高雄州農事試験場長）	地方技師	六等 十一級	長谷川 徳久	三八	富山県
昭九、總督府台北医専卒	昭一三・五・一〇 台南州警察医 〃一六・二・二三 總督府州警察医（高雄州警察部衛生課） 〃一八・三・一 總督府地方技師（高雄州）	〃	六等 十級	河方 久雄	三五	熊本県
昭七、九州帝大工学部土木工学科卒	昭七・九・二九 鳥取県道路技師兼土木技手 〃一三・八・一五 鳥取県道路技師兼土木技師 〃一五・四・一 台湾産業技師（高雄州内務部地方課） 〃一七・二・二七 總督府地方技師（産業部土地改良課長） 〃一七・五・六 産業部土地改良課	〃	五等 七級	曽我 幸夫	三八	宮崎県

地方技師（花蓮港廳）

學歴	略歴	現官職	官等俸級	氏名	年令	本籍
昭七、台北帝大理農学部卒	昭八・三・一五 台南州産業技手 〃一六・二・二五 總督府技師（殖産局農務課） 〃一九・二・二 總督府地方技師（花蓮港庁勧業課兼農事試験場長）	地方技師	六等 九級	石田 良弘	三七	青森県
大正七、長野県立木曽山林学校卒	大正一一・三・二五 新竹州技手（内務部勧業課） 昭三・一〇・一 花蓮港庁属（庶務課） 〃一七・六・三 台湾産業技師（花蓮港庁勧業課） 〃一八・三・六 總督府地方技師（花蓮港庁）	〃	六等 九級	小澤 安親	四九	山梨県

学歴	略歴	現官職	官等俸級	氏名	年令	本籍
昭六、總督府台北医専卒	昭三、九、一五 台北州警察医 〃六、三、八 總督府警察医（花蓮港庁警務課） 〃八、三、一 總督府地方技师（花蓮港庁）	〃	六等八級	田実一右	三九	鹿児島県
大正四、攻玉社工学校土木科卒	大正一三、一、二九 台北市技手 昭七、一、一 總督府技手（国土局道路課） 〃八、三、一〇 總督府地方技师（花蓮港庁總務課）	〃	六等八級	大場俊一	四八	茨城県
昭七、台北帝大理農学部農学科卒	昭九、一、三一 新竹州産業技手 〃一三、八、二 台中州技手（内務部勧業課） 〃一七、四、九 台湾産業技师（花蓮港庁） 〃一八、六、二四 總督府地方技师（〃）	〃	六等九級	上村延太郎	三六	京都府

地方技師（台東庁）

学歴	略歴	現官職	官等俸級	氏名	年令	本籍
大正一四、鹿児島高農、農林科卒	昭一二、二、三 佐賀県農林技手 〃一五、一二、一三 台東庁技手（勧業課） 〃一七、六、一二 台湾産業技师（台東庁） 〃一八、六、二四 總督府地方技師（台東庁勧業課）	地方技师	六等九級	中島稔	四三	佐賀県
大正一三、東京府立園藝学校卒	昭四、七、一六 總督府技手（殖産局） 〃一七、一〇、一五 陸軍技师 〃一九、六、二七 總督府地方技师（台東庁勧業課）	〃	六等九級	櫻木彦三	五〇	福岡県
大正八、攻玉社工学校研究科卒	大正九、九、三〇 總督府庁技手（台東庁） 昭一七、一〇、一 台湾土木技师（台東庁） 〃一八、六、二四 總督府地方技师（台東庁總務課）	〃	六等八級	林勝藏	五四	山口県

七、優遇奏任官

四六

（イ）總督府（技手）

學歴	略歴	現官職	官等俸級	氏名	年令	本籍
大正二、總督府中学校二部卒	大正四、九、三〇 桃園庁技手（財務課） 〃八、七、三 總督府技手（民政部財務局税務課） 昭一八、一、六 總督府技手（高等官六等三級財務局税務課兼国土局土木課） 〃一八、一三、一 官制改正・鉱工局土木課	總督府技手	六等 三級	和田重了	五三	宮崎県
大正九、工手学校土木学科卒	大正一二、五、二 總督府技手（土木局港湾課兼土木課） 昭九、二、八 總督府技手（高等官六等四級・鉱工局土木課）	〃	六等 四級	前田長俊	四五	福井県
大正八、大分県立三重農学校農科卒	大正一三、六、一三 台中州技手（内務部産業課） 昭九、九、一七 總督府技手（殖産局米穀検査所） 〃一九、一、一六 總督府技手（高等官六等五級農商局食糧部台中事務所	〃	六等 五級	大賀穆	四六	大分県
大正元、岩倉鉄道学校本科建設科卒	昭三、三、一〇 内務技手（東京土木出張所） 〃六、五、二 總督府技手（内務局土木課） 〃一九、一、一八 總督府技手（高等官七等四級・鉱工局土木課）	〃	七等 四級	齋藤鬼一	五四	埼玉県

（ロ）交通局（技手）

学歴	略歴	現官職	官等俸級	氏名	年令	本籍
明四五、新潟県立工業学校卒	大正八、七、一〇 總督府鉄道部技手（汽車課） 昭一九、一、一六 總督府交通局技手（高等官六等四級 高雄鉄道事務所）	交通局技手	六等 四級	秋山勇治	五二	

四七

学歴	略歴	現官職	官等俸級	氏名	年令	本籍
大正六・東京工科学校採鉱冶金科卒	大正六・九・三〇 總督府鉄道部技手（調度課） 昭一四・一二・二六 總督府交通局技手（鉄道部経理課） 〃一九・一二・二六 總督府交通局技手（高等官六等四級 鉄道部経理課）	交通局技手	六等四級	倉方大助	四九	
昭二・仙台高工・土木科卒	昭二・九・一四 總督府交通局技手（鉄道部改良課） 〃一九・一二・二六 總督府交通局技手（高等官七等五級 花蓮港鉄道事務所）	〃	七等五級	石田誠一	三九	

(3) 港務局（技手）

学歴	略歴	現官職	官等俸級	氏名	年令	本籍
大正五・工科学校土木科卒	大正九・九・一 總督府技手（土木局土木課） 〃一三・一二・五 總督府交通局技手（道路港湾課） 昭一八・七・二六 總督府交通局技手（高等官六等四級 高雄築港出張所） 〃一八・一二・一 官制改正、總督府港務局技手（高等官六等四級、高雄港務局築港部工事課）	港務局技手	六等四級	有馬良治	五五	鹿児島県

(4) 専売局（技手）

学歴	略歴	現官職	官等俸級	氏名	年令	本籍
大正九・滋賀県立水口農林学校卒	大正一四・六・一五 總督府専売局技手（花蓮港支局） 昭一八・七・二六 總督府専売局技手（高等官七等六級煙草課）	専売局技手	六等五級	児玉宇太郎	四四	滋賀県
大正六・茨城県立工業学校卒	昭二・六・三〇 總督府専売局技手（屏東支局） 〃一九・一一・二八 總督府専売局技手（高等官七等五級）	〃	七等五級	石川正義	四七	茨城県

（5）農業試験所、工業研究所（技手）

學歴	略歴	現官職	官等俸級	氏名	年齢	本籍
	大正一三、九、二六 總督府中央研究所技手兼總督府技手 昭一四、四、二八 總督府農業試験所技手 〃一八、一二、一六 總督府農業試驗所技手（高等官六等五級） 〃一九、一〇、八 總督府南方要員練成所員	農業試験所技手	六等五級	楚南仁博	五四	大阪府
大正五、茨城県立工業学校応用化学科卒	昭二、五、五 台南州産業技手（農事試験場） 〃一四、四、一六 總督府工業研究所技手 〃一八、七、二六 總督府工業研究所技手（高等官七等七級 化学分析部）	工業研究所技手	六等六級	鈴木豊	四七	埼玉県

（6）医院関係

學歴	略歴	現官職	官等俸級	氏名	年齢	本籍
大正一二、九州薬専卒	大正一四、一二、八 總督府医院調剤師（台北医院） 昭一〇、六、二四 總督府医院薬局長（高雄医院） 〃一八、七、二六 總督府医院薬局長（高等官七等七級 台中医院）	医院薬局長	六等六級	駒井三千一	四八	熊本県
大正一三、九州薬専卒	大正五、一一、九 總督府医院調剤師（澎湖医院） 昭三、九、三〇 總督府医院薬局長（澎湖医院） 〃一九、一二、一六 總督府医院薬局長（高等官七等七級 台南医院）	〃	七等七級	宮田信儀	四五	熊本県

學歴	略歴	現官職	官等俸級	氏名	年齢	本籍
大正二・千葉医専薬学科卒	昭二・二・二〇 總督府医院調剤師（台北医院） 〃一三・四・一 台北帝大医学部附属医院薬剤手 〃一九・一一・二八 台北帝大医学部附属医院薬剤手（高等官七等四級）	台北帝大医学部附属医院薬剤手	七等四級	越前福三	四九	秋田県

(7) 地方廳（技手）

學歴	略歴	現官職	官等俸級	氏名	年齢	本籍
大正六、高知県立農林学校卒	大正一一・一〇・四 高雄州森林主事（内務部勧業課） 昭五・八・二 高雄州技手（内務部勧業課） 〃一八・一一・一六 高雄州技手（高等官七等六級）	高雄州技手	六等五級	横田勝穂	四八	
大正一三、北海道帝大附属水産専門部養殖科卒	昭二・二・二 新竹州技手（内務部勧業課） 〃一六・九・二九 花蓮港庁技手（勧業課水産係長） 〃一八・七・二六 花蓮港庁技手（高等官七等六級）	花蓮港庁技手	六等五級	浅野光	四四	愛知県
大正一〇、福井県小浜水産学校漁撈科卒	昭二・三・三一 新竹州産業技手（内務部勧業課） 〃一四・二・一七 台東庁技手（勧業課） 〃一九・一一・二八 台東庁技手（高等官七等六級）	台東庁技手	七等六級	内田佐平	四七	

航空官

學歴	略歴	現官職	官等俸級	氏名	年齢	本籍
昭四・早稲田大学附属工手学校機械科高等科卒	昭四・四・五 〃一〇・二・二七 交通局技手（台北飛行場） 〃一八・二・一三 交通局航空官（台南飛行場長）	交通局航空官	六等八級	岡野峰	四四	愛知県
昭一五・北海道帝大工学部電気工学科卒	昭一五・四・一 航空局技手（逓信省航空局技術部航務課） 〃一六・一二・二四 航空局航空官（逓信省航空局第二部保安課） 〃一八・三・一 交通局航空官 〃一八・四・二六 兼任航空局航空官 〃一八・六・一六 逓信部航空課保安係長	〃	五等七級	野口謙也	三三	北海道
大正一三・東京帝大工学部航空学科卒	大正一三・五 三井物産入社 昭一〇・一二 東京航空機製作所技師長 〃一二・四 武蔵高等工科学校機械工学科講師 〃一四・二・二三 交通局航空官（逓信部航空課）	〃	三等三級	長岡正夫	四九	香川県
昭一三・九州帝大工学部造船学科卒	昭一三・六・一五 航空局航空官（航空局技術部器材課） 〃一四・四・六 兼任中央航空研究所研究官 〃一六・四・三〇 多賀高工講師 〃一八・九・二三 交通局航空官	〃	四等六級	川崎忠三郎	三六	東京都

四九

官公吏台湾留台者名簿

（昭和二十一年十二月廿日現在）

○

い之部

元勤務所	官職	等級	氏名	帰国家族
台北経済専門学校	教授	四/七	伊大知良太郎	
台北帝国大学豫科	教授	六/九	伊東謙	
農商局農務課	技師	五/七	伊沢悟郎	
花蓮港鉄道事務所	技手	六級	伊藤一夫	
澎湖庁警務課	嘱託	嘱託	伊藤正誠	
鉱工局土木課	技手	一級	伊藤冬満	
農商局耕地課	属	三級	岩井美津雄	
台北帝国大学豫科	教授	五/七	岩本英男	
工業研究所	技師	六/七	岩永忠勝	
台北帝国大学理農学部	教授	一/五	一色周知	有
鉄道部工作課	技手	四級	今井淳	

（1）

鉄道部八堵保線区	技手	五八円	今井健児	
糖業試験所	技師	五五	今木喬	
台北経済専門学校	教授	六八	今西信弥	
台北帝国大学豫科	教授	五七	今沢正雄	有
台北帝大理学部	助手	七三円	今野匡三	有
新竹州国民学校	訓導	五三円	今吉ヒサ	
台北州総務部	属	三級	板垣整	有
台北州國民学校	訓導	七級	板垣照子	
鉄道部花蓮港出張所	技手	六級	池辺省三	
財務局税務課	属	四級	池田一徳	有
専売局松山煙草工場	技手	七〇円	石井寛	
台北経済専門学校	学校長	二ノ二	石崎政治郎	有
台北高等学校	教授	三ノ六	石本岩根	有
台北経済専門学校	教授	五ノ七	石橋宗忠治	有

農商局 耕地課	技師	二ノ三	磯田謙雄	
農業試験所	技師	一ノ三	磯 永吉	
財務局 営繕課	奏任技手	六ノ五	乾 馨	
台北 高等学校	教授	三ノ五	市原格治	
文教局学務課	嘱託		指宿市二	

○ は之部

高雄鉄道事務所 嘉義保線区	技手	六級	濱 利男	
台北帝大 農学部	教授	一ノ三	濱口栄次郎	有
警務局 庶務係	雇	三ロ（判待）	早瀬富則	
台北帝国大学	教授	一ノ三	早坂一郎	有
台中 師範学校	助教授	六級	林 傳夫	

3

台中市新富国民学校	訓導	七級	林中子	
台南工業専門学校	教授	四ノ七	林謙以	
台北鉄道事務所	技手	六級	林與四郎	
台中農業試験所	技師	七ノ一〇	橋岡良夫	
財務局営繕課	嘱託	一四〇円	長谷川進	
高雄鉄道事務所	技手	六級	半沢英二	有
新竹第二青年特別錬成所兼台湾総督府文教局	錬成官補兼府属	五級	蓮沼庄伊	有
台北帝国大学	助教授	三ノ五	原田五十吉	有
同 農学部	教授	一ノ五	馬場為二	有
外事部渉外課	理事官	七ノ八	速水國彦	

○ 仁文部

4

台北第一高等女学校	教諭	三級	新垣宏一	有
高雄鉄道事務所	技手		新居春一	有
台北工業学校	学校長	三ノ三	二瓶醇	
台北帝国大学理学部	助手	六級	西田晃二郎	

○ ほ之部

台北帝大図書館	司書官	五ノ五	星野弘四	
彰化青年師範学校	教授	三ノ六	堀川安市	有
台北帝国大学医学部	教授	一ノ六	細谷雄二	有
		一		

5

○と之部

台北帝大附属医院	薬剤手	四級	富永敏夫	
天然瓦斯研究所	技師	五/七	富樫喜代治	有
同	技師	六/九	富永一郎	有
鉱山局土木課	技師	五/六	鳥山貞雄	
専売局台北煙草工場	雇	一日円	鳥越哲雄	
台北帝国大学（熱研）	助教授	三/四	豊住政治郎	
農商局山林課	技手	二級	豊沢豊	
台北帝国大学（熱研）	教授	四/六	藤倉登	
同	同	二/五	徳岡松雄	有

○ち之部

6

台南工業専門学校	教授	三ノ六	千々岩助太郎	

○り之部

台北州国民学校	訓導	五級	龍 征夫	

○お之部

台中工業学校	教諭	四級	大内健次	有
台北帝国大学（熱研）	教授	一ノ四	大内 恒	有
府農業試験所	技師	三ノ五	大野成雄	
新竹医院	医官	七ノ七	大野兼弘	

7

台北帝国大学	教授	四ノ八	大野一月	有
逓信部工務課	技手	六級	大石五郎	
台北帝国大学	助教授	五ノ七	大倉永治	有
財務局営繕課	技師	三ノ一	大倉三郎	有
台北州国民学校	訓導	五級	大石勉	
専売局	属	四級	大山英雄	
鉱工局土木課	技手	四級	大曲暢	
糖業試験所	技手	四級	大村穂	
台北州公立中学校教諭	教諭	三級	大山薫	
専売局松山煙草工場	技手	三級	大和田農治	
台北州林産課	技手	五級	大和田理	
台中師範学校	教諭	六ノ七	大津和夫	
台北帝大医学部	助教授	三ノ四	大橋平治郎	
農業試験所台中支所	技手	五級	大崎忠一	

8

鉄道部台北鉄道事務所	雇	八五円	大井園茂	有
台北州警察部	嘱託	一三〇円	大塩牧次	有
鉱山局土木課	技手	四級	大西義雄	
台北帝大医学部	助教授	五ノ七	大瀬貴光	有
台北高等学校	教授	三ノ六	太田頼常	有
台北刑務所	刑務医官	五四	岡本鐘一	
基隆港務局	技手	三級	岡本輝吉	有
鉄道部工作課	技師	五ノ七	岡本七太郎	有
台中農林専門学校	教授	五ノ八	岡部徳夫	
同	同	六ノ四	岡彦一	
台南工業専門学校	同	五ノ六	岡村善勝	
同	助教授	三級	小田良有	
府官房情報課	雇		小田照子	
台北帝大医学部	教授	一ノ三	小田俊郎	有

台北高等学校	教授	二ノ四	小山捨男	有
台北州第二中学校	教諭	二級	小川好雄	
基隆港務局	技師	七ノ九	小川元	
台南工業専門学校	教授	七ノ二	小川國男	
台南市役所	技手	四級	織田久勝	有
鉱工局土木課	技手	七三円	織田權一	
警務局	嘱託	無給	荻原省三	

○ わ之部

府立養神院	医官	四ノ六	分島俊	有
港務局花蓮港支部	技手	六級	渡辺敬二	有
台北帝国大学	助手	六級	渡辺忠夫	

台北第三中学校	教諭	五級	若島幹男	
鉱工局 土木課	工務官	五ノ七	和田恭彦	有
財務局 税務課	技手	六ノ二	和田重行	有
農商局 農務課	技師	四ノ五	渡部良敬	

○ か之部

台北帝大 豫科	豫科長	二ノ二	加藤平左エ門	有
台北第三高女	教諭		加藤淑子	
台北工業学校	同	四級	加藤茂芳	有
台北帝大	教授	一ノ五	河石九二夫	有
台北帝大 理学部	同	三ノ七	河田末吉	
專賣局 松山工場	技手	七ノ四	川元義治	

11

鉱工局土木課	技師	三ノ三	川上謙太郎	
台南州土木課	同	三級下俸	川原田勘六	
台北帝国大学	助教授	五ノ七	川口四郎	有
同	助手	三級	金子壽衛男	
同	教授	一ノ五	金関丈夫	有
府立養神院	医官	七ノ六	勝田英夫	
台北師範学校	訓導	七ノ七	勝山文吾	
鉱工局国民動員課	属	六級	上野廣二	
台南工業専門学校	学校長	二ノ二	甲非文三郎	有
台北師範学校	嘱託	一五五円	芃瀬弘	有
台南工業専門学校	教授	四ノ七	桂田徳勝	
糖業試験所	技師	六ノ八	萱嶋秀樹	
警務局	技師	四ノ六	謙倉正雄	
鉄道部	技師	七級	上吹越三雄	

72

専賣局	技手	大級	堅田四郎

○上之部

台北帝大	講師	年五〇〇円	横川定	有
台中農事試験場	雇	大八円	横田一郎	
博物館	雇	一〇〇円	吉原多吉	
台北帝大　豫科	教授	六ノ九	吉田栄松	
台北帝大　農学部	助教授	四ノ七	吉村貞彦	
花蓮港鉄道事務所	技手	四級	吉野等	

13

○た之部

外事部	嘱託	一六〇円	田中　均	有
台南工業専門学校	助教授	三級	田中謙一郎	
台北第二中学校	教務嘱託	一七〇円	田原友則	
宜蘭鉄道事務所	技手	四級	田渕藤生	有
花蓮鉄道事務所	技手	六級	高松次郎	
台北帝大　農学部	助教授	三ノ四	高坂知武	
台北州新荘郡三重埔国民学校	訓導	七三円	高柳　哲	
台北帝大　医学部	薬剤手	四級	高橋順治	
農商局　農務課	技手	五級	高森寅男	
同　山林課	技手	六級	高藤　馨	
台北帝大　豫科	教授	三ノ五	高田徳太郎	有
糖業試験所	技師	三ノ三	高野秀三	有
鉄道部総務科	属	五級	高木安生	

14

台中農業専門学校	教授	四ノ七	玉井虎太郎	有
台北帝大 豫科	豫科教授	四ノ四	立石新吉	有
鉄道部高雄事務所	技手		多田維正男	
台北州国民学校	訓導	五級	建部敏	
専売局 酒深	技手	三級	龍川九萬城	
台北帝大 文政学部	助教授	三ノ四	浅野安部	
台南工業専門学校	教授	五ノ八	但馬雅夫	
基隆港務局	技手	五級	竹下六郎夫	

○その他の部

農業試験所	技手	（奏任）大ノ四	楚南仁博	有
台北帝大 理学部	講師		相馬惇	有

15

○ つ之部

鉄道部花蓮港営[?]務所	技手	五級	辻幸一
台北帝大 医学部	薬局長	三ノ二	塚本赳[?]夫
鉱工局	技手	六級	鶴田富美雄
新化種馬牧場	雇	一五〇[?]	常[?]石忠照
台北帝大 農学部	判任待遇	月一四五[?]	津[?]田重次郎

○ ね之部

台北師範学校	講師	月六〇円[?]	根津金吾

16

○友之部

農商局耕地課	技師	五ノ七	中林敏夫	
専売局煙草工場	技手	六級	中山純三	
台北帝大 農学部	助手	七級	中 カズ	
同 同	教授	二ノ八	中村三八夫	
鉱工局 土木課	技師	三ノ四	中村綱	有
台北帝大	教授	一ノ五	中塚佑一	有
鉱工局 土木課	技手	五級	中川貞蔵	有
台北鉄道工場	技手	三級	長野勇次	
新化種馬牧場	雇	月一六〇	長田久平	
専売局 埔里出張所	技手	七〇円	永田季晴	

17

天然瓦斯研究所	技師	四/六	永井弘之	
台南医院	医長	三/三	永山正巳	
台北帝大 理学部	助教授	六/八	内藤実	

○ む之部

鉱工局 土木課	技手	七/四	村上普	有
台南工業専門学校	教授	五/六	村上恭藏	有
同	助教授	四級	村松銀作	
専売局台中支局	技手	六級	村越武夫	
嘉義鉄道事務所	技手	五級	村田祐章	

18

う之部

台北帝大医学専門部	教授	四ノ五	上田英之助	有
鉱工局土木課	技師	五ノ七	上原栄人	
鉱工局工業課	技師	三ノ五	宇坪善太郎	有
農商局山林課	技手	五級	内田謙	

の之部

台北帝大理学部	教授	二ノ七	野副鉄男	有
台北州七星郡	郡属		野島喜高	有
鉄道部	属	月五五円	野田武英	有
台北一高女	教諭	六ノ六	乃村好信	

19

○く之部

台中州立彰化工科学校	教諭	三級	久保田孫一	有
台北帝国大学 理学部	助手	五級	栗山彦一郎	
同 文政学部	教授	一ノ四	桑田六郎	
鉱工局 土木課	技手	五級	車田次夫	
工業研究所	技師	五ノ六	倉岡圭二郎	
澎湖廳勧業課	技手	四級	郡司機一	有
台北工業学校	教諭	六ノ六	岡崎三千夫	

20

○やゝ部

專賣局埔里出張所	雇	九〇円	山下三藏	
鉱工局國民動員課	屬	五級	山﨑二郎	
台中師範学校	囑託		山中正	
總督府図書館	館長	三ノ一	山中樵	
新竹中学校	教諭	五ノ五	山中正夫	有
台北帝大 理学部	助教授	三ノ三	山本由松	有
同	同	五ノ七	山本和太郎	有
同 農学部	教授	一ノ三	山根甚信	有
台北師範附属第一国民学校	訓導	五級	矢口彦藏	
台北帝国大学	教授	一ノ三	矢部末積	有
鉄道部	技手	四級	柳谷憲明	
台北帝大	教授	三ノ五	柳金太郎	
台南工業専門学校	教授	六ノ九	宇恒治六	

21

財務局　営繕課	技師	三、四	安田勇吉	

○ まの部

台北鉄道事務所	技手	五級	前之園茂	
鉱工局　土木課	同	六、四	前田長俊	
天然瓦斯研究所	技師	六、七	松村久	
台北帝大	教授	一、四	松村宗治	有
台北経済専門学校	同	六、八	松尾弘	
台北高等学校	同	七、九	松本邦夫	
鉱工局　土木課	嘱託	月二五〇	松本卯之郎	
台北帝大	教授	一、三	松本巍	
専売局　共済組合医院	嘱託	月二六〇	松延正巳	

22

財務局　主計課	属		丸山泰夫	
台北帝大	教授	二ノ八	正宗厳敬	
警務局　警務課	属	三級	桝屋慶助	
台北州総務部総務課	属	七級	槙　常男	

○ ふの部

台北帝大	助手	六級	藤井　一	有
台北第一高女	教諭	四級	藤下　清	有
工業研究所	技師	五ノ七	藤田安一	
農商局山林課	技手	五級	藤崎正人	
鉄道部　工作課	属	四級	福田政治郎	
同	技手	三級	福永頼助	有

23

台中工業学校	教諭	四級	福原錦男	有
新竹医院	医長	三ノ三	渕香一	
台北第四高女	学校長	三ノ四	深井米次郎	
台北師範学校	教授	六ノ八	國分直一	有
農商局 耕地課	技手	五級	小西治一	
台北帝国大学	助教授	四ノ五	小林英一	
同 (熱研)	教授	四ノ七	小林謙司	
高雄鉄道事務所	技手		小杉千代三郎	有
台北帝大	教授	一ノ七	後藤俊瑞	有
熱帯医学研究所	助教授	六ノ七	上妻秀雄	
鉄道部総務課	属	六級	児島正郎	
専売局	技手	六ノ五	児玉宇太郎	
農商局 山林課	嘱託	月二〇〇	近藤奉吉	
台南農業学校	教諭	六ノ六	後藤奉吉	

24

臺北師範学校	教授	五八	古賀一夫
鉱工局 土木課	技師	五七	今野覚治

○ え之部

臺北経済専門学校	教授	二四	江幡義雄
臺北帝国大学 理農学部	嘱託	月六〇	遠藤義明
北満鉄道事務所	技手	六級	榎並実秋

○ て之部

専売局	技手	四級	寺西禮一

25

あ之部

台北州産業部長	州部長	三〃四	青木茂	有
鉱工局 土木課	技師	六〃六	青島勝三	有
花蓮港鉄道部工務所	技手	三級	青木一次	
同	技手	七級	青山正美	
專売局松山煙草工場	技師	三〃四	安達良爾	
台北帝大	教授	三〃六	浅井恵倫	
農商局 山林課	属	五級	淺井高雄	
花蓮港 鉄道工務所	雇	月一〇五	有川正幸	
財務局営繕課	技手	五級	赤松與一	
台北帝大 農学部	講師	月一五〇	荒川重理	

26

工業研究所	雇員	月九五	秋山三代志	

○さ之部

農商局 耕地課	技手	二級	佐藤清	
台北帝大 図書館	司書 兼書記	六級	佐藤経尚	
台北帝大 歯科	歯科教授	五ノ七	佐藤文一	
鉱工局 国民動員課	属	五級	佐藤力	有
台北鉄道部事務所	技手	八級	佐々木勘進	
鉱工局 未課	技手	月七〇	坂口利夫	有
台北高等学校	教授	三ノ六	里井宥二良	有
警務局 衛生課	技師	三（年二〇〇）	酒井蘭雄	有
台南州産業所 耕地課	地方技師	七ノ九	坂井茂	有

27

台北帝大 農学部	講師	月六	沢田兼吉	
台北帝大 医学部	教授	二ノ五	沢田平十郎	有
農業試験所	技師	五ノ八	先本勇吉	
専売局 総務課	技手	四級	櫻井秀治	
台北帝大	助手	六級	作本台五郎	
基隆港務局 花蓮港支局	嘱託		斉藤栄一	
鉱工局 土木課	技手	二級	斉藤明	
農商局 耕地課	技手	二級	迫田利隆	
〇 き之部				
糖業試験所	技師	四ノ六	桐生知次郎	有
台北帝大	助教授	五ノ七	衣笠俊男	

28

台北帝国大学 理学部	助手	六級	北原喜男	有
鉱工局 未課	技師	三ノ一	北川幸三郎	
基隆港務局 花蓮港支局	技師	五ノ六	北川正勝	
鉱工局 工業課	技師	三ノ五	木下勇次	
外事部	雇		木村俊夫	
台中農林専門学校	教授	五ノ七	金兵忠雄	
鉄道従業員教習所	嘱託	月一五〇	吉見猛	
○ ゆ之部				
台南工業専門学校	教授	五ノ六	由布俊一	
基隆市役所	技手	一三〇円	湯川音吉	

29

み之部

農商局 山林課	雇	月六	宮沢定光	
台北帝大	囑託		宮本延人	
台北第二高女	教諭	二級	宮本正一	
台北帝大 農学部	教授	一ノ四	三宅捷	有
農業試験所	技師	五ノ四	三屋壽夫	有
台北帝大 医学部	囑託	月一足	水谷勝成	
専売局	技手	五級	沢田沢之助	

し之部

20

工業研究所	技師	五ノ八	蔀 花雄	有
高雄鉄道事務所	技手		柴 萬次郎	有
台北経済専門学校	教授	五ノ八	塩原 嚴三	
台北州国民学校	訓導	八級	廣江 ヨシ子	
専売局 度量衡部	技手	二級	嶌崎 尚一	
花蓮港鉄道事務所	技手	八級	嶋村 勲	
農商局	技師	七ノ七	下村 米欧行	有
台中農事試験場	技手	六ノ四	下山 宏	
専売局 松山煙草工場	雇	月一〇五	白浜 初衛門	
台南工業専門学校	教授	六ノ八	白根 治一	有
高雄鉄道事務所	雇		白水 吉兵衛	
台南工業専門学校	教授	六ノ八	品川 孝雄	
鉱工局 未課	技師	六ノ八	進藤 喜久治	
警務局 警務課	嘱託	月三五	篠田 國太郎	有

31

警務局　警務課	嘱託	月一三五	篠田周太郎	有
專賣局　台北煙草工場	技手	三級	篠原健男	
台北第一高女	教諭	四ノ五	篠原忠貞	
農商局　耕地課	技師	五ノ六	柴田三男	
工業研究所	技師	五ノ七	[illegible]　三雄	

○ ひ之部

農商局　山林課	技手	四級	日高五次郎	
台北帝大	教授	一ノ一	日比野信一	有
外事部　調査課	嘱託	月四〇〇	久住久吉	有
台北第四中学校	教授	五級	肥後四男	
財務局税務課	属	四級	廣島治安	

32

台北師範学校	訓導	四級	平 梅[illegible]	
財務局 税務課	技手	四級	平松 博	
台北帝大 理学部	長	一一三	平坂 恭介	
専売局台中支局	技師	六一八	平根 誠一	
専売局 煙草課	技師	五一七	東 光樹	
鉄道部 工作課	技師	三一三	東 春一	

○ も之部

台北帝大 医学部	教授	一一四	森 於菟	有
同	同	一一五	森下 薫	
台北市南門国民学校	校長	六一八	森下末尾	
糖業試験所	技手	五級	森谷 憲	

33

大学図書館	司書	四級	森沢巌	
台北第一中学校	教諭	四級	森川猛	
台南工業専門学校	教授	五、八一	百瀬五十	有
台南第一高女	教諭	六、六	百瀬美篤	
専売局	技師	五、七	宇田富吉	
同　松山煙草工場	技手	四級	宇天信雄	
花蓮港鉄道事務所	技手	六級	望月規治	有
台北帝大　医学部	教授	二、五	茂木宣	有

○セ之部

台北帝大　理学部	教授	二、七	瀬辺恵鎧	
農商局　水産課	技師	四、四	関口寿之助	有

34

す之部

台北帝大農学部	講師	年三四〇〇円	杉本正篤	有
糖業試験所	技師	五ノ八	鈴木信一	
澎湖庁警務課	公医	判待五級	鈴木熊平	
台北経済専門学校	教授	三ノ五	鈴木源吾	有
工業研究所	技手	六ノ六	鈴木豊	
南方人文研究所	嘱託		杉山直明	
府地方監察課	嘱託	無給	杉崎英信	
台南工業専門学校	教授	三ノ一	末光俊介	

35

昭和二十年十二月一日現在

職員名簿

臺灣總督府東京出張所

官房人事課	雇	月俸七十圓	成田仁夫	二七	中大経済学部卒	
〃	〃	〃百十圓	鈴木勝平	七二		
〃	〃	〃〃	細井儀一			
〃	〃	〃六十八圓	富岡愛子	二八	昭一〇、麹町高女卒	
〃	〃	〃六十五圓	稲葉静枝	二二	〃一七、東京高女卒	
〃	〃	〃六十圓	木村淑子	二一	〃〃日新高女卒	
〃	〃	〃〃	細川初枝	二三	〃一六、向島高女卒	
〃	〃	〃〃	大関千代子	二八	小卒	
〃	〃	〃五十五圓	武藤嘉代子	二二	〃一四 高小卒	
〃	傭	日給一圓六十五錢	武藤松太郎	一九	都立工業在	
〃	小使	〃三圓十五錢	嘉瀬清藏	四七	乙種実業卒	
〃	〃	〃一圓八十五錢	富樫みの恵	四一	十 ヽ	
〃	〃	〃二圓五十錢	新堀利八			応召中
〃	嘱託	月手当五十圓	梅村元伸		〃	神戸後藤旅館

大日本帝國政府

（折上リ國定規格B5 一八二×二五七粍）

所属	官職	等級・給与	氏名	年齢	学歴	備考
財務司	税務官	七等七級	荻原省吾	三八	中学卒	
〃（本務専売局）	属	月俸 六十五圓	吉田幸友	三三	中学卒	
〃	嘱託	月手当 百十圓	日景敬忠			留用
鉱工司	工務官補	五級	姉歯仁郎	三三	京都大経済学部卒	
〃	属	六級	川口理平太	三二	建大学法卒	
〃	〃	〃	村上穂	四八		
〃	〃	〃	久村英夫	三二	台北高商卒	
〃	〃	月俸 七十圓	中原正幸	三二	昭一八 日大専芸術科卒	
〃	嘱託	八十五圓	難波義一	二九	鞍山工業卒 土木	
農商司（臨時船舶建造部）	属	六級	植原定一	三八	松本蚕業養成所卒	[illegible]
警務司	〃	四級	清川一由	四四	昭三、駒沢大人文学科卒	
〃	〃	〃	勝田元	四六	大一〇、盛岡高農卒	
文教司	嘱託	月手当 百三十圓	石樽利寿	五〇	大九 慶大経済学部卒	
審議室	〃	〃 百十圓	長谷部清一	三八	商業卒	留用

大日本帝国政府

情報課	属		吉城文夫		
〃	嘱託	月手当百五十円	佐久間駿造	四〇	早稲田大学中退
外事部	属	六級	持留正史	三一	昭九、東京高師中退 〃一六、豫備試験合格
〃	嘱託	月手当三百円	芳賀雄	四七	昭六、米国コロンビヤ大学歯科大学院卒
〃	〃	〃六十五円	成澤謙之助	二六	〃一八 青島日本高商卒
[illegible]総務局人事課	属	五級	山口敏之		
[illegible]総務局管理局	〃	四級	坂手三郎		
〃	工手		中村公道	二二	旅順工専卒
〃	嘱託		山崎道弘	二四	日大工学部卒
〃	工手		早川久雄	二二	仙台工専卒
〃	〃		林周市	二三	山梨工専卒
〃	〃		田中秀雄	二三	仙台工専卒

大日本帝國政府

(新上リ國定規格B5 一八二×二五七粍)

経済事務所	嘱託	月手当 百八十円	加藤寅	四三	商業卒	
〃	〃	〃 百三十円	岩田巌	四四	小卒	
〃	〃	〃 九十円	塗師松雄	三〇	日大専法中退	
〃	雇	月俸 八十円	高木勇子	三〇	高女卒	
〃	〃	〃 七十五円	勘澤美代子	三〇	〃	
〃	〃	〃 七十三円	門馬喆	六五	小卒	
〃	傭	日給 一円十銭	勘澤芳枝	一九	小卒	
食糧事務所	理事官	五等五級	野坂眞三	四二	関西大専法卒	
〃	嘱	月俸 二十五円	辻重視	三七	明大商学部卒	
〃	〃	六級	清野善一郎	三四	日大専商卒	
〃	雇	月俸 九十五円	中澤清	四五	千葉医専卒	
〃	〃	〃 六十五円	小林好子	二二	東洋音楽卒	
〃	〃	〃 五十五円	北村五男	二一	台北二商卒	

事務局	屬	六級	石井隆男	三六	関西大卒
〃	囑託	月手当 二百圓	中田彌兵衛	五一	早大法卒
〃	雇	月俸 六十五圓	竹内春恵	二四	高女卒
逓信部	屬	一級	三宅六一	六一	高小卒
〃	〃	四級	神倉一	三九	甲種商四年修了
〃	〃	四級	藤原壹	三七	逓講修了
〃	囑託	月手当 二百三十圓	斎藤保次	四八	〃
〃	〃	〃 百五十五圓	芥川英喜	五一	〃
〃	雇	月俸 七十五圓	酒井久代	二一	文化女学院修了 日本タイプ修了
〃	〃	〃 五十六圓	佐々木正子	一八	高小卒
海務部	屬	三級	矢部謙二		
〃	〃	月俸 六十圓	大澤静雄		

大日本帝國政府

(新上リ國定規格B5 一八二×二五七粍)

〃	技手	五級	竹内清麿		
〃	雇	月俸五十二圓	末川美律子		
鉄道部	事務官	四等四級	佐藤武雄	五二	法政大法律科卒
〃	属	四級	古木一雄	四三	台北商業卒
〃	〃	六級	北林三郎	三七	鉄道教習所専門部卒
〃	筆生	日給二圓三十五銭	淺沼三夫	三〇	小卒
〃	雇	月俸四十八圓	西田和寿子	二七	立石高女卒
〃	〃	〃 四十五圓	栗原瞕子	二三	補習高女卒
〃	〃	〃 五十圓	和田まさ	二四	上野家政卒

台湾総督府ヨリ南方ニ派遣セル

司政長官、司政官ノ件

（相当者ニシテ一度司政官ニ任セラレタルモ

既ニ退官セシモノヲ除ク）

中ノ後任者人事課

管理局総務部南方課

斉藤課長殿

登連絡官

一等	岡出幸生	十六年
〃	石川定俊	〃
二等	加藤久衛	〃
〃	細井英夫	二十九年
〃	川添修平	十五年
〃	梁満金次	香港徳賀村
三等	田中庄助	十五年
〃	鶴義彦	〃

陸軍

三等	日下信	二十九年
〃	小野田快雄	十六年
〃	東海林稔	〃
〃	徳永秀夫	〃
〃	横田道三	〃
〃	土光加寿男	〃

陸軍

三等	星野力	十六軍
〃	島田謹二	香港總督府
〃	松林秀旭	十六軍
〃	塚本一郎	二十九軍
〃	野口俊一	二十五軍
~~四等~~	~~佐藤武~~	~~十方面軍~~
四等	渕上忠義	二十九軍
〃	直江丙五郎	十六軍

四等　山分一郎　十六軍
〃　古川泰治　二十五軍
〃　毛利寛　二十七軍
〃　小川徹　二十八軍
五等　福間定朝　香港総督府
〃　首藤哲　緬甸方面軍
〃　千葉元江　〃
〃　太田利雄　十六軍

五等　久保庄太夫　十六年

〃　長尾正道　三十七年

〃　土井五男　七ヶ年

〃　坂田寅吉　十六年

星孝太郎　〃

鈴木正男　〃

中村千代司　〃

吉宗一馬　十八ヶ年

五等	海老沢吉松	三十八軍
〃	持永蔵次	十六軍
〃	小林松三郎	〃
六等	竹内文蔵	〃
〃	宮本延人	台湾軍
〃	井手儀三郎	十六軍
〃	長友利八郎	〃
〃	世古盈政	十四方面軍

六等

高橋長一　二十九軍

石川行雄　二師団

三上繼次郎　〃

簑田刈穂　緬甸方面軍

加納武清　二十五軍

若江文範　十方面軍

三浦秀一　十六軍

上野壽吉　青森連管付

陸軍

編集復刻版 資料集 終戦直後の台湾（全3巻）

2015年5月20日 第1刷発行
揃定価（本体75、000円＋税）

編・解題者 河原 功
発行者 細田哲史
発行所 不二出版
東京都文京区向丘1-2-12
TEL 03（3812）4433
印刷所 富士リプロ
製本所 青木製本
乱丁・落丁はお取り替えいたします。

第3巻 ISBN978-4-8350-7797-0
（全3冊 分売不可 セットISBN978-4-8350-7794-9）